Erzähltheorie und Erzähltechniken zur Einführung

Michael Niehaus

Erzähltheorie und Erzähltechniken zur Einführung

JUNIUS

Junius Verlag GmbH
Stresemannstraße 375
22761 Hamburg
www.junius-verlag.de

Umschlaggestaltung: Florian Zietz
Titelbild: Junius Verlag GmbH
Satz: Junius Verlag GmbH
Printed in the EU 2021
ISBN 978-3-96060-325-2

Bibliografische Information der Deutschen Nationalbibliothek
Die Deutsche Nationalbibliothek verzeichnet diese Publikation in der Deutschen Nationalbibliografie; detaillierte bibliografische Daten sind im Internet über http://dnb.dnb.de abrufbar.

Zur Einführung ...

... hat diese Taschenbuchreihe seit ihrer Gründung 1977 gedient. Zunächst als sozialistische Initiative gestartet, die philosophisches Wissen allgemein zugänglich machen und so den Marsch durch die Institutionen theoretisch ausrüsten sollte, wurden die Bände in den achtziger Jahren zu einem verlässlichen Leitfaden durch das Labyrinth der neuen Unübersichtlichkeit. Mit der Kombination von Wissensvermittlung und kritischer Analyse haben die Junius-Bände stilbildend gewirkt.

Seit den neunziger Jahren reformierten sich Teile der Geisteswissenschaften als Kulturwissenschaften und brachten neue Fächer und Schwerpunkte wie Medienwissenschaften, Wissenschaftsgeschichte oder Bildwissenschaften hervor. Auch im Verhältnis zu den Naturwissenschaften sahen sich die traditionellen Kernfächer der Geisteswissenschaften neuen Herausforderungen ausgesetzt. Diesen Veränderungen trug eine Neuausrichtung der Junius-Reihe Rechnung, die seit 2003 von der verstorbenen Cornelia Vismann und zwei der Unterzeichnenden (M.H. und D.T.) verantwortet wurde.

Ein Jahrzehnt später erweisen sich die Kulturwissenschaften eher als notwendige Erweiterung denn als Neubegründung der Geisteswissenschaften. In den Fokus sind neue, nicht zuletzt politik- und sozialwissenschaftliche Fragen gerückt, die sich produktiv mit den geistes- und kulturwissenschaftlichen Problemstellungen vermengt haben. So scheint eine erneute Inventur der Reihe sinnvoll, deren Aufgabe unverändert darin besteht, kompetent und anschaulich zu vermitteln, was kritisches Denken und Forschen jenseits naturwissenschaftlicher Zugänge heute zu leisten vermag.

Zur Einführung ist für Leute geschrieben, denen daran gelegen ist, sich über bekannte und manchmal weniger bekannte Autor(inn)en und Themen zu orientieren. Sie wollen klassische Fragen in neuem Licht und neue Forschungsfelder in gültiger Form dargestellt sehen.

Zur Einführung ist von Leuten geschrieben, die nicht nur einen souveränen Überblick geben, sondern ihren eigenen Standpunkt markieren. Vermittlung heißt nicht Verwässerung, Repräsentativität nicht Vollständigkeit. Die Autorinnen und Autoren der Reihe haben eine eigene Perspektive auf ihren Gegenstand, und ihre Handschrift ist in den einzelnen Bänden deutlich erkennbar.

Zur Einführung ist in der Hinsicht traditionell, dass es den Stärken des gedruckten Buchs – die Darstellung baut auf Übersichtlichkeit, Sorgfalt und reflexive Distanz, das Medium auf Handhabbarkeit und Haltbarkeit – auch in Zeiten liquider Netzpublikationen vertraut.

Zur Einführung bleibt seinem ursprünglichen Konzept treu, indem es die Zirkulation von Ideen, Erkenntnissen und Wissen befördert.

Michael Hagner
Ina Kerner
Dieter Thomä

Inhalt

Anhang

Einleitung

Diese Einführung möchte zentrale Fragen reflektieren, die mit dem Faktum des literarischen Erzählens (und des sprachlichen Erzählens überhaupt) verknüpft sind. Sie geht davon aus, dass diese Fragen sowohl eine allgemeine, theoretische wie auch eine konkrete, technische Seite haben. Darauf zielt der Titel dieses Buches ab. Das ist vielleicht naheliegend, aber nicht selbstverständlich. Man kann der Auffassung sein, man benötige die Begriffe der Erzähltheorie gewissermaßen als Handwerkszeug, um konkrete Texte zu analysieren, und brauche sich um theoretische Fragen – Was ist eigentlich ein Erzähler? Was ist Diegese? Wie lässt sich Fokalisierung definieren? Unter welchen Bedingungen kann man sinnvoll von unzuverlässigem Erzählen sprechen? usw. – nicht weiter zu kümmern. Man kann auch umgekehrt die Meinung vertreten, dass solche theoretischen Fragen jenseits von konkreten und historisch situierten Erzähltexten diskutiert werden können. Der Ansatz dieses Buches hingegen ist, dass die Kategorien und Begriffe der Erzähltheorie immer wieder durch die Texte infrage gestellt werden müssen und dass die Texte immer wieder in theoretische Fragen involvieren. Es gibt nicht ein theoriebasiertes Lehrgebäude auf der einen Seite und Erzähltexte auf der anderen Seite, sondern es gibt eine gegenseitige Irritation bzw. Bereicherung.

Dem versucht dieses Buch durch seine ungewöhnliche Form Rechnung zu tragen: Es besteht aus einer Reihe von fiktiven Dialogen zwischen zweien. Sie heißen (unter anderem der Kürze halber) Kim und Toni. Kim beschäftigt sich vor allem mit Erzähltheorie, Toni vorzugsweise mit Erzähltechniken. Die Gespräche der beiden dokumentieren in groben Zügen und einzelnen Verästelungen – ohne Ambitionen zur Systematisierung – einerseits die Grundlagen der Erzähltheorie, wie sie sich heute aus verschiedenen Perspektiven bzw. theoretischen Ansätzen darstellt, andererseits erlaubt es aber die Form des Dialogs, auch die Perspektive der konkreten Erzähltechniken von vornherein mit ins Spiel zu bringen. Denn um die erzähltheoretischen Begriffe zu erörtern und zu entfalten, bedarf es der Beispiele; und um sie zu reflektieren, bedarf es der Gegenbeispiele. In den Gesprächen zwischen Kim und Toni kommt der Arbeit mit Beispielen ein systematischer Stellenwert zu: Nur Beispiele vermögen den Eindruck einer geschlossenen Systematik zu zerstreuen. Um der ungewöhnlichen Darstellungform zum Trotz einen einfachen Zugang zu den verhandelten Themen und Begriffen zu ermöglichen, ist dem Buch – abgesehen von den strukturierenden Kapitelüberschriften – ein ausführliches Schlagwortregister angefügt.

In der zeitgenössischen Narratologie wird Erzählen meist als ein sogenanntes *transmediales* Phänomen bezeichnet. Gemeint ist damit, dass in ganz verschiedenen Medien erzählt werden kann. Das ist natürlich nicht zu bezweifeln. In diesem Buch geht es jedoch ausschließlich um das Erzählen *mit Worten.* Und damit wird das *sprachliche* Erzählen als die *primäre* Form des Erzählens betrachtet. Auch das mag naheliegend sein, ist aber ebenfalls keine allseits geteilte Auffassung. Es ist jedoch in jedem Fall die Voraussetzung dafür, dass die Techniken des *literarischen* Erzählens untersucht werden. Bezieht man sich auf die Unterscheidung zwischen *Discours-* und *Histoire*-Narratologie, geht es also allein um *Discours*-Narratologie, um die Ebene des *Wie* der Darstellung.

Insofern ist der erzähltheoretische Ansatz von Gérard Genette ein hauptsächlicher (aber nicht der einzige) Bezugspunkt. Der Begriff der Technik soll jedoch noch mehr implizieren. Techniken (im Plural) werden angewendet, um etwas auf eine ihm gemäße Weise hervorzubringen (vgl. die komplexe Bedeutung des Wortes *techné* im Griechischen). Was in diesem Fall hervorgebracht wird, ist eine Erzählung, bei der (in der Regel) an verschiedenen Stellen verschiedene Erzähltechniken zum Einsatz kommen. Daher geht es im Folgenden zunächst einmal nicht um Erzählungen *als Ganzes*, sondern um *Passagen* (oder *Stellen*) in einem Text, die geeignet sind, verschiedene Techniken des Erzählens exemplarisch zu veranschaulichen. Ein Dialog zwischen zwei Personen kann zum Beispiel summarisch zusammengefasst, in indirekter Rede wiedergegeben oder wörtlich zitiert werden (wie es auch in diesem Buch der Fall ist). Das sind verschiedene Techniken, einen Dialog wiederzugeben. Die Techniken stehen natürlich in unmittelbarem Zusammenhang zu übergeordneten Erzähl*strategien* (wenn man diesen Begriff mag), denn die Entscheidung, ob ich mit einem bestimmten Dialog nun so oder so verfahre, hängt von den weitergehenden Zielen ab, die mit dem Erzählen verfolgt werden.

In gewisser Weise kommen Erzähltechniken natürlich bei jedem Erzählen zum Einsatz. Das heißt aber nicht, dass sie *als* Techniken aufgefasst und reflektiert werden. Wer etwas mündlich erzählt, wird im Normalfall kein *technisches* Verhältnis zu den Mitteln haben, die er dabei einsetzt. Die längste Zeit sind die Menschen beim Erzählen weitgehend ohne ein solches technisches Verständnis des Erzählens ausgekommen (sie hatten eher ein technisches Verständnis von der *Sprache*, das in der Lehre der *Rhetorik* zum Ausdruck kommt). In den letzten zweihundertfünfzig Jahren jedoch hat sich – grob gesprochen – ein solches Verständnis entwickelt. In *technischer* Hinsicht hat das Erzählen in diesem Zeitraum zweifellos Fortschritte gemacht. Zentral dabei sind die Verfahren zur erzählerischen Repräsentation von Bewusstseinszuständen. Verfahren wie die erlebte Rede oder der innere Monolog, die es Ende des 18. Jahrhunderts in dieser Form noch nicht gab, stehen heute jedem, der erzählen will, wie selbstverständlich zur Verfügung. Sie werden nicht als experimentell wahrgenommen, sondern funktionieren unauffällig. Auch diese Unauffälligkeit soll mit dem Begriff der Technik erfasst werden. Und letztlich lässt sich die – sehr späte – Entwicklung der Erzähltheorie selbst, mit deren Kategorien wir diese Techniken beschreiben können, als eine Folge der technischen Einstellung zum Erzählen betrachten. Es erübrigt sich zu betonen, dass diese Techniken keineswegs ›bloße‹ Techniken sind, da sie das Dargestellte und Vermittelte verändern bzw. überhaupt erst bestimmen, was vermittelbar oder darstellbar ist.

1. Erzählen als anthropologische Universalie

Kim: Ich freue mich, dass du da bist! Endlich können wir beginnen, uns über ein Thema auszutauschen, das – aus verschiedenen Perspektiven betrachtet – im Zentrum unseres Interesses steht. Ich denke: Dass Menschen überhaupt erzählen können, das ist doch etwas ganz Erstaunliches.

Toni: Ja, ich finde es auch gut, dass wir zusammenkommen. Anscheinend braucht es ja eine Anweisung von oben, damit das einmal geschieht ... Und wir sind ja, wie man hört, völlig frei in der Gestaltung der Gespräche. Allerdings finde ich es nicht so erstaunlich, dass Menschen erzählen können! Wenn man sprechen kann, dann bleibt das Erzählen-Können mit der Zeit nicht aus. Neulich ist mir so ein neueres, populärwissenschaftliches Buch in die Hände gefallen, Werner Siefer heißt der Autor, der Titel lautet *Der Erzählinstinkt*[1], und es handelte davon, dass das Erzählen tief in unserem Gehirn verankert ist und uns eigentlich erst zu Menschen macht. Ich finde das übertrieben, diese Reden vom *homo narrans* usw.[2] Erzählen ist eine – wenn auch sehr wichtige – Möglichkeit menschlichen Sprachverhaltens. Mich interessiert vor allem, wie erzählt wird. Und außerdem habe ich das Gefühl, dass diejenigen, die den *homo narrans* feiern, schon Dinge als »Erzählen« bezeichnen, die ich noch nicht so nennen würde.

Kim: Kaum haben wir angefangen, sind wir schon mittendrin. Du willst dich also mit der Frage, ob das Erzählen eine sogenannte »anthropologische Universalie«[3] ist, gar nicht aufhalten? Von einem erzähl*theoretischen* Standpunkt aus ist das natürlich anders. Nur wenn ich über solche Dinge nachdenke, kann ich zu einem *Begriff* des Erzählens kommen.

Toni: Ich will nicht sagen, dass ich mich mit dieser Frage nicht aufhalten will, auch wenn es mir vor allem um die Frage der *Techniken* des Erzählens geht. Unsere Perspektiven sollten sich ja gegenseitig ergänzen. Lass uns also ruhig zunächst einmal diese Frage der ›anthropologischen Universalie‹ beleuchten. Sicher: Wenn wir das Erzählen begreifen wollen – und auch das Wie des Erzählens begreifen wollen –, benötigen wir einen Begriff des Erzählens. Was sagen denn nun die Leute, die sich mit dem Erzählen als ›anthropologischer Universalie‹ beschäftigen?

Kim: Der Begriff der ›anthropologischen Universalie‹ – ich entnehme deiner Intonation, dass du ihn gedanklich in Anführungszeichen setzt – ist natürlich alles andere als eindeutig. Gälte er im strikten Sinne, so müsste man ja allen Menschen, die *partout* nicht erzählen können, das Mensch-Sein abstreiten. Aber es ist nicht sinnvoll, das so zu verstehen. Es geht nicht um die individuelle, sondern um die kollektive Ebene, also um die Feststellung, dass in allen Gesellschaften erzählt wird – dass das Soziale ohne die Fähigkeit des Erzählens kaum denkbar ist, bzw. dass wir kein Beispiel für eine Gesellschaft oder eine Kultur haben, in der nicht erzählt würde. Was auch immer Erzählen ist. Jan Christoph Meister unterscheidet in einem Überblicksartikel[4] zum Thema ganz verschiedene Funktionen von Erzählen: Zunächst einmal *Darstellung*: Erzählen repräsentiert Handlungen und Geschehnisse. Das dürfte unstrittig sein. Zweitens *Handeln*: Erzählen ist ein Verfahren der symbolischen Interaktion – indem ich erzähle, handle ich und trete mit anderen in Interaktion.

Toni: Mir scheint ein wenig, du gehst hier nicht die Funktionen des *Erzählens*, sondern die des *Sprechens* durch.

Kim: Diesen Einwand könnte man dann auch für den dritten Aspekt geltend machen – *Konstruktion*: Im Erzählen wird sozusagen eine soziale Identität konstruiert. Da fallen einem natürlich die identitätsstiftenden oder -verbürgenden Großerzählungen ein. Aber man kann schon sagen, dass auch ›kleine Erzählungen‹, die in einer Gruppe ausgetauscht werden, zum Selbstverständnis einer Gruppe beitragen. Jedenfalls lässt sich kaum vorstellen, wie eine solche Identität völlig ohne (kleine) Erzählungen erzeugt werden soll. Die vierte Funktion wirst du vielleicht auch kritisch sehen. Man spricht von *Exploration*: der Erkundung von Handlungsmöglichkeiten durch Erzählen. Jan Christoph Meister spricht hier davon, dass es diese explorative Funktion »oftmals« gebe (also nicht immer). Diese Funktion tritt vor allem dort zutage, wo man etwas erzählt, was nicht geschehen ist, aber vielleicht hätte geschehen können. Erzählen zeigt Alternativen auf, und zwar rein logisch gesehen deshalb, weil das, was erzählt wird, nicht notwendig ist, sondern kontingent. Man erzählt ja nicht, wenn etwas zwangsläufig nacheinander geschieht. Dass ich den Stein losgelassen habe und dass er dann zu Boden gefallen ist; oder: dass ich auf den Zug gewartet habe und dann der Zug kam. Obwohl, Letzteres kann ich vor dem Hintergrund, dass es nicht sicher ist, dass der Zug kommt, natürlich schon erzählen ... Aber das zeigt ja gerade, was gemeint ist: Erzählen eröffnet einen Möglichkeitsraum – dass es auch anders hätte laufen können –, und im Erzählen wird dieser Möglichkeitsraum erforscht.

Toni: Das ist mir sehr plausibel. Vor allem tragen wir auf diese Weise ja auch Merkmale dessen zusammen, was Erzählen *ist* (was wir unter diesen Begriff bringen wollen). Und dazu gehört doch zweifellos das Ereignishafte, das Kontingente – dass etwas erzählt wird, was auch anders sein könnte. Alles andere ist irgendwie nicht ›erzählenswert‹. Allerdings ist das Erzählen andererseits stets nachträglich: Erst geschehen die Sachen, dann werden sie erzählt. Und damit hat sich der Möglichkeitsraum ja irgendwie auch immer schon wieder geschlossen (unter anderem deswegen erscheint mir ›erforscht‹ ein zu starkes Wort zu sein). Wie viele Funktionen hast du denn noch *in petto*?

Kim: Hier ist die nächste: Erzählen ermöglicht *Introspektion* durch Teilhabe an fremdem Wahrnehmen und Fühlen. Hier greift der Artikel von Meister übrigens auf die Entwicklung der *Erzähltechnik* zurück. Die Entwicklung der Erzähltechniken im neuen Roman habe die Möglichkeit geschaffen, das Schwergewicht statt auf die Darstellung äußerer Ereignisse auf die der ganz konkreten Gedanken- und Gefühlswelt der Figur zu legen. Darüber werden wir uns sicherlich noch ausführlich unterhalten!

Toni: Das denke ich auch. Ganz allgemein betrachtet ist das sicher richtig, allerdings werden wir da schon noch genauer differenzieren müssen. Es stimmt zwar, dass sich die Erzähltechniken und mit ihnen die Erzählformen überhaupt historisch in diese Richtung entwickelt haben, aber natürlich konnte man mittels Erzählen auch vorher – vor der ›Psychologisierung‹ – an fremdem Wahrnehmen und Fühlen teilhaben, nur stand dieser Aspekt vielleicht nicht so im Vordergrund.

Kim: Die beiden letzten Funktionen, die ich noch zu bieten habe, unterscheiden sich von den bisherigen, indem sie einerseits einen allgemeineren Standpunkt einnehmen und sich dabei vom Erzählen als einer konkreten *sprachlichen* Handlung entfernen. Auf der Ebene der *Kognition* kann man Erzählen als *mentales Modell* auffassen. Unser Gehirn verändert sich dadurch, dass wir erzählen können. Evolutionsbiologisch betrachtet, bietet Erzählen-Können den Überlebensvorteil, anderen nicht-präsentes Geschehen mitzuteilen, was den Menschen dann in die Lage versetzt, sich von dem rein Gegenwärtigen zu distanzieren.[5] Und das führt weiter dazu, dass die Welt schon durch das Erzählen-*Können* auf eine andere Weise als *strukturiert* erscheint. Und an diesen Befund lässt sich dann zu guter Letzt noch die Ebene der *Reflexion* anschließen, mit der der Artikel von Meister schließt. Hier wird die These starkgemacht, dass wir alle eine *narrative Identität* haben. Diese These wird ausgehend von einem Werk des Philosophen Paul Ricœur entwickelt.[6] Ihm zufolge bildet sich das Zeitbewusstsein des Menschen im Zusammenhang mit seinem narrativen Verhältnis zur Welt aus; insoweit sind wir noch nahe beim Erzählen als mentalem Modell. Aber darüber hinaus wird behauptet, dass wir uns deshalb selber nur als ›narrative Wesen‹ verstehen können, nämlich als Wesen, die sich ihre Identität über ihre Lebensgeschichte konstruieren, mittels derer sie erklären können, warum sie so geworden sind, wie sie sind.

Toni: Also, das scheint mir doch sehr unhistorisch gedacht zu sein. Das Konzept der Lebensgeschichte ist doch ein modernes Konzept. Außerdem kann man nicht so ohne Weiteres von einer einzigen Lebensgeschichte ausgehen. Je nach Kontext ist meine Lebensgeschichte doch ganz unterschiedlich – es gibt mich innerhalb einer Familiengeschichte, es gibt die Geschichte meiner Lektüren, meiner Reisen, meiner Schreibversuche, meines Musikhörens, meiner Liebesbeziehungen. Ich sehe gar keinen Grund, warum das alles in eine einzige Lebensgeschichte integriert werden muss, die mich dann zu einem unverwechselbaren Individuum macht. Und abgesehen davon konfiguriere ich diese Geschichten ja immer wieder neu, je nachdem, welchen vorläufigen Endpunkt ich damit erklären möchte.

Kim: Von einer einzigen Lebensgeschichte muss ja auch nicht ausgegangen werden – insofern würden deine Gegenargumente die These eher bestätigen. Das gilt gerade für den letzten von dir angesprochenen Punkt: Die Geschichten sind nicht bloße chronologische Abfolgen von Ereignissen mit einer kausallogischen Verknüpfung, sondern müssen in ihrer jeweiligen teleologischen Gerichtetheit verstanden werden. Deswegen gibt es den von dir festgestellten Rekonfigurierungsbedarf. Wer zum Beispiel einen schweren Schicksalsschlag erlitten hat, erzählt seine Geschichte nachher anders als vorher. Vielleicht ist dieser Rekonfigurierungsbedarf sogar das stärkste Argument *für* die These von der narrativen Identität.

Toni: Ich finde es aber auch problematisch, dass diese narrative Identität gar nichts ist, was wirklich erzählt wird, sondern was *als* eine virtuelle Erzählung *konstruiert* wird. Ich erzähle – mir oder anderen – ja zum Beispiel nicht die Geschichte meines Musikhörens, sondern aus meinen verstreuten Äußerungen zu diesem Thema soll diese narrative Verfasstheit meiner ›musikalischen Identität‹ erschlossen werden können. Solche Konstruktionen lassen sich nicht so recht analysieren, weil sie keine Texte sind. Insofern bleibt das alles reichlich abstrakt.

Kim: Ja, das *Narrative* an dieser narrativen Identität ist tatsächlich ein wenig abstrakt. Deswegen hat man das Konzept auch verschiedentlich kritisiert. John Christman behauptet, eigentlich meine die so verstandene *narrativity* nichts anderes als eine »capacity for self-interpretation«[7]. Dem kann man natürlich wiederum entgegnen, dass sich hier zeigt, dass die »self-interpretation« eben immer eine narrative Dimension hat. Ein anderer

Kritiker der ›narrativen Identität‹, Galen Strawson, meint, man müsse sein Leben nicht als *diachronic* führen, sondern könne es auch als *episodic* führen, also sich je auf die konkrete Situation einlassend, ohne den Versuch, sich zu einem Ganzen zu aggregieren.

Toni: Also, Letzteres kann meines Erachtens auch keine wirkliche Lösung sein, wenn ich das Argument recht verstehe. Diese Entgegensetzung von *diachronic* und *episodic* scheint mir ziemlich undialektisch zu sein.

Kim: In dem Aufsatz, in dem er seine Auffassung vertritt und der übrigens mit *Against Narrativity* betitelt ist[8], konzediert Strawson auch, dass das eine schematische Gegenüberstellung ist und dass der *episodic* auch sozusagen diachronische Phasen haben kann. Letztlich ist es vor allem die *normative* Seite, die ihn stört, als sei es ein Wert für sich, wenn man sich als *diachronic* verstehe, der sich als narrativ definiert. Er möchte stattdessen die Möglichkeit eines Selbstverständnisses als *episodic* postulieren und damit den Rang der narrativen Identität als einer Universalie bestreiten.

Toni: Aber auch das Episodische ist eine narrative Form. Ob man Erzählen als eine ›anthropologische Universalie‹ auffasst, hängt eben davon ab, wie man den Begriff ›anthropologische Universalie‹ definiert, wie wir ja schon festgestellt haben. Wichtiger ist doch, dass sich bei unserer Diskussion dieser Frage schon weitere Problemfelder abgezeichnet haben, denen wir uns in unseren weiteren Gesprächen zuwenden können. Vielleicht sollten wir aber in unserem nächsten Gespräch darüber reden, wie eine Definition von *Erzählen* bzw. *Erzählung* aussehen könnte.

2. Definitionsversuche

Kim: Da sind wir wieder. Heute wollten wir uns ja mit dem Problemkreis einer möglichen Definition von *Erzählen* und *Erzählung* beschäftigen, nachdem wir das letzte Mal unversehens bei der Frage gelandet waren, inwiefern das Erzählen etwas ganz und gar Universelles ist, welche Funktionen es in einer Kultur (und für den Einzelnen) übernimmt. Und dabei hat sich ja herausgestellt, dass die Antwort ein wenig unterschiedlich ausfällt, je nachdem, welche Auffassung man von »Erzählung« hat, ob man etwa vor allem große oder kleine Erzählungen im Blick hat. Ich schlage vor, wir fangen mit der Frage nach der *Minimalerzählung* an. An der Minimalform einer Erzählung können wir schließlich ablesen, was zu einer Erzählung notwendigerweise dazugehört. Du kennst das klassische Beispiel von E.M. Forster?

Toni: Natürlich. Dazu muss man kein Erzähl*theoretiker* sein: »The king died, and then the queen died.«[9]

Kim: Genau. Forster möchte mit diesem Beispiel zwischen *story* und *plot* unterscheiden, so wie er diese Begriffe versteht. Das, was du zitiert hast, ist die *story*, das bloße Nacheinander zweier Ereignisse. Der *plot* entsteht Forster zufolge hingegen erst, wenn man die beiden Ereignisse kausallogisch miteinander verbindet. Dafür steht dann die Erweiterung: »The king died, and then the queen died of grief.«

Toni: Ich erinnere mich. Ich erinnere mich aber auch, dass mir diese Unterscheidung zwischen *story* und *plot* nie ganz eingeleuchtet hat. Oder wenigstens wird die Unterscheidung nicht immer in dieser Weise verstanden. Ich würde sagen: Wenn man bloß zwei Ereignisse der Reihenfolge nach erzählt, so ist das eigentlich die Ebene des *Geschehens*; erst die kausallogische Verknüpfung macht daraus eine *Geschichte*, eine *story*. Ein *plot* hingegen ist für mich eher die *Handlung*, die in einer Geschichte erzählt wird. Die beiden Ereignisse, die bei Forster verknüpft werden, bilden aber gerade *keine* Handlung, weil darin keine Handlungen vorkommen, sondern sozusagen nur ›Erleidungen‹. Mir wären Beispiele lieber, in denen sich Handlungen und Erleidungen verknüpfen. Zum Beispiel: Der König ohrfeigte die Königin; und dann ohrfeigte die Königin ihn.

Kim: Oh! Schon um solcher Beispiele willen ist es schön, dass wir uns auf diese Unterhaltungen eingelassen haben! Und du hast recht (und führst mit deinen Einwänden schon wieder neue Begriffe ein, über die wir reden müssen). Die Terminologie ist alles andere als einheitlich. In der *Einführung in die Erzähltheorie* von Matias Martinez und Michael Scheffel gibt es (ziemlich am Anfang) eine große Tabelle, die das ganze Begriffswirrwarr dokumentiert. Ihr kann man etwa entnehmen, dass das, was Forster »story« nennt, bei anderen Erzähltheoretikern andere Bezeichnungen trägt, z.B. »Geschichte« bei Eberhard Lämmert, »Chronik« bei Boris Tomasevskij oder »Geschehen« bei Wolf Schmid.[10] Und das, was Forster »plot« nennt, heißt laut dieser Tabelle bei Seymour Chatman »story«, bei Mieke Bal »fabula« und bei Tzvetan Todorov »histoire«. Auch im *Living Handbook of Narratology* – für einen Problemaufriss und weitergehende Perspektiven stets zu empfehlen – kann man sich über den Begriffspluralismus informieren.[11]

Toni: Ist eine solche Tabelle nicht ein schöner Beleg dafür, dass die pure Erzähltheorie eher Verwirrung stiftet als Klarheit schafft? Allerdings würde ich sagen, dass die Tabelle selbst auch nicht ganz stimmen kann. Es kann doch nicht sein, dass *dieselben* Rubriken bei den verschiedenen Erzähltheoretikern verschiedene Bezeichnungen haben, als handle es sich um Schubladen, die man mit diesem oder jenem Etikett versehen kann.[12] Es muss doch im Gegenteil so sein, dass die Unterschiedlichkeit der Benennung auch eine Unterschiedlichkeit der Aufteilung selbst impliziert. Erst das macht die Sache doch wirklich kompliziert. Es geht doch wohl – hoffentlich – um eine Komplexität, die man nicht durch eine einfache Tabelle aus der Welt schaffen kann!

Kim: Da stimme ich dir absolut zu. Und das zeigt ja auch, dass es nicht bloß um Worte geht. Ich denke aber, wir müssen uns jetzt nicht in diese unterschiedlichen Begrifflichkeiten vertiefen. Wichtig ist doch, dass es immer mindestens zwei Seiten gibt, nämlich die Seite des Dargestellten und die Seite der Darstellung, also das *Was* und das *Wie* (um es mit Martinez und Scheffel zu sagen). Todorov zum Beispiel spricht von der *histoire*, der Geschichte, die erzählt wird, und dem *discours*, der Erzählrede. Die Besonderheit von Forster besteht darin, dass sich sowohl *story* als auch *plot* auf die Ebene des *Was* zu beziehen scheinen, weil er sozusagen noch nicht von der linguistisch-narratologischen Wende aus denkt. Bei näherem Hinsehen ist aber gleichwohl klar, dass es einen *plot* nur durch das *Wie* der Darstellung gibt, in welcher die kausallogische Verbindung (zwischen dem Tod des Königs und dem Tod der Königin) *diskursiv* hergestellt wird.

Toni: Ja, aber was definieren wir denn dann eigentlich, wenn wir nach einer Minimaldefinition suchen? Können wir die Erzählung (oder: das Erzählen) nur definieren, wenn wir definieren, was eine *Geschichte* ist?

Kim: So sieht es aus. Schauen wir uns doch einmal an, was Gérard Genette dazu sagt. Er schreibt eher nebenbei: »Da jede Erzählung [...] ein sprachliches Produkt ist, das von einem oder mehreren Ereignissen handelt, ist es vielleicht legitim, sie als eine, wenn auch noch so gewaltige, Erweiterung eines Verbs im grammatischen Sinne zu betrachten. *Ich gehe, Pierre ist gekommen*, sind für mich Minimalformen der Erzählung.«[13] Man könne dementsprechend, fügt er hinzu, z.B. die *Odyssee* als Amplifikation der Aussage »*Odysseus kehrt nach Ithaka zurück*« oder die *Recherche* von Proust als Erweiterung des Satzes »*Marcel wird Schriftsteller*« auffassen.

Toni: Ein Verb (oder vielleicht genauer: ein Bewegungsverb) ist schon eine Erzählung? Das ist etwas arg forciert! Meint er das ernst?

Kim: Na ja, das weiß man bei Genette oft nicht so ganz. Der Kontext dieser Stelle ist, dass er aus diesem Verb-Charakter der Erzählung noch einmal die Grundkategorien der Narratologie, nämlich *Zeit*, *Modus* und *Stimme*, ableiten möchte. Aber natürlich gab es Proteste, auf die Genette im späteren *Nouveau discours du récit* eingeht. Er schreibt dort, im »Begriff einer Minimalerzählung« stecke »ein Definitionsproblem, das gar nicht so leicht zu lösen« sei. Er wolle an seiner bewusst weit gewählten Definition festhalten, der zufolge »eine einzige Handlung oder ein einzelnes Ereignis« – wie etwa *Ich gehe* – bereits eine Geschichte darstelle, »denn damit gibt es bereits eine Veränderung, einen Übergang von einem Vorher zum Nachher«[14]. Dagegen hat man eingewendet, dass es dann aber viele sehr uninteressante Erzählungen gibt und allenfalls eine nicht *erwartete* Veränderung eine Geschichte sein könnte. Genette bemerkt dazu trocken: Auch eine uninteressante Geschichte sei eine Geschichte und außerdem könne *Ich gehe* nach einem längeren Klinikaufenthalt eine sehr interessante Sache sein.

Toni: Da sind jetzt weitere Kategorien ins Spiel gekommen. Wir hatten schon die Ereignishaftigkeit und die Veränderung, und jetzt noch Erwartung und Interessantheit. Ich möchte aber erst einmal zusammenfassen: Genette genügt eine einzige Veränderung und damit also letztlich ein Veränderung anzeigendes Verb, während Forster die sequenzielle Verknüpfung von zwei Ereignissen fordert. Für Genette setzt eine Veränderung einen Anfangs- und einen Endzustand voraus, die aber anscheinend nicht erzählt werden müssen. Ich habe da zunächst einen Vorbehalt, der den Begriff der Veränderung betrifft. Genette sagt, ob die Veränderung interessant ist oder uninteressant, sei relativ und könne keine Rolle spielen. Aber man muss schon verlangen, dass es sich nicht um eine *zwangsläufige* Veränderung handelt. Der Satz *Das Wasser fließt herab* impliziert einen Zustand A, wo das Wasser weiter oben ist, und einen Zustand B, wo es weiter unten ist. Das hat für mich mit einer Erzählung nichts mehr zu tun, weil dem Wasser nichts anderes übrig bleibt. Dass es herunterfließt, ist nicht nur uninteressant, sondern einfach nicht der Rede wert.

Kim: Ja. Die Veränderung muss eben ereignishaft sein. In Genettes Beispiel *Ich gehe* wird eben das Gehen ereignishaft, wenn es nach einem Klinikaufenthalt einem Wunder gleichkommt. Die sprachliche Repräsentation von Prozessen, die nach natürlichen Gesetzen ablaufen, ist keine Erzählung. Wenn es etwa bei dem Narratologen Gerald Prince heißt: »Narrative is the representation of one or more changes of state«[15], dann muss man die Art der Zustandsveränderung spezifizieren. Wolf Schmid, der sich mit diesem Aspekt besonders ausführlich beschäftigt hat[16], nennt drei Voraussetzungen dafür, dass »eine Zustandsveränderung Narrativität begründen kann«. Nämlich 1. eine temporale Struktur mit einem Anfangs- und einem Endzustand (der König lebt

– der König ist tot), 2. eine »Similarität« von Anfangs- und Endzustand – es muss Identität *und* Differenz geben (Leben und Totsein als klassisches Kontrastpaar) –, und 3. die beiden Zustände müssen sich »auf ein und dasselbe Subjekt des Handelns oder Erleidens beziehen« (Leben und Totsein werden von demselben Subjekt ausgesagt).[17] Deinem Beispiel vom herabfließenden Wasser ist durch diese Bedingungen jedenfalls das Wasser abgegraben. Weder ist ein bestimmter Anfangs- und Endzustand definiert (1), noch gibt es eine Einheit von Identität und Differenz außerhalb des implizierten Unten und Oben (2), noch ist ein Subjekt beteiligt (3).

Toni: Das klingt alles sehr plausibel. Ich kann dazu noch beitragen, dass es Minimalerzählungen auch im wirklichen Leben gibt – oder sogar, dass wir das, was das wirkliche Leben ist, über Minimalerzählungen allererst lernen. Eine solche Minimalerzählung ist doch letztlich das berühmte *Fort-Da-Spiel*, wie es Sigmund Freud anhand einer Spule erklärt, die das kleine Kind erst seinen Blicken entzieht und dann wieder hervorholt. In dem vielfach gehörten elterlichen Satz: »Wo ist er denn, der Schnuller? – *Da* ist er ja, der Schnuller!«[18] höre ich eine Minimalerzählung, auf welche die drei von dir aufgeführten Bedingungen zutreffen!

Kim: Das ist ein sehr schöner Vorschlag zum Weiterdenken! Aber trifft die dritte Bedingung zu, dass sich die Zustandsveränderung auf dasselbe Subjekt des Erleidens oder Handelns bezieht? Es geht ja nur um eine Spule bzw. einen Schnuller ...

Toni: Ja, aber diese Spule repräsentiert ja die *Mutter*, deren Abwesenheit – verkürzt gesprochen – durch das Spiel gewissermaßen unter die Kontrolle des Kindes gebracht werden soll.[19] Anwesenheit und Abwesenheit werden auf diese Weise *relativiert*. Allem, was Subjektstatus hat, kann Ereignishaftigkeit zuteilwerden. Gerade in literarischen Erzählungen kann ja alles Mögliche

Subjektstatus erlangen – Tiere sowieso, aber auch unbelebte Gegenstände. Verwendet Schmid denn den Begriff der Ereignishaftigkeit? Er erinnert ja ein wenig an Martin Heidegger.

Kim: Allerdings. Der Artikel, aus dem ich eben sinngemäß zitiert habe, heißt sogar »Ereignis«. Und was die Narratologie in dieser Hinsicht von einer Erzählung fordert, wird im Englischen meist *eventfulness* genannt. Schmid unterscheidet dann auch noch verschiedene »Ebenen des Ereignisses«. Interessant scheint mir in unserem Zusammenhang die Unterscheidung innen/außen zu sein. Nach Schmid gibt es insbesondere innere und äußere Zustände, die wiederum durch innere oder äußere Ereignisse verändert werden können. Es soll zum Beispiel auch von einem (erzählbaren) Ereignis gesprochen werden, wenn jemanden plötzlich ein Strahl der Erkenntnis trifft usw. Und ein äußeres Ereignis kann sowohl einen inneren wie einen äußern Zustand verändern. Erzähltechnisch ist das natürlich wiederum relevant, weil die zunehmende Gewichtung innerer Ereignisse mit der Entwicklung des ›psychologischen Erzählens‹ verbunden ist. Weiterhin unterscheidet er auch Zustandsveränderungen, die durch einen *Agenten* herbeigeführt werden (das sind dann *Handlungen*), von solchen, die durch *Erleiden* herbeigeführt werden (das sind dann *Vorkommnisse*).

Toni: Da scheinen mir aber wieder einige Fallstricke verborgen zu sein, denen wir eigentlich weiter nachgehen müssten! Kann denn zum Beispiel ein inneres (mentales) Ereignis eine *Handlung* sein? Sozusagen, als wäre der *Entschluss* zu einer Handlung schon die Handlung selbst? Ist es nicht eher so, dass wir erst an der *Ausführung* eines Entschlusses feststellen können, dass es sich wirklich um einen Entschluss gehandelt hat? Ludwig Wittgenstein sagt doch irgendwo, dass ein »innerer Vorgang« äußerer Kriterien bedarf ...[20]

Kim: Du wagst dich auf philosophisches Gebiet. Wir brauchen diese Frage aber nicht zu entscheiden. Jedenfalls gibt es Erzählungen, die sich den ›inneren Vorgängen‹ von Figuren zuwenden und sich im Erzählen dieser Vorgänge nicht darum scheren, ob diese auch ›äußere Kriterien‹ haben. Ich würde dir jedoch darin recht geben, dass diese inneren Vorgänge keine Handlungen sind.

Toni: Das ist aber nicht alles. Mich würde interessieren, ob du ein Beispiel für eine Erzählung findest, in der *ausschließlich* ›innere Vorgänge‹ vorkommen – bzw., ob du einen Text, in dem dies der Fall ist, überhaupt eine Erzählung nennen würdest. Und da die ›inneren Vorgänge‹, wenn sie keine Handlungen sind, ja wohl nur ›Erleidungen‹ sein können, stellt sich die Anschlussfrage, ob man eine Darstellung, in der nur ›Erleidungen‹ vorkommen, als Erzählung bezeichnen würde.

Kim: Nur zum letzten Punkt – jede ›Erleidung‹ ist ja auch eine Reaktion und impliziert Handlungen, die wiederum auch Unterlassungen sein können. In dem Beispiel, dass die Königin aus Gram über den Tod des Königs stirbt, ist in diesem Sinne irgendwie impliziert, dass die Königin sich geweigert hat, Tröstungen anzunehmen. In diesem Sinne ist sie – in unserer kognitiven Rekonstruktion der Geschichte – nicht nur eine Person, die etwas erleidet, sondern auch eine, die etwas tut, die sich aktiv zu etwas verhält. Deine Frage nach dem Status des Erzählens ›innerer Vorgänge‹ ist damit freilich nicht beantwortet. Du denkst vielleicht an Erzählungen, die nur aus einem ›stream of consciousness‹ bestehen. In dem klassischen Beispiel dafür, dem Schlussmonolog der Molly Bloom im *Ulysses* von James Joyce, geht es wohl nur um ›innere Vorgänge‹ (ohne ›äußere Kriterien‹, wenn ich mich recht erinnere) – Molly Boom dämmert langsam in den Schlaf hinüber. Und nun kann man sich fragen: Ist das eigentlich noch eine Erzählung? Und wenn nicht: Was ist es dann?

Toni: Solche Fragen sind nur dann nicht müßig, wenn man sie – ich muss das immer wieder betonen – dazu verwendet, *Unterschiede* zu beobachten und über sie nachzudenken. Wir benötigen keine wasserdichte Definition von Erzählung, sondern wir verwenden die Versuche, das ›Wesen‹ der Erzählung zu definieren, dazu, um Unterschiede wahrzunehmen. Das, was nicht in eine Definition zu passen scheint, ist immer viel interessanter als das, was passt. Deswegen sind Beispiele und Gegenbeispiele von entscheidender Bedeutung.

Kim: Diese Einsicht ist auch wichtig, wenn man beim Definieren anders vorgeht: Man gibt keine Minimaldefinition der Erzählung und spricht dann darüber, was in diese Minimaldefinition passt und was nicht, sondern man definiert die *prototypische* Erzählung und spricht dann darüber, wie weit Erzählungen sich von diesem Prototyp entfernen können. Der Monolog der Molly Bloom im *Ulysses* ist sicher keine prototypische Erzählung, und ob man ihn überhaupt als Erzählung betrachten möchte, hängt einfach vom Standpunkt und vom Erkenntnisinteresse ab. Ich finde, wir sollten uns noch ein wenig anschauen, was man als prototypische Erzählung auffasst.

Toni: Ich bin ganz und gar einverstanden. Mir scheint auch, als wir in unserem ersten Gespräch über die Funktionalität des Erzählens gesprochen und uns die verschiedenen Aspekte gemäß Jan Christoph Meister angeschaut haben, da waren wir eigentlich bei einer prototypischen Betrachtung ... Was hast du an Definition des Prototyps anzubieten?

Kim: Ein vielzitierter Versuch einer Bestimmung prototypischen Erzählens stammt von David Herman, die klassische Formulierung findet sich in seinem Buch *Basic Elements of Narrative*, und zwar gleich auf der ersten Seite. Es ist auch ein gutes Beispiel dafür, wie angelsächsische Narratologen vorgehen:

»A prototypical narrative can be characterized as
(i) A representation that is situated in – must be interpreted in light of – a specific discourse context or occasion of telling.
(ii) The representation, furthermore, cues interpreters to draw inferences about a structured time-course of particularized events.
(iii) In turn, these events are such that they introduce some sort of disruption or disequilibrium into a storyworld involving human or human-like agents, whether that world is presented as actual or fictional, realistic or fantastic, remembered or dreamed, etc.
(iv) The representation also conveys the experience of living through this storyworld-in-flux, high-lighting the pressure of events on real or imagined consciousness affected by the occurrences at issue. [...]«[21]

Toni: Also der erste Punkt ist zwar neu, aber nur deswegen, weil er etwas zum Bestandteil des Prototyps macht, was nicht Bestandteil der Erzählung selbst ist, sondern den *Anlass* bezeichnet, der zu einer Erzählung führt: Erzählungen sind Repräsentationen, die nicht im luftleeren Raum stattfinden. Das lässt sich einerseits wohl kaum bestreiten. Andererseits scheint es auf *literarische* Erzählungen nicht so ohne Weiteres zuzutreffen. Der zweite Punkt spricht davon, dass die Interpreten – gemeint sind wohl die Rezipienten – aktiv werden müssen, indem sie die Repräsentation als eine zeitliche Reihenfolge von Ereignissen zusammensetzen, die etwas miteinander zu tun haben. Das haben wir ja schon diskutiert. Es hört sich hier nur etwas anders an, weil Herman die *kognitive* Leistung des Rezipienten, der etwas als eine Narration auffasst, in den Vordergrund stellt.

Kim: Ja, das ist richtig. Irgendwie scheint man sich mit der Betrachtung des Prototypischen auch vom Textuellen zu entfernen.

Toni: Der dritte Punkt ist interessant; da kommt eine ganze Menge drin vor (wie überhaupt die einzelnen Punkte recht vollgepackt sind). Zunächst einmal gibt es eine »storyworld«. Das heißt wohl: eine *Diegese*. Jede Erzählung impliziert einen Raum, in dem sie stattfindet. Dieser Raum kann einen ganz unterschiedlichen Status haben. Herman unterscheidet drei (mit Vorsicht zu genießende) Gegensatzpaare: *actual* (bzw. »faktual«) oder *fictional* , *realistic* oder *fantastic*, *remembered* oder *dreamed.* Und dann schreibt er »etc.« dahinter und deutet an, dass diese Gegensatzpaare keine Vollständigkeit beanspruchen. Wichtig ist, dass immer eine »storyworld« impliziert ist. Weiterhin muss es in dieser »storyworld« Subjekte geben (das hatten wir ja auch schon festgestellt). Hinzu kommt die Feststellung, dass es – prototypischerweise – eine Art Bruch oder Ungleichgewicht in dieser »storyworld« gibt. Mit Aristoteles würde man sagen: Sonst könnte die Sache nicht Anfang, Mitte und Ende haben – sonst gäbe es nichts zu erzählen. Letztlich läuft es also auf die bekannte Forderung nach einer ereignishaften Zustandsveränderung hinaus. So ganz viel Neues haben wir bislang nicht erfahren ...

Kim: Na, so ganz viel Neues darf man auch nicht erwarten. Schließlich sollen Eigenschaften aufgeführt werden für eine Sache, die wir alle kennen. Außerdem gibt es ja noch den vierten Punkt. Dass man – nur scheinbar trivial – etwas ›zu erzählen haben muss‹, wenn man etwas erzählt, wird in der Narratologie oft unter dem Begriff *tellability* verbucht (das ist irgendwie etwas zwischen ›Erzählwürdigkeit‹ und ›Erzählbarkeit‹). Im *Living Handbook of Narratology* gibt es übrigens einen Artikel zu *tellability* von Raphael Baroni.

Toni: Ja, der vierte Punkt scheint jetzt wirklich ein neues Moment ins Spiel zu bringen. Und einen neuen Begriff – den der Erfahrung (*experience*). Was ist damit genau gemeint? Um was für eine Erfahrung und um wessen Erfahrung handelt es sich? Geht es darum, dass die destabilisierenden Ereignisse das betreffende Subjekt *affizieren*, dass es also eine Erfahrung macht? Oder geht es eher darum, dass der Erzähler und der Rezipient die Erzählung nur verstehen können, wenn ihnen diese Erfahrung zugänglich gemacht wird? Auf jeden Fall scheint es mir darum zu gehen, dass Erzählen immer ein subjektives Involviertsein impliziert.

Kim: Ja genau, das ist das Entscheidende. Eine österreichische Anglistin, Monika Fludernik, hat 1996 ein wichtiges Buch mit dem Titel *Towards a ›Natural‹ Narratology* vorgelegt, in dem der Begriff der *experientality* eine zentrale Rolle spielt.[22] *Experientality* sei eine notwendige Bedingung für Erzählen – zumindest weist die prototypische Erzählung dieses Merkmal auf. Bloße Sequenzialität von Ereignissen reiche nicht aus. Sie bezieht sich übrigens direkt auf das Beispiel von Forster und sagt, dies sei möglicherweise ein Plot oder ein »good story material«, aber als »narrative« sei *The king died and then the queen died of grief* von »little or no interest«[23]. Die dürre Aneinanderreihung von Vorkommnissen befriedigt eben nicht, weil wir weder einen Erzähler spüren noch Zugang zum Denken und Fühlen eines Protagonisten bekommen. Es fehlt die *experientality*. Im Grenzfall – aber damit verlässt Fludernik die prototypische Argumentation eigentlich schon wieder – gebe es auch ein Erzählen ohne Plot. Sie schreibt:

»The specific aesthetic effect of narrative need not rely on the teleology of plot, on how all the episodes and motives contribute to the final outcome, but can be produced also by the mimetically motivated evocation of human consciousness and of its (sometimes chaotic) experience of being in the world.«[24]

Toni: Das ist eigentlich ein einfacher Gedanke, aber er ist auch sehr weitreichend. Ich glaube tatsächlich, dass man im Deutschen das Wort *erzählen* bisweilen auch so verwendet (und im Zweifelsfall ist das ja immer der beste Test, wenn man wissen will, ob man bei einer Arbeit am Begriff mitgehen möchte). Man sagt etwa: Ich muss dir erzählen, wie mir zumute war, als mir das und das passiert ist. Von einer Story bzw. einem Plot ist dann gar nicht die Rede bzw. sie sind eindeutig sekundär. Und ich verstehe auch, dass das Moment der *tellability*, das wir eben kurz gestreift haben, damit unmittelbar zu tun hat: Das, was *experientality* hat, dem kommt auch *tellability* zu. Aber abgesehen davon: Dieser Ansatz hat auch wieder die Eigenschaft, dass die sprachlichen Merkmale der manifesten Erzählung sehr stark von den kognitiven Prozessen her begründet werden, die im Akt des Erzählens ablaufen (müssen) oder ihm vorhergehen. Und damit hängt wiederum offensichtlich zusammen, dass nicht das fiktionale, literarische Erzählen im Vordergrund steht, sondern das faktuale Erzählen im Alltag.

Kim: Völlig richtig. Übrigens bezieht sich Fludernik, um die sozusagen narrative Verfasstheit des Menschen zu begründen, in diesem Sinne auf den von mir in unserem letzten Gespräch bereits erwähnten Paul Ricœur. Außerdem nennt sie ihren Ansatz konstruktivistisch (ob zu Recht oder zu Unrecht, lassen wir mal dahingestellt): »Readers actively construct meanings and impose frames on their interpretations of texts just as people have to interpret real-life experience in terms of available schemata.«[25]

Toni: Sie spricht zwar von Lesern, orientiert sich aber am Paradigma des Erzählens im Alltag, das ja nun eindeutig mündlich abläuft. Ich glaube, darüber sollten wir beim nächsten Mal sprechen.

3. ›Naturwüchsiges‹ Erzählen

Toni: Bevor wir uns dem mündlichen Erzählen zuwenden: Mir ist seit unserem letzten Gespräch zufällig ein literarischer Text über den Weg gelaufen, der mich zwangsläufig an unsere Überlegungen zur Minimalerzählung erinnerte. Aus einem einfachen Grund: weil er nämlich selbst eine Minimalerzählung *ist*. Eine Minimalerzählung kann also auch Literatur sein.

»Als er erwachte, war der Dinosaurier immer noch da.«

Kim: Das ist alles? Von wem ist das?

Toni: Das ist von einem recht bekannten Autor aus Guatemala, der von 1921 bis 2003 gelebt hat, Augusto Monterroso.[26] Und? Was meinst du? Erfüllt dieser Text die drei von uns im letzten Gespräch diskutierten Bedingungen für das Vorliegen einer Erzählung? Gibt es einen Anfangs- und einen Endzustand? Sind die Zustände aufeinander bezogen? Beziehen sich die Zustände auf ein Subjekt?

Kim: Man kann es sich leicht machen und alle drei Fragen schnell bejahen. Aber dann würde man deine Frage verschenken. Zunächst einmal kommen ja zwei Subjekte vor, »er« und der »Dinosaurier« (den wir mal als Subjekt akzeptieren wollen). Was den Dinosaurier angeht, so wird die Zustandsveränderung gerade verneint, »er« hingegen war erst wach, hat dann offenbar geschlafen und ist dann wieder aufgewacht; das »immer noch«

zeigt an, dass das unveränderte Dasein des Dinosauriers für den »er« irgendwie ereignishaft ist. Also: Ja, das ist eine Erzählung, die die drei Bedingungen erfüllt, aber eben auf eine sehr spezielle Weise, und darin liegt wohl das ›Literarische‹ dieses Textes (im Unterschied etwa zu: *The King died, and then the queen died of grief*).

Toni: Die ›spezielle Weise‹ hängt natürlich vor allem auch damit zusammen, dass die Diegese völlig unklar ist. Wir wissen gar nicht, welche Art von erzählter Welt wir dieser Minimalerzählung unterschieben können. Zum Beispiel könnte der Dinosaurier ein Plüschtier in einem Kinderzimmer sein. Dann wäre es eigentlich nicht ereignishaft, dass der Dinosaurier am Morgen, wenn »er« aufwacht, immer noch da ist. Aber in den Augen des kleinen Kindes dann vielleicht doch wieder, usw.

Kim: Mir scheint, dieser einfache Satz, als Erzählung verstanden, ist ganz und gar literarisch und funktioniert nur, weil er jeden Kontextbeug künstlich abschneidet. Eine Erzählsituation, in der dieser Satz als mündliche Erzählung funktionieren würde, ist nicht denkbar. Insofern können wir an unser letztes Gespräch anschließen: Fludernik meint mit ›natürlichem Erzählen‹ ganz einfach spontanes Erzählen von Geschichten im Rahmen von Gesprächen.[27] Es handelt sich, mit anderen Worten, um ein mündliches Erzählen, das sich in seinen verschiedenen Formen von selbst ergibt bzw. von selbst ergeben soll (insofern läge hier sogar eine gewisse Nähe zu den *Einfachen Formen* von André Jolles vor, was wir aber hier nicht weiter vertiefen sollten) –, sozusagen ›naturwüchsig‹. Dieses ›naturwüchsige‹ Erzählen liegt also auch diesseits der Unterscheidung faktual/fiktional.

Toni: Na ja, sieht sie das so? Ich würde eher sagen, das mündliche Erzählen in Konversationen ist sicher *nicht* fiktional, und sie hat recht, insofern das Gegensatzpaar faktual/fiktional dann auch nicht passt. Aber ›*natural*‹ oder ›naturwüchsig‹ heißt dann eben in gewisser Weise auch: nicht *literarisch*. Vor allem gibt es – das ist für mich besonders interessant – auf der Ebene des ›naturwüchsigen‹ Erzählens keine Erzähl*techniken*, denn diese sind (ganz gleich, wie man sie im Einzelnen definiert) als etwas *Nicht-Natürliches* aufzufassen. Das Erzählen wird von den *Techniken* des Erzählens gleichsam abgetrennt und letztere werden als etwas Sekundäres aufgefasst. Insofern tragen diese Überlegungen zum Verständnis dessen bei, was Erzähltechniken *sind*. Die Unterscheidung ›natürlich‹/›nicht-natürlich‹ ist ja keine Wertunterscheidung. Dass Erzählen zunächst einmal ein mündliches Sprachverhalten ist, darüber sind sich ja wohl alle einig. Aber die Kehrseite ist natürlich, dass vieles ausgeblendet oder verzerrt wahrgenommen wird, wenn man diesen Aspekt überbetont. Erzähl*techniken* sind nur als etwas ›Unnatürliches‹ oder besser etwas ›Nicht-Natürliches‹ zu begreifen und zu beschreiben. Um aber zum ›natürlichen Erzählen‹ zurückzukehren – ich habe da eine ganz grundsätzliche Frage: Wenn man vom mündlichen Erzählen im Alltag als dem ›naturwüchsigen‹ Erzählen ausgeht, inwiefern ist man dann eigentlich noch als Literaturwissenschaftler kompetent? Fällt das ›naturwüchsige‹ Erzählen als ein sprachliches Verhalten nicht zunächst einmal in den Bereich der Sprachwissenschaft?

Kim: Das kann man so sehen. Aber das ist doch eine notwendige Folge der Einsicht, dass Erzählen eine anthropologische Universalie in dem Sinne ist, in dem wir das in unserem ersten Gespräch erörtert haben. Wieso sollte die Literaturwissenschaft in Bezug auf diese Universalie einen Alleinvertretungsanspruch haben? Die Literaturwissenschaft kann dem nur Rechnung tragen, wenn sie sich selbst als eine Kulturwissenschaft versteht. Das gilt freilich ebenso für die Sprachwissenschaft. Übrigens verweist Fludernik explizit darauf, dass von »›naturally occuring‹ storytelling« zunächst in der »linguistic literature of discourse analysis«[28] die Rede gewesen sei, nämlich im Rahmen einer berühmt gewordenen Studie von William Labov aus dem Jahre 1972 über das Sprechverhalten schwarzer Jugendlicher in amerikanischen Ghettos.[29] Damit beginnen die linguistischen Studien über Erzählen im Alltag. 2012 hat der renommierte Literaturwissenschaftler Albrecht Koschorkes ein umfangreiches Buch mit dem etwas merkwürdigen Titel *Wahrheit und Erfindung* vorgelegt, dessen Untertitel »Grundzüge einer Allgemeinen Erzähltheorie« deutlich macht, dass hier eine kulturwissenschaftliche Perspektive eingenommen wird. William Labovs Studie spielt in diesem anregungsreichen Buch (in dem allerdings von Erzähltechniken und vielen anderen Dingen, die Narratologen interessieren, gerade nicht die Rede ist) ebenfalls eine Rolle.

Toni: Was steht denn nun in dieser Studie?

Kim: Der zentrale Punkt betrifft den Aufbau einer »fully-formed narrative«. Labov zufolge besteht sie aus sechs Bestandteilen: Abstract, Orientation, Complicating action, Evaluation, Result or Resolution.[30] Man sieht, das ist deutlich komplexer als die aristotelische Forderung, eine Geschichte müsse Anfang, Mitte und Ende haben usw.

Toni: Moment! Aristoteles spricht ja von einer Geschichte als *Handlung*, nicht von einer *Erzählung*. Wenn es diese sechs Bestandteile einer »fully-formed narrative« gibt, dann heißt das nur, dass sich Erzählen – immer noch prototypisch aufgefasst, wenn ich das richtig sehe – nicht in der Repräsentation (Wiedergabe) einer Handlung erschöpft, sondern eben auch noch aus einigen anderen Sachen besteht, die aus dem Erzählen selbst eine Handlung machen.

Kim: Das hast du gut ausgedrückt. Ich habe das mit Anfang, Mitte und Ende auch nur hereingebracht, weil Labov selbst damit ankommt. Er schreibt:

»Beginnings, middles, and ends of narratives have been analyzed in many accounts of folklore or narrative. But there is one important aspect of narrative which has not been discussed – perhaps the most important element in addition to the basic narrative clause. That is what we term the *evaluation* of the narrative: the means used by the narrator to indicate the point of the narrative, its raison d'être: why it was told, and what the narrator is getting at.«[31]

Und das, was Koschorke dazu kommentiert, ist sozusagen die *extended version* dessen, was du gerade in Kurzform formuliert hast:

»Labovs Überlegung verdeutlicht, dass auch in den einfachsten Alltagserzählungen immer mehrere Prozesse gleichzeitig vor sich gehen. Während die Geschichte selbst mitgeteilt wird und die Einbildungskraft von Erzähler und Zuhörer beschäftigt, findet auf einer zweiten Ebene, gewissermaßen auf einer Nebenfrequenz, zwischen beiden eine Verhandlung darüber statt, ob das Erzählte interessant und wichtig genug ist, um überhaupt Aufmerksamkeit zu verdienen. Beide Seiten bewegen sich sowohl innerhalb wie auch außerhalb der Diegese; sie vergewissern sich ihrer kommunikativen Bindung, die durch den Erzählvorgang erzeugt wird oder auch nicht.«[32]

Toni: Bei dieser ›Verhandlung‹ auf der ›Nebenfrequenz‹ geht es letztlich um das, was bei Fludernik *tellability* und *experientality* heißt. Irgendwie ist das alles auch ein wenig trivial: Man sucht das Erzählen in einer prototypischen Gestalt dort auf, wo es seinen ›Sitz im Leben‹ hat, und – oh Wunder! – findet Merkmale der kommunikativen Situation des Erzählens auch in der Erzählung selbst wieder. Wenn Koschorke erklärt, derlei finde »auch in den einfachsten Alltagserzählungen« statt, so finde ich das etwas drollig. Es findet doch *gerade* dort statt – dort nämlich, wo sich das Erzählen am wenigsten von der Situation, in der erzählt wird, entfernt! Mir wird übrigens immer klarer, dass man, wenn man das Prototypische zum Ausgangspunkt nimmt, sehr vorsichtig sein muss. Man läuft nämlich stets Gefahr, ganz viele andere Möglichkeiten nicht mehr wahrzunehmen. Die Beschreibung der Eigenschaften des Prototyps sollte daher immer mit einer Aufmerksamkeit für die Erscheinungen verknüpft werden, in denen sich die prototypische Eigenschaft *nicht* realisiert, damit auch von dieser Seite ein Licht auf den Prototyp geworfen wird.

Kim: Eigentlich haben wir ja das Ergebnis, dass das Erzählen, prototypisch betrachtet, nicht nur aus Erzählen besteht. Dass es also wesentlich *unrein* ist, wenn man so will. Das ist doch eigentlich ein merkwürdiges Ergebnis, oder?

Toni: Wieso? Ist das *Reine* nicht immer das Künstliche? Jedenfalls in der Chemie ist das so.

Kim: Aber außerhalb der Chemie ist das doch nicht so. Da ist doch die Vorstellung leitend, dass man die anfängliche Reinheit bewahren muss vor der Verunreinigung usw.

Toni: Du meinst wohl zum Beispiel die Jungfräulichkeit oder das reine Quellwasser! Vielleicht ist auch die Jungfräulichkeit eine trübe Sache; auf jeden Fall aber ist das Wasser an der Quelle nicht rein, es enthält ja alle möglichen Mineralstoffe. Rein ist nur das künstlich destillierte Wasser. Um Reinheit herzustellen, braucht es ein *Verfahren*. Aber lassen wir das. Mich würde interessieren, was Koschorke – aus kulturwissenschaftlicher Perspektive – sonst noch über die strukturellen Eigenschaften von Erzählungen zu sagen hat.

Kim: Ich kann versuchen, dir einen kurzen Einblick in das zu geben, was Koschorke über die »Elementare[n] Operationen« – so heißt sein langes zweites Kapitel – im Erzählen schreibt. Er führt insgesamt acht elementare Operationen auf, manche von ihnen werden kurz, andere sehr ausführlich besprochen. Die erste ist *Reduktion*: Man kann nur (und will aber auch nur) sehr viel weniger erzählen, als man wahrnimmt. Das bedarf wohl keines weiteren Kommentars. Aber man sieht schon, dass das Erzählen auch hier in erster Linie als Wiedergabe von Tatsächlichem in den Blick kommt. Die zweite Operation ist die *Schemabildung*. Kurz gesagt: Ohne Erzählmuster, Plotstrukturen geht es nicht. Das, was einem erzählt wird, wird niemals als etwas ganz Neues wahrgenommen, sondern es trifft auf Erwartungen, auf kognitive Schemata, wird in Bekanntes eingepasst. Koschorke versucht übrigens hier wie auch sonst immer wieder, empirische Belege für seine Feststellungen beizubringen. Drittens: *Redundanz und Variation*. Wenn Schemata wiedererkannt werden, dann deshalb, weil es ein gewisses Maß an Redundanz gibt. Diese Redundanz ist funktional. Es geht im Erzählen nicht etwa nur darum, Information zu übermitteln. Auf der *psychologischen* Ebene dient die Redundanz der »Wiederkennbarkeit von narrativen Mustern«; auf der *kommunikativen* Ebene sichert sie »einen unterstellten oder tatsächlichen Konsens«[33] ab; auf der *systemischen* Ebene reagiert Erzählen auf eine nicht beherrschbare und kontingente Umwelt, indem es im Innern »überschaubare *Räume verdichteter Relevanz*«[34] schafft.

Toni: Das letzte ist mir nicht so recht klar.

Kim: Man könnte vereinfachend sagen, dass innerhalb von Erzählungen alles an seinem Platz ist, eben weil die Erzählung auf schlüssige Erzählbarkeit ausgerichtet ist. In der erzählten Welt herrscht viel weniger Zufall als in der wirklichen Welt, und zwar nicht zuletzt, weil auch der Zufall Teil eines erzählerischen Kalküls ist. Es wird eben nur erzählt, was relevant ist, oder genauer: was sich als relevant erwiesen haben wird (jedenfalls im ›naturwüchsigen‹ Erzählen ist das so).

Toni: Ich verstehe. Das sind natürlich Beobachtungen, die in anderen Theorien mit einem anderen Beschreibungsvokabular ebenfalls gemacht wurden. Das hat ja zum Beispiel mit der teleologischen Struktur des (prototypischen) Erzählens zu tun.

Kim: Ich stimme dir vollkommen zu. Übrigens forciert Koschorke diesen Effekt der teleologischen Struktur noch, wenn er sich in diesem Zusammenhang explizit auf den »Eindruck der ›märchenhaften Sicherheit‹« bezieht, den »einfache Erzählformen häufig vermitteln«. Alles Gefährliche, Unheimliche erscheint neutralisiert, weil erstens die durch Redundanz vermittelte »Erzählkonvention« dessen Überwindung verlangt und weil zweitens »der Held immer« weiß, »dass er gemeint ist; die Bedrohungen sind gleichsam exklusiv auf ihn bezogen; er hat es mit nichtzufälligen Ereignissen zu tun und muss sich über seinen Standpunkt in einer unübersichtlichen Welt keine Gedanken machen«. Koschorke zitiert dann – naheliegenderweise – auch die von Vladimir Propp und Jurij Lotman entwickelten Handlungsschemata.[35] Alles Erzählen erscheint dann als Variation der Handlungsschemata.

Toni: Auf den ersten Blick scheint das ja dem zu widersprechen, dass man vor allem *Neuigkeiten* erzählt. Aber was eine Neuigkeit ist, kann man nur auf der Folie schon bekannter Schemata rezipieren. Daraus folgt aber nicht, dass nur die bekannten Schemata transportiert werden. Sie können vielmehr nur transportiert werden, weil es immer neue Variationen gibt. Im Erzählen werden – auf der Ebene der *histoire* – insofern sowohl Abweichungen transportiert als auch die Neutralisierungen von Abweichungen. Das ist eine Dialektik, deren Betrachtung ich letztlich recht langweilig finde. Was ist denn die vierte Operation bei Koschorke?

Kim: Die vierte heißt *Diversifikation*. Das schließt gut an die Kritik an, die du gerade geäußert hast. Denn Diversifikation bedeutet eine Art narrativer Streuung. Die Variation eines Schemas bringt auch Neues hervor. Jede »komplexe Erzählmatrix«, so Koschorke, umfasst einen »Katalog von Optionen«, die »in einer individuellen *story* nie auf vollständige oder gar identische Weise umgesetzt werden«. Die Version kann mehr oder weniger randständig sein und entsprechend von der Gemeinschaft entweder akzeptiert oder verworfen werden.

Toni: Sind wir hier wieder auf der Ebene der Erzählmechanismen in den oralen Kulturen? Es klingt so.

Kim: Ja, das würde ich sagen. In schriftlichen Kulturen kann man diesen Vorgang nicht so gut beobachten. Deutlich wird das insbesondere dort, wo Koschorke auf den Begriff des »widerständigen Details« eingeht, der ihm zufolge zu den Faktoren gehört, »die narrative Diversifikation befördern«[36]. Widerständige Details finden sich häufig gerade deshalb in tradierten Erzählungen, *weil* sie innerhalb des Erzählschemas keine erkennbare Funktion haben. Die Erzählforschung spricht in diesem Zusammenhang von blinden und stumpfen Motiven. Ihre Widerständigkeit führt dazu, dass sie bewahrt werden. Besonders instruktiv sei hier der Blick auf »das Märchen und verwandte Gattungen, die ihr Gepräge durch mündliches Weitererzählen gewinnen: etwa in Gestalt von Zaubersprüchen und Versen, die sich durch Abweichung von der normalen Lautgestalt auszeichnen und gerade darum im Gedächtnis haften«[37].

Toni: Auch hier scheint mir wieder eine Dialektik vorzuliegen: Die Schemata können auch dafür sorgen, das zu speichern, was ihnen widersteht. Ich habe ein Problem damit, dass dies nur im Hinblick auf Erzählungen relevant ist, die *weitererzählt* werden. Diese Betrachtungsebene gehört doch eher in das Gebiet der volkskundlichen Erzählforschung, wie sie etwa in dem großartigen Nachschlagewerk *Enzyklopädie des Märchens* in 15 Bänden dokumentiert ist.

Kim: Da sprichst du einen interessanten, wenn nicht wunden Punkt an. Diese volkskundliche Erzählforschung, die es ja schon sehr viel länger gibt als die Narratologie, wird von den Narratologen kaum wahrgenommen. Das gilt für die angloamerikanische Erzählforschung ebenso wie für Koschorke, in dessen Literaturverzeichnis z.B. Hermann Bausingers Grundlagenwerk *Formen der »Volkspoesie«* nicht aufgeführt ist.[38]

Toni: Ja, das ist sehr eigentümlich, aber auch wieder typisch. Aber sei's drum. Was ist die fünfte Operation?

Kim: Die hatten wir schon: *Sequenzbildung und Rahmung*. Die sechste ist *Motivation*. In gewisser Weise hatten wir das auch schon, denn hier geht es um Kausalität. Das Erzählen, insofern es Ereignisse aneinanderreiht, unterstellt eine nicht nur zeitliche Abfolge, sondern auch eine kausale Beziehung: *post hoc*, *ergo propter hoc* ist die Unterstellung, die im Raum steht. Und Koschorke merkt an – wie wir es in weniger eleganten Worten ebenfalls schon getan haben –, dass das »Elixier der Narration« gerade in der »Interferenz« besteht, »in der nicht vollständig determinierten Zone *zwischen* den Modalitäten der Verknüpfung«. Ich lese eine Stelle vor:

»Denn wie die reinen *und-* oder *dann*-Folgen sind strikte Kausalkopplungen letztlich nicht erzählerisch; auch mathematische Beweisfolgen werden sich kaum als Narrativ darstellen lassen. Das Ausspinnen der Fabel lebt von der Hintergrundmöglichkeit einer alternativen Verknüpfung, das heißt einer anderen möglichen Sequenz, mithin von *abgeschwächten*, durch Gegenkräfte *verunsicherten* Implikationen und Kausalitäten.«[39]

Im zweiten Teil seiner Ausführung zu diesem Punkt geht Koschorke dann noch auf die »Zuschreibung von agency« in diesem Zusammenhang ein: Die nicht-strikte Kausalkopplung im Erzählen impliziert die Möglichkeit, auch nicht-menschlichen Elementen der Geschichte *agency* (im Sinne der Akteur-Netzwerk-Theorie) zuzuschreiben.

Toni: Das finde ich eine interessante Überlegung, über die ich gerne weiter nachdenken würde. Aber machen wir weiter im Programm.

Kim: Die siebte Operation ist ebenfalls naheliegend: *Positionierung der Erzählinstanz*. Hier geht es größtenteils um bekannte Fragestellungen und Probleme, aber sie werden irgendwie ganz anders konfiguriert, sodass es mir schwerfällt, sie konzise zusammenzufassen. Ich will aber einige Punkte ansprechen, die mir wichtig zu sein scheinen, weil sie über herkömmliche erzähltheoretische Ansätze hinausgehen. Koschorke schlägt vor, den beiden Genette'schen »Kardinalfragen ›Wer sieht?‹ und ›Wer spricht?‹ [...] eine dritte hinzuzufügen: ›Wer weiß?‹« Begründung:

> »Denn auch davon, wie sich der Erzähler als Informant positioniert, ob er an seiner fingierten Allwissenheit teilhaben lässt oder sich womöglich in seiner eigenen Geschichte verliert, hängt die Art der Teilhabe des Auditoriums ab. Mit anderen Worten, die Eigenschaften der Erzählinstanz legen fest, welches Kollektiv sich um eine Erzählung gruppiert: welches Sehen, welche Sprache, welches Wissen von wem und mit wem geteilt wird.«[40]

Toni: Es ist doch fraglich, ob man der erzähltheoretisch so vieldiskutierten Unterscheidung von »Wer sieht?« und »Wer spricht?« so ohne Weiteres eine dritte Kardinalfrage hinzufügen kann. Für Genette ist es ja gerade entscheidend, dass sich nur die Frage »Wer spricht?« auf die Erzählinstanz bezieht, die Frage »Wer sieht?« aber eben nicht! Bei der Frage »Wer weiß?« hingegen ist es doch ganz klar, dass sich das nur auf den beziehen kann, der spricht. Denn der, der spricht, weiß auch, muss aber nicht alles, was er weiß, wirklich aussprechen.

Kim: Richtig. Die Frage »Wer sieht?« kann sich nur auf eine Figur beziehen. Bei Genettte heißt es, die »meisten theoretischen Arbeiten« litten

»darunter, dass sie das, was ich hier *Modus* und *Stimme* nenne, miteinander vermengen, d.h. die Frage *Welche Figur liefert den Blickwinkel, der für die narrative Perspektive maßgebend ist?* wird mit der ganz anderen *Wer ist der Erzähler?* vermengt – oder, kurz gesagt, die Frage *Wer sieht?* mit der Frage *Wer spricht?*«[41]

Die Formulierung *Welche Figur liefert den Blickwinkel* ... bedeutet nicht, dass es der Blickwinkel der Figur selbst ist, sondern dass der Blickwinkel nur in Bezug auf die Figur bestimmt werden kann. Und nun kommt die dreigliedrige Typologie zum Zuge. Im ersten Fall, der internen Fokalisierung handelt es sich wirklich um den Blickwinkel der Figur – aber eben in einer informationstheoretischen Formulierung: »*Erzähler* = *Figur* (der Erzähler sagt nicht mehr, als die Figur weiß)«[42]. Das *Wissen* des Erzählers, das Koschorke als dritte Kardinalfrage etablieren möchte, ist also bei der Frage der Fokalisierung schon im Spiel, aber eben als ein Verhältnis zwischen Erzähler und Figur. Entsprechend gilt bekanntlich, dass der Erzähler bei der externen Fokalisierung weniger *weiß* als die Figur und bei der Nullfokalisierung mehr weiß bzw. mehr *sagt*, als die Figur weiß. Koschorke geht es um eine andere Ebene des *Wer weiß?* – nämlich darum, wie der Erzähler (oder die Erzählinstanz) sich gegenüber den Adressaten der Erzählung als Wissender positioniert.

Toni: Mir scheint, dass man sich, wenn man das Verhältnis zwischen Erzähler und Adressaten auf diese Weise in den Blick nimmt, für Erzähl*strategien* interessiert und für *Machtverhältnisse* im Erzählen.

Kim: Genau darüber spricht Koschorke im Anschluss: Es geht immer auch um die Frage nach der Machtverteilung. Und das ist schon sehr wichtig, weil sich die Narratologie ansonsten nicht gerade dadurch auszeichnet, Fragen nach der Macht in ihre Überlegungen mit einzubeziehen. Koschorke stellt hier insbesondere den »Typus des autoritären Erzählers, der sein Hintergrundwissen und damit einen Großteil seiner Informationsmacht dem Publikum vorenthält«, dem »inferioren, im Grenzfall lächerlichen Erzähler« gegenüber, der – z.B. als Kind, als ›Eingeborener‹ oder als Verrückter – seine »eigene Rede« nicht durchschaut und sich »vom besseren Verständnis« der »Zuhörer hintergehen lassen« muss.[43]

Toni: Letzteres ist ja in der Narratologie ein Teil dessen, was durch den Terminus des unzuverlässigen Erzählens abgedeckt wird. Der unzuverlässige Erzähler ist in der Regel ein *vorgeschobener* Ich-Erzähler[44], der in besonderer Weise als eine fiktive Figur wahrgenommen wird. Er ist eine recht moderne literarische Kunstfigur. Darüber müssten wir auch noch einmal ausführlich sprechen. Die autoritative Positionierung der Erzählinstanz, die eigenmächtig entscheidet, was relevant ist und was nicht, wäre hingegen ›naturwüchsig‹. Ich verstehe jetzt, was du meinst: Weil diese Fragen bei Koschorke unter Missachtung der gängigen narratologischen Problemformulierungen aufgeworfen werden, ist es ausgesprochen schwer, den Überblick zu behalten.

Kim: Genau. Ihm geht es aus kulturwissenschaftlicher Perspektive vor allem darum, was Erzählen ins Werk setzt. Deswegen will ich noch kurz auf den Begriff der »abgestuften Partizipationen« zu sprechen kommen, den er in diesem Abschnitt über die Erzählinstanz ebenfalls einführt. Durch Erzählungen werden

»Partizipationsverhältnisse« gestiftet, wie er es nennt.[45] Die Erzählung ist eben nicht nur an die gerichtet, die sie verstehen können, sondern sie sendet auch Signale der Kooperation, sie bietet ein »Wir« an, sie ermöglicht nicht allen in gleicher Weise Empathie, stellt Prämien in Aussicht, kann ihre Adressaten zu fantasierten Fortsetzungen anreizen oder Appelle zum Tätigwerden aussenden. So wird, um ein Beispiel zu nennen, denjenigen, die nicht zu der »imaginären Gemeinschaft« gehören, »zu der sich Erzählinstanz oder Reflektorfiguren und Publikum in lockerer Fügung gruppieren«, in der Regel »keine Innensicht zugestanden«[46].

Toni: Nun gut, das sind im Prinzip keine neuen Erkenntnisse. Wenn man eine Erzählung analysiert, stößt man automatisch auf solche Inklusions- bzw. Exklusionsmechanismen. Aber das geschieht meist recht unsystematisch und sporadisch. Es ist gut, wenn man Begriffe entwickelt, mit denen man diesen Aspekt genauer fassen kann. Ich würde aber jetzt gerne noch die letzte und achte ›elementare Operation‹ kennenlernen, die im ›naturwüchsigen‹ Erzählen eine Rolle spielt.

Kim: Also gut. Das ist die *Erregung und Bindung von Affekten.*[47] Dass Erzählungen das leisten können, steht wohl außer Zweifel.

Toni: Da hast du recht. Dann wären wir damit also fertig. Unser heutiges Gespräch dauert zwar schon recht lange, aber ich wollte heute auch noch auf einen anderen Ansatz zum Erzählen zu sprechen kommen, den ich aufgrund seiner Geradlinigkeit sehr schätze, der aber im Getriebe der narratologischen Publikationen ein wenig untergegangen zu sein scheint. Kennst du den schmalen Band mit dem schlichten Titel *Erzählliteratur* von Dietrich Weber? Er ist 1998 erschienen. Im Vorwort schreibt er unter anderem, dass er dafür plädiert, es »mit dem Begriff Erzählen genauer zu nehmen, als es in der Literaturwissenschaft weithin der Fall ist«, und dass es ihm darum gehe, »mit Hilfe eines strengen Erzählbegriffs den Sinn dafür zu schärfen, was alles an beträchtlich Verschiedenartigem wir üblicherweise unter Erzählliteratur verstehen«[48].

Kim: Ich bin gespannt, stelle aber schon einmal fest, dass der Titel *Erzählliteratur* sozusagen klassisch literaturwissenschaftlich besagt, dass hier nicht mehr vom mündlichen Erzählen als Prototyp ausgegangen wird. Ist das richtig?

Toni: Ja, das ist richtig. Der Untertitel des Büchleins lautet auch »Schriftwerk – Kunstwerk – Erzählwerk«. Allerdings schreibt Weber in seiner Vorbemerkung auch, dass er »gelegentlich Ergebnisse der linguistischen Erzählforschung«[49] aufgreife, aber eben aus einem dezidiert literaturwissenschaftlichen Erkenntnisinteresse heraus. Ein großer Vorzug dieses Buches ist, dass es im Denken und in der Darstellung sehr nahe an den literarischen Beispielen bleibt. Zunächst stellt Weber vier mögliche *Modelle* des Erzählens vor, die sozusagen konzentrisch angeordnet sind. Ganz innen ist das »Erzählen als Geschichtenerzählen im engsten Sinn«[50], das fünf Phasen habe. Weber verweist hier sowohl auf das Pyramiden-Schema von Gustav Freytag als auch auf die linguistische Erzählforschung (wobei er allerdings die metanarrative Ebene der *evaluation* wohlweislich ausspart, wie ich nach unserem letzten Gespräch feststellen muss): Exposition/Orientierung, Komplizierung, Krise/Höhepunkt, Krisenabwicklung/Schlichtung, Endzustand/Konklusion. Als Nächstes kommt das »Erzählen als Geschichtenerzählen im engeren Sinn«, bei dem nur – gut aristotelisch – Anfang, Mitte und Ende gefordert sind. Hier zitiert Weber übrigens ein großartiges Beispiel, einen »Kurzgeschichte« betitelten Text von Wolf Wondratschek, in dem »Anfang, Mitte, Ende in drei ganz kurzen Sätzen« versammelt seien:

»Töte mich, sagte sie. Und er tötete sie. Und als sie endlich tot war, sagte sie noch, mach weiter.«[51]

Kim: Da muss ich erst einmal Luft holen und schlucken ... Ist das nicht mehr als ein Beispiel? Es ist in jedem Fall ziemlich abgründig.

Toni: Es freut mich, dass das Gedicht – wenn man eine Kurzgeschichte so nennen soll – Wirkung zeigt. Das Gefühl der Abgründigkeit, wie du es nennst, hängt aber auch damit zusammen, dass es in unserem Kontext als Beispiel Verwendung findet. Es soll ein Beispiel für Anfang, Mitte und Ende in knappster Form sein, das Ende ist aber der Befehl »mach weiter« ... Und deshalb fordert uns das Beispiel dann zu der Frage heraus: Was ist ein Ende? Und dann sind wir mittendrin in einem Wirbel. Das beste Beispiel ist immer dasjenige, das über das hinausgeht, wofür es ein Beispiel sein soll. Wir können den Text von Wondratschek hier ja nicht analysieren. Das können andere tun. Kommen wir also zum dritten Modell, »Erzählen als Geschichtenerzählen im weiteren Sinne«. Das ist das schlichte »und dann-Modell«, von dem *The king died, and then the queen died* – auch Weber zitiert dieses (im gerade beschworenen Sinn vielleicht nicht so gute) Beispiel von Forster – die klassische Version darstellt. Weber nennt es Erzählen als »Darstellung von ›Situationsveränderung‹«[52].

Kim: Jetzt sind wir aber schon ziemlich weit draußen, was die ›konzentrischen Kreise‹ angeht. Wie kann es denn ein noch allgemeineres Modell geben?

Toni: Nach Weber ist das »Erzählen im weitesten Sinn« kein Geschichtenerzählen mehr, vielmehr wird geltend gemacht, »daß der Gegenstand des Erzählens auch bloß aus Statischem bestehen kann: Situationen, Zuständen, Umständen«[53]. Hier sein Beispiel, eine »Erzählminiatur« von Walter Kempowski aus dem Buch *Tadellöser & Wolff*:

»Ich kam an der grünen Villa des Fabrikanten Samuel vorbei. Im November 1938 hatten Schallplatten auf dem Rasen gelegen, Gardinen aus den zerbrochenen Fenstern geweht.«[54]

Kim: Hier wird aber doch schon eine ganz Menge erzählt, viel mehr jedenfalls als beim *Ich gehe* von Genette! Es gibt chronologisch gesehen ein Ereignis A, die Feststellung von Verwüstungen im November 1938, die sofort mit dem historischen Ereignis der Reichskristallnacht evoziert werden und schon dadurch geschichtsgesättigt sind. Und ein Ereignis B, der homodiegetische Erzähler kommt wieder an der Villa vorbei. Beide Ereignisse bestehen also darin, dass das Ich an dieser Villa vorbeikommt. Und die Verschiedenheit der Zustände impliziert eine Veränderung, die zweifellos eine (nicht-chronologisch erzählte) Geschichte darstellt.

Toni: Du hast natürlich recht. Aber ich glaube, das ist ein Missverständnis. Die Sache ist komplizierter, als man erst denkt. Weber geht eben vom konkreten Text aus, den wir in einem weiten Sinne als der Erzählliteratur zugehörig auffassen. Das *Ich gehe* von Genette ist ja kein konkreter literarischer Text. Webers Feststellung ist zunächst einmal, dass es literarische Texte bzw. literarische Phänomene des Erzählens gibt, in denen es kein Erzählsubjekt gibt, das erkennbar (manifest) eine *Geschichte* erzählen will. Dass eine Geschichte gleichwohl *impliziert* ist, steht auf einem anderen Blatt. Anders gesagt, dass der Rezipient die Geschichte mittels seiner kognitiven Kompetenzen konstruieren muss, spielt in diesem Fall eine ganz andere Rolle als im Normalfall. Auf der manifesten Textebene werden eben keine *Vorgänge* wiedergegeben, sondern nur *Zustände* (das *Ich gehe* ist sozusagen gerade das Ausgesparte). Oder, noch anders ausgedrückt: Wenn jemand das, was in dieser Miniatur von Kempowski ›erzählt‹ wird, auf eine ›naturwüchsige‹ Weise erzählen wollte, würde er nie so vorgehen. Natürlich könnten diese beiden Sätze auch im mündlichen Erzählen (also ›naturwüchsig‹) geäußert werden, aber dann würde es sich nur um den *Auftakt* zu einer Erzählung handeln, sie müsste erst noch fortgesetzt (zu einer Geschichte ergänzt) werden, damit der Rezipient nicht sofort nachfragt: ›So what‹?

Kim: Kann man sagen: Es handelt sich um Erzählen, aber es gibt keinen Erzähler, weil ein Erzähler jemand ist, der Geschichten erzählt?

Toni: Bevor ich kurz erkläre, was Weber über den Erzähler sagt, möchte ich noch darauf hinweisen, dass er an dieser Stelle auch auf das – in der Terminologie Genettes – *iterative* Erzählen zu sprechen kommt, also die Form des Erzählens, in der einmal erzählt wird, was sich mehrfach ereignet hat.[55] Mir scheint, die Narratologie geht, ohne es explizit zu machen, immer vom singulativen Erzählen als dem Normalfall (dem ›eigentlichen‹ Fall) aus: Es wird einmal erzählt, was sich einmal ereignet hat. Man sollte aber nicht vergessen, dass iteratives Erzählen auch im mündlichen Erzählen eine Rolle spielt. Nicht immer geht es beim Erzählen um Ereignisse. Ich kann jemanden fragen, wie er denn so im Allgemeinen seine Tage verbringt, wenn er im Urlaub ist, und dann kann er mit einer iterativen Erzählung antworten: »Also, wir stehen gewöhnlich so gegen 10 Uhr auf, dann gehe ich erst mal zum Bäcker und hole Croissants und ein Baguette, auf dem Rückweg schaue ich mir den Wetterbericht für den Tag im *Office de Tourisme* an ...« Weber sieht in so etwas ganz einfach eine weitere Form des Erzählens *ohne Geschichte*.

Kim: Man könnte bei deinem Beispiel entgegnen: Das ist eben keine Erzählung, sondern eine *Beschreibung* – allerdings eine Beschreibung *in Form* einer Erzählung. Aber abgesehen davon: Ich gebe zu, dass viele literarische Texte solche Passagen enthalten

(Genette hat ja beispielsweise den erstaunlich hohen Anteil iterativen Erzählens bei Proust ausführlich analysiert[56]), aber sie bestehen eben nicht *ausschließlich* aus ihnen. Es kommt dann doch immer singulatives Erzählen (von Ereignissen) hinzu.

Toni: Auch wenn das stimmen würde, wäre das iterative Erzählen nichtsdestoweniger ein eigenständiger Modus des Erzählens, und mein Urlaubsbeispiel zeigt doch, dass man gerade auch mündlich aus einem iterativen Impetus heraus erzählen kann. Abgesehen davon kommt eben nicht immer singulatives Erzählen hinzu. Eine ganze Gattung, die »Porträterzählung«, beruht, wie Weber ausführt, auf diesem »schwachen Erzählen«[57]. Er spricht von »narratio ut pictura«; das Erzählen gerate hier an »die Grenze zum Beschreiben«. Aber es gebe eben »erzählerisches und nichterzählerisches Beschreiben«[58]. Übrigens kommt schon Tzvetan Todorov in seiner *Poetik* auf das Porträt als eine »atemporale Erzählung« zu sprechen und nennt als Beispiel Kafkas späten Text *Eine kleine Frau*, die er sogar eine »Novelle« nennt.[59]

Kim: Ich verspüre irgendwie ein Unbehagen, dass es zwischen Erzählen und Nichterzählen diese fließenden Übergänge geben soll. Was bedeutet das für die Stellung des *Erzählers*?

Toni: Ja, wir sollten beim nächsten Mal über den Erzähler sprechen. Mal sehen, ob sich dein Unbehagen dann intensiviert oder verflüchtigt.

4. Das Problem des Erzählers

Kim: Ich habe mich inzwischen mit dem Buch von Dietrich Weber auseinandergesetzt. Es ist ja sehr programmatisch nach (insgesamt fünfzehn) »Grundsätzen« eingeteilt, die mir mehrheitlich sehr einleuchten, zum Teil aber auch diskussionsbedürftig scheinen. Im vierten Grundsatz – »Erzählen hat zwei Orientierungszentren« – wird die Frage nach dem Status des Erzählers gewissermaßen vorbereitet: Es gibt das »Orientierungszentrum des Erzählenden in seinem Ich-Hier-Jetzt-System« und das »Orientierungszentrum der Personen, von denen erzählt wird, in ihrem Ich-Hier-Jetzt-System«[60]. Das wird dann mit dem fünften Grundsatz, dass Erzählen »adressiert« ist, weitergeführt.

Toni: Und was hältst du vom sechsten Grundsatz, dass Erzählen »entfaltetes Berichten«[61] ist?

Kim: Es verwundert zunächst einmal, dass zwischen Erzählen und Berichten ein kategorialer Unterschied gemacht wird. Das ist ja in der Narratologie nicht üblich und erinnert eher an den Schulunterricht, wo die Schülerinnen und Schüler lernen sollen, zwischen dem sachlichen Bericht und der lebendigen Erzählung zu unterscheiden. Im Bericht scheint es mir (ich glaube, Weber selber sagt das nicht einmal) diese beiden Orientierungszentren nicht zu geben. Auf der einen Seite tritt der Erzähler in völlige Neutralität zurück, auf der anderen Seite wird kein Anteil an den Figuren genommen. Man würde also sagen müssen: *Ich*, *hier* und *jetzt* kommen in der sprachlichen Tätigkeit des Berichtens nicht vor. Freilich gibt es auch viele Erzählungen, in denen diese deiktischen Ausdrücke nicht vorkommen, aber diese Erzählungen hätten dann andere Mittel, um die Orientierungszentren spürbar zu machen. Insgesamt scheint mir dieser Punkt mit der *experientality* zu tun zu haben, von der Fludernik spricht. Berichten ist sozusagen ein Stil, der die *experientality* herunterschraubt. Aber ob das wirklich einen kategorialen Unterschied zwischen Berichten und Erzählen begründen kann, halte ich doch für fraglich.

Toni: Mir scheint hier der entscheidende Trick darin zu bestehen, dass man eine kategoriale Unterscheidung einführt und im gleichen Atemzug sagt, dass zwischen beidem »offenbar ein fließender Übergang« besteht, und hinzufügt, der »Unterschied« sei »eher ein stilistischer als ein struktureller«[62]. Man spricht ja auch vom ›Berichtsstil‹ und vom ›Erzählbericht‹. Wie soll man auch fließende Übergänge beschreiben, wenn man den kategorialen Unterschied nicht einführt?

Kim: Sich vor allem auf ältere Forschungsliteratur beziehend, betont Weber ja auch sonst stets die Zusammengesetztheit und – wie man sagen könnte – ›Übergänglichkeit‹ des Erzählens. Der nächste – siebte – Grundsatz lautet ja: »Erzählung besteht in der Regel nicht nur aus Erzählen«.[63] Weber referiert etwa Eberhard Lämmert, der Folgendes zu den weiteren Ingredienzien von Erzählungen zählt: szenische Darstellung, Bericht, Betrachtung und Erörterung, Beschreibung, Bild und Sentenzen. Sowie Helmut Bonheim, der *description*, *report*, *speech* und *comment* hinzurechnet. Aber Weber verweist auch auf Aufteilungen in der Textlinguistik. Dort spricht man ja häufig von »Grundformen thematischer Entfaltung«[64] und unterscheidet zwischen dominant *narrativer*, *deskriptiver*, *argumentativer* und *explikativer* Textentfaltung, wobei dann immer die jeweils anderen Modi ebenfalls im Text vorkommen können.

Toni: Was das Erzählerproblem angeht, so lässt Weber mit dem zwölften Grundsatz gewissermaßen die Katze aus dem Sack. Er lautet:

> »Standardtyp der Erzählliteratur ist die fiktionale, autor- und erzählerverleugnende, aliozentrische Autorerzählung in der dritten Person.«[65]

Das ist die Überschrift. Darin sind nun allerdings einige klärungsbedürftige Begriffe enthalten. Weber hat einige, aber nicht alle mit den vorangegangenen Grundsätzen vorbereitet.

Kim: Ist der Begriff »Standardtyp« gleichzusetzen mit dem, was wir in unseren Gesprächen als »Prototyp« bezeichnet haben?

Toni: In etwa wohl schon. Obwohl »Standardtyp« wohl noch eine etwas stärkere Behauptung ist, nämlich die, dass das Prototypische auch das Häufigste ist. Es wäre aber falsch, darin etwas Normatives zu sehen. Eine Abweichung vom Standardtyp ist natürlich weder gut noch schlecht und sie ist vielleicht auch ›normaler‹ als die Abweichung vom Prototyp. Von dem Prototyp der Erzählung, den wir im Zusammenhang mit Herman, Koschorke usw. besprochen haben, unterscheidet sich das Standardmodell von Weber außerdem freilich grundlegend, da es ein Standardmodell *literarischen* Erzählens ist, welches die übrigen narratologischen Ansätze gar nicht im Visier haben konnten, weil sie ja umgekehrt das literarische Erzählen im mündlichen Erzählen fundieren wollen.

Kim: Daher kann auch behauptet werden, dass das Standardmodell eine *aliozentrische* Erzählung in der dritten Person darstellt. Der Gegenbegriff zu *aliozentrisch* ist ja *egozentrisch*. Aliozentrisch ist eine »Erzählung von jemandem über andere«, während egozentrisch (in einem formalen Sinne) eine »Erzählung von jemandem über sich selbst« ist.[66] Der Standardtyp *mündlichen* Erzählens im Alltag ist eher egozentrisch: Jemand erzählt, was er erlebt hat, was ihm begegnet ist usw., und damit ist er auch nichtfiktional. Es scheint also, als sei Webers Standardtyp der Erzählliteratur dem Prototyp mündlichen Erzählens im Alltag strukturell entgegengesetzt. Insofern arbeitet Weber also heraus, was die Erzählliteratur vom ›naturwüchsigen‹ Erzählen im Alltag unterscheidet.

Toni: Ich denke, das ist der richtige Ansatz. Der Kernpunkt bei Weber ist ja die Behauptung, die Erzählliteratur sei standardmäßig »autor- und erzählerverleugnend[ ]«, aber dann gleichzeitig eine »Autorerzählung«. Das ist es, was wir klären müssen. Dem Begriff der *Autorerzählung* wird typologisch der Begriff der *Rollenerzählung* zur Seite gestellt. Weber sagt: »Autorerzählung soll heißen Erzählung in Form der Rede eines Autors selbst; Rollenerzählung soll heißen Erzählung in Form der Wiedergabe der Rede einer dritten Person durch den Autor.«[67] Im Falle der Rollenerzählung lässt der Autor also eine andere – fiktive – Figur erzählen, was in der Regel in der ersten Person (also in Form einer homodiegetischen Erzählung) geschieht.

Kim: Die Provokation besteht natürlich darin, dass überhaupt auf die Kategorie Autor zurückgegriffen wird. Für Weber ist die Einigkeit der Literaturwissenschaftler, »bei Überlegungen zur fiktionalen Erzählliteratur den Autor aus dem Spiel zu lassen und in dem Redesubjekt eines fiktionalen literarischen Erzählwerks grundsätzlich eine streng vom Autor zu unterscheidende fiktive Person« anzunehmen, »geradezu dogmatisch«[68]. Aber vielleicht handelt es sich ja nicht um ein Dogma, sondern um ein Axiom ...

Toni: Versuchen wir uns Klarheit zu verschaffen, worüber überhaupt Dissens besteht. Die einen sagen: Ausnahmslos alle Erzählungen haben einen Erzähler, und dieser Erzähler ist fiktiv. Die anderen sagen, es gibt Erzählungen, die einen fiktiven Erzähler haben, und andere, die keinen fiktiven Erzähler haben, da Erzähler und Autor zusammenfallen.

Kim: Aber das gilt doch nur für *fiktionale* Erzählungen! Nicht alle Erzählungen haben einen fiktiven Erzähler, sondern nur die fiktionalen Erzählungen. Jedenfalls ist es dies, was Gérard Genette in dem – weniger bekannten – Buch *Fiktion und Diktion* herauszuarbeiten versucht. Es hätte keinen Sinn, schreibt Genette dort, zum Beispiel vom Erzähler der *Confessions* von Jean-Jacques Rousseau zu sprechen, denn in diesem Falle einer Autobiografie sei der Autor Erzähler.[69] Das faktuale Erzählen sei gegenüber dem fiktionalen Erzählen dadurch zu charakterisieren, dass es keinen vom Autor unterschiedenen Erzähler gebe. Das gibt freilich Probleme mit dem Begriff der *Autofiktion*, die Genette sehr wohl bedenkt[70], aber die ›Anomalie‹ der Autofiktion kann am Prinzip nichts ändern.

Toni: Beim mündlichen Erzählen im Alltag gibt es die Trennung von Erzähler und Autor ja entsprechend auch nicht, oder höchstens in dem Sinne, dass jemand eine Erzählung wiedergibt, deren Autor er nicht ist. Aber kehren wir zu der Frage zurück, ob alle fiktionalen Texte einen Erzähler haben müssen, was Weber bestreitet und dafür den Begriff der »Autorerzählung« prägt, die zudem noch den Standardfall darstellen soll:

»Mein Plädoyer für den Begriff der Autorerzählung im Zusammenhang mit dem Standardtyp fiktionaler Erzählliteratur gründet sich aufs Elementare. Autorerzählung ist offenbar der unaufwändigste und ökonomischste Begriff der Bezeichnung des einfachsten Falls fiktionaler Erzählliteratur: Erzählung von erfundenen Personen in Form der Rede des Autors, der sie erfunden hat.«[71]

Kim: Steckt darin aber nicht ein logischer Fehler? Genette zitiert – wiederum in *Fiktion und Diktion* – eine Stelle aus Jean-Paul Sartres *L'Idiot de la famille*, in der es sinngemäß heißt, dass der Erzähler und der Autor nicht zusammenfallen können, weil der Erzähler *erzählt*, der Autor aber *erfindet* (nämlich das, was der Erzähler erzählt), und dass der Autor deshalb auch den Erzähler erfindet.[72]

Toni: Dass der Erzähler in einer *fiktionalen* Erzählung erzählt, der Autor das vom Erzähler Erzählte aber erfindet, das lässt sich allerdings nicht leugnen. Das ist aber nur eine rein formale Dissoziation. Es geht dann ja gewissermaßen nur darum, sich genau *das* klarzumachen, dass darin der einzige Unterschied zwischen Autor und Erzähler besteht – jedenfalls in der Standarderzählung à la Weber. Vor allem aber scheint es mir – gerade unter dieser Bedingung – nicht statthaft, dass man daraus auch die *Erfundenheit des Erzählers* ableitet. So verwendet man das Wort »erfinden« jedenfalls nicht. Erfinden ist doch irgendwie eine Leistung. Hier aber wäre das Erfinden eines fiktiven Erzählers die notwendige Folge des Schreibens einer fiktionalen Erzählung. Der Autor kann dann ja gar nicht *nicht* erfinden.

Kim: Stimmt. Aber was willst du daraus schließen?

Toni: Ich will daraus schließen, dass diese formale Unterscheidung erfinden/erzählen – also dass der Autor erfindet, aber der Erzähler erzählt – letztlich nur den *Platz* des fiktiven Erzählers installiert (also die Bedingung der Möglichkeit des Erzählers). Ein Autor jedoch, der diesen Platz besetzen will, muss – in den Worten von Weber – eine *Rollenerzählung* verfassen. Wenn die Erzählung keine Rollenerzählung im Sinne Webers ist, dann ist die Annahme eines fiktiven Erzählers nicht sinnvoll bzw. sie bleibt ohne Erkenntniswert.

Kim: Ich gebe zu, dass diese Argumentation etwas für sich hat. Es ist ja auch nicht so, dass ähnliche Positionen nicht immer wieder vertreten worden wären. Wenn Käte Hamburger beispielsweise von der *fluktuierenden Erzählfunktion* spricht, dann meint sie damit eben, dass der Text nicht durch ein Aussagesubjekt hervorgebracht wird, das man einen Erzähler nennen kann. Das Erzählen in der dritten Person, sagt sie, sei eine »Funktion, durch die das Erzählte erzeugt wird«, also eine »Erzählfunktion«, die der »erzählende Dichter handhabt wie etwa der Maler Farbe und Pinsel«[73] – was natürlich eine Umschreibung des *Erfindens* ist. Und wie Weber statuiert Hamburger explizit, dass man nur dann, wenn der erzählende Dichter »wirklich einen Erzähler ›schafft‹, nämlich den Ich-Erzähler einer Ich-Erzählung« – was dem Rollenerzähler bei Weber entspricht –, von einem »(fiktiven) Erzähler« sprechen könne.[74]

Toni: Sehr schön! Ich weiß allerdings gar nicht, ob Weber so weit gehen würde. Die »Rollenerzählung« bei ihm ist nicht ganz deckungsgleich mit der homodiegetischen Erzählung. Es kann auch sein, dass ein heterodiegetischer Erzähler sehr stark die ›Attitüde‹ eines persönlichen Erzählers annimmt, wenn ich das so vereinfachend sagen darf. Hier sind wir übrigens bei dem theoretisch so interessanten Phänomen des *Skaz*, über das wir auch noch ausführlicher reden sollten. Im Skaz hat man oftmals einen heterodiegetischen Rollenerzähler vor sich – bzw. eben nicht vor sich, weil er keine Figur ist.

Kim: Ich möchte noch einmal auf den Begriff der *fluktuierenden Erzählfunktion* bei Käte Hamburger zurückkommen. Die Erzählfunktion bekommt ja deshalb dieses Adjektiv, weil die Position, aus der erzählt wird, je nach Bedarf beliebig variiert werden kann, und zwar in einer Weise, die keinem ›menschlichen‹ Erzähler möglich wäre. So z.B. wenn Träume einer Figur erzählt werden, an welche sich diese nicht mehr erinnert, oder wenn die letzten Gedanken eines Sterbenden erzählt werden. Solche Phänomene, die wir, wenn wir einen konventionellen Roman lesen, für ganz selbstverständlich halten, lassen es schon plausibel erscheinen, eine Analogie zwischen dem ›erzählenden Dichter‹ und dem ›Farbe und Pinsel handhabenden Maler‹ herzustellen, womit die Differenz zwischen Erzählen und Erfinden irgendwie relativiert wird – jedenfalls für den Fall eines Erzählens, bei dem es nicht mit ›natürlichen Dingen‹ zugegangen sein kann.

Toni: Ein Erzählen, bei dem man – als Leser bzw. als Leserin – sozusagen nicht merkt, dass es nicht mit ›natürlichen Dingen‹ zugegangen sein kann, wird nicht als das Erzählen *eines Erzählers* wahrgenommen, sondern eben als »erzählerverleugnend«. Und bei Erzählungen, die so verfasst sind, ist es dann auch nicht sinnvoll, nach einem Erzähler zu fragen. Denn ein solches Fragen läuft darauf hinaus, dem Erzähler *Eigenschaften* zuzusprechen. Natürlich heißt es oft, man dürfe den Erzähler nicht als Subjekt verstehen, sondern eben lediglich als Erzählinstanz. Aber man geht eben, sobald man nach Eigenschaften fragt, über diesen Instanz-Status hinaus.

Kim: Und worin besteht denn dann deiner Meinung nach dieser Instanz-Status überhaupt?

Toni: Ich würde sagen: Die Instanz garantiert, dass der Leser bzw. die Leserin im Erzählen eine widerspruchsfreie Diegese geliefert bekommt, dass also die Erzählung in sich konsistent ist. Wenn es im Erzählten einen Widerspruch gibt, so werden wir *durch* diesen Widerspruch auf das Erzählen als Aussageakt verwiesen, wir schieben diesen Widerspruch auf das Aussagesubjekt und nennen dieses Aussagesubjekt dann unzuverlässig. Ohne die komplizierte Frage nach dem unzuverlässigen Erzählen, über die wir auch noch sprechen sollten, hier schon erörtern zu wollen, scheint mir das zunächst einmal ein entscheidender Punkt zu sein, um dieses Phänomen theoretisch einzuordnen: Sobald wir etwas Inkonsistentes in einem Text entdecken, müssen wir sozusagen jemandem die Verantwortung für diese Inkonsistenz geben. Und das kann nur erstens eine textinterne Instanz sein oder zweitens der Autor selbst. Machen wir eine textinterne Instanz dafür verantwortlich, dann wird aus ihr ein (fiktiver) Erzähler mit einer bestimmten Eigenschaft, nämlich der Unzuverlässigkeit. Machen wir den Autor verantwortlich, dann bleiben im Prinzip wieder zwei Möglichkeiten. Entweder der Autor hat nicht aufgepasst und einfach nicht bemerkt, dass er sich widerspricht, oder er hat uns zu verstehen geben wollen, dass wir das von ihm Erzählte nicht als widerspruchsfrei auffassen *sollen*, aber ohne dies auf einen fiktiven Erzähler zu schieben.

Kim: Das klingt nun so, als hätten wir uns schon darauf verständigt, dass es – mit Dietrich Weber und Käte Hamburger – nicht sinnvoll ist, in jeder Erzählung einen Erzähler zu unterstellen. Wir wollten aber nicht voreilig sein. Uri Margolin, im *Living Handbook of Narratology* der namhafte Verfasser des Artikels über den *Narrator*, expliziert den Erzähler folgendermaßen:

»A narrator is a linguistically indicated, textually projected and readerly constructed function, slot or category whose occupant need not be thought of in any terms but those of a communicative role.«[75]

Übrigens ist interessant, dass Margolin an dieser Stelle auch nicht-fiktionalen Erzähltexten einen Erzähler zuordnen möchte. »An inner-textual narrator can in principle be assigned to any narrative text, not just a fictional one.« Er unterscheidet in diesem Zusammenhang systematisch zwischen drei verschieden starken Behauptungen, die in der »classical narratology« mit dem Postulat einer Erzählerfigur verbunden sind. Nach der stärksten Behauptung gibt es eine »individual figure or agency« als eine

»distinct entity« im »fictional universe projected by the text«. Ich denke, das können wir ausschließen. In der etwas schwächeren Behauptung ist diese »individual figure or agency« nur eine »speech position«, auf die wir die »assertions« zurückführen, die in der »fictional world« enthalten sind. Das scheint mir, weil immer noch von einer »figure« oder wenigstens einer »agency« die Rede ist, auch noch zu stark. In der schwächsten Version ist nur noch von einer »inner-textual, highest-level speech or communication position« die Rede, die als »the point of origin of the current discourse« fungiere. Man könnte sagen, als eine *Instanz*.[76] Das scheint mir mit dem zusammenzufallen, was wir bereits festgestellt haben: dass es eine formale Unterscheidung geben muss, weil der Autor erfindet, was der Erzähler erzählt. Und weil im Erzählen etwas kommuniziert wird, fasst Margolin an dieser Stelle zusammen: »In other words, all narrative fiction is communication.«[77]

Toni: Es wäre natürlich merkwürdig, wenn man leugnen wollte, dass man allen literarischen Texten und also auch den Erzähltexten mit einem Kommunikationsmodell zu Leibe rücken könnte. Dieses Modell sieht ja üblicherweise geschachtelte Instanzen vor, bei denen paarweise Sender und Empfänger zugeordnet sind. Von außen nach innen: Autor als historische Person und Leser als historische Person; Autor als Textproduzent und Leser als Textrezipient; impliziter Autor und impliziter Leser; Erzähler als narrative Instanz und extradiegetischer Adressat. Inwiefern bringt man das durcheinander, wenn man den »Erzähler als narrative Instanz« leugnet?

Kim: Vielleicht überhaupt nicht. Dass man einen fiktionalen Erzähltext als Kommunikation auffassen kann, bedeutet ja nicht, dass es immer sinnvoll ist, es auch zu tun. Das Modell, das du gerade skizziert hast (bei dem übrigens die Posten des impliziten

Autors und des impliziten Lesers durchaus strittig sind), müsste ja ebenso für nicht-fiktionale Erzählungen gelten. Dort wird es aber (siehe Genette) in der Regel *nicht* untergeschoben. Daraus lernen wir, dass wir, wenn wir keinen »Erzähler als narrative Instanz« annehmen wollen, auch keinen vom Leser als Textrezipienten unterschiedenen »extradiegetischen Adressaten« annehmen dürfen, weil diese auf einer Ebene stehen. Ich würde nun sagen, wenn ich mich als einen Textrezipienten wahrnehme, dem *im* Rezipieren des Textes etwas *kommuniziert* werden soll, dann nehme ich mich als extradiegetischen Adressaten wahr. Und wenn nicht, dann nicht.

Toni: Wie meinst du das?

Kim: Eigentlich genau so, wie Weber sich das vorstellt. In einer autor- und erzählerverleugnenden Autorerzählung – nach ihm der Standardfall –, haben wir einfach nicht das ›Gefühl‹, dass wir in der Erzählung adressiert werden, sondern wir haben eher das Gefühl, dass uns sozusagen eine Welt hingestellt wird (die Analogie zum Maler, die Käte Hamburger hier heranzieht und die ich früher etwas arg vereinfachend fand, wird mir immer plausibler). Im Übrigen wollte ich darauf hinweisen, dass die Universalität des Erzählers auch von einigen neueren Narratologen bestritten wird. Uri Margolin – der auch auf Käte Hambuger verweist – führt in seinem Artikel einige von ihnen an. Im deutschen Sprachraum gehört vor allem Tilmann Köppe zu dieser Splittergruppe.[78] Was die klassische Narratologie daran stört, bringt Margolin folgendermaßen auf den Punkt:

»As soon as the universality of the fictional narrator is rejected, a uniform treatment of all varieties of narrative fiction is no longer possible, and the one, universal model is replaced with a whole set of options, alternatives or partial models, each of them being deemed the most appropriate or warranted in some case or another.«[79]

Toni: Mit anderen Worten: Die Erzähltheorie büßt bis zu einem gewissen Grade die Einheitlichkeit ihres Gegenstandes, ihres Untersuchungsfeldes ein. Ich kann das nur begrüßen.

Kim: Das habe ich mir gedacht.

Toni: Ich denke aber auch noch darüber nach, dass du gesagt hast, bei manchen Texten habe man das *Gefühl*, in einen kommunikativen Vorgang einbezogen zu sein, und in manchen nicht. Das ist natürlich ein reichlich schwammiges Kriterium. Wenn man, um in diesem Zusammenhang noch kurz auf ein weiteres bekanntes Begriffspaar zu verweisen, mit Seymour Chatman zwischen einem *overt narrator* und einem *covert narrator*[80] unterscheidet, dann hat man bei letzterem, der sich nach Möglichkeit verbirgt (das klassische Beispiel ist Hemingway), also nicht das Gefühl, adressiert zu werden.

Kim: Wolf Schmid unterscheidet zwischen der *expliziten* und der *impliziten* Darstellung des Erzählers. Explizit ist die Darstellung, wenn der Erzähler auf sich selbst zu sprechen kommt, sein Tun kommentiert usw. Interessanter ist der Fall der impliziten Darstellung, denn die nennt Schmid »*obligatorisch*«[81]. Seiner Auffassung nach kann der Erzähler nicht umhin, sich implizit darzustellen, nämlich durch die Auswahl der Momente, die er erzählt, durch die spezifische Detaillierung dieser Momente, durch die Komposition, durch die sprachliche Darstellung und möglicherweise die Bewertung der Momente. Freilich sind das alles Dinge, die auch eine nicht-fiktionale Erzählung konsituieren und dort einfach auf den Autor bezogen werden. Innerhalb eines fiktionalen Erzähltextes kann man Schmid zufolge aus diesen »indizialen Zeichen« jedoch auf Merkmale des Erzählers schließen: auf seine Spontaneität, seine narrative Kompetenz, seinen sozialen Status, seine Bildung, seine Weltanschauung. Und mit Bezug auf Käte Hamburger und ihre ›fluktuierende Erzählfunktion‹ erklärt er:

»Der Erzähler wird in der Regel nicht als abstrakte Funktion wahrgenommen, sondern als Subjekt, das unausweichlich mit bestimmten anthropomorphen Zügen des Denkens und Sprechens ausgestattet ist. Gerade der wahrgenommene Subjektstatus des Erzählers ist wohl für die Resistenz des Begriffs gegen jeglichen Versuch einer Ersetzung oder Liquidierung verantwortlich.«[82]

Toni: Da kann man nur sagen: Schmid hat offenbar recht wenige von den Texten gelesen, die für Weber den Standardtyp darstellen. Ich frage mich übrigens, ob ein Erzähler mit ›Subjektstatus‹ immer irgendwie als eine *Stimme* aufgefasst wird und damit dem Paradigma mündlichen Erzählens verpflichtet bleibt. Aber darüber sprechen wir vielleicht beim nächsten Mal.

5. Erzähler-Erzählen und artifzielles Erzählen

Toni: Ich möchte – im Anschluss an unser letztes Gespräch – eine Unterscheidung mit dir diskutieren und erproben, mit der ich mich sozusagen auf das Gebiet der Theorie wage, aber aus einem erzähltechnischen Interesse heraus: die Unterscheidung zwischen *Erzähler-Erzählen* und *artifiziellem Erzählen.* Wir haben ja festgestellt, dass Narratologen wie Monika Fludernik, in gewisser Weise aber auch Albrecht Koschorke, von einem mündlichen Erzählen im Alltag als Prototyp ausgehen. Sie nehmen Formen und Strukturen des Erzählens an, die sich sozusagen ›naturwüchsig‹ entwickeln. Wichtiger Bezugspunkt war dabei die Untersuchung von William Labov, der das Gesprächsverhalten von Jugendlichen untersucht hat.[83] Diese Jugendlichen sind nicht Leute, die das Erzählen zu einer besonderen Fertigkeit ausgebildet haben – es handelt sich eben einfach um Erzählen im Alltag. Zufälligerweise bin ich mal auf einen Aufsatz gestoßen, in dem analysiert wurde, wie ein Ehepaar über sein Zusammenleben erzählt. Das geschieht auf sehr stockende Art und Weise, da die beiden einander ins Wort fallen, sich ergänzen, sich teilweise widersprechen usw.[84] Da sind zwar zwei Erzähler am Werk, aber die Geschichte wird nur mit Mühe und Not erzählt.

Kim: Ja, das kann ich mir vorstellen; jeder kennt ja solche Situationen, und ›gemeinsames‹ Erzählen ist sicher eine interessante Sache, aber prototypisch ist es gewiss nicht – worauf willst du also hinaus?

Toni: Ich muss ein wenig weiter ausholen. Ich glaube, wir haben bisher mündliches Erzählen und alltägliches Erzählen zu sehr in eins gesetzt. Mündliches Erzählen kann ›naturwüchsig‹ erfolgen, es kann aber auch ›kultiviert‹ werden. Erzählen ist eine Kulturtechnik. Ich habe den Eindruck gewonnen, dass diejenigen, die vom naturwüchsigen Erzählen ausgehen, den Übergang zum kultivierten Erzählen, also sozusagen zum Erzählen als Kulturtechnik, nicht genügend berücksichtigen.

Kim: Ist es denn ein Übergang, ein *fließender* Übergang?

Toni: Ich würde das schon sagen. Nur darf man daraus nicht schließen, dass es nicht zwei getrennte Kategorien sind. Man muss Unterschiede machen, auch wenn es fließende Übergänge gibt.

Kim: Auch das mündliche Erzählen muss man ja noch einmal unterscheiden, nämlich in solches, das sozusagen *spontan* im Alltag abläuft, und in solches, das einen *institutionellen Anlass* hat. Zum spontanen Erzählen gehört nicht nur das – prototypische – Erzählen eines Erlebnisses, das man gehabt hat, sondern auch das Erzählen eines Traums, die Nacherzählung eines kürzlich gesehenen Films oder das Erzählen eines Witzes. Für jede dieser Gelegenheiten gibt es unterschiedliche Muster. Und institutionelle Anlässe für Erzählen ergeben sich beispielsweise vor Gericht, bei der Polizei, in der Schule, beim Arzt (man könnte beinahe sagen: überall dort, wo es nicht ausreicht, einen Fragebogen auszufüllen). Und diese institutionellen Anlässe zeichnen sich oftmals dadurch aus, dass die Erzählung nicht ununterbrochen vorgetragen wird, sondern die Geschichte mithilfe von Nachfragen seitens des Vertreters der Institution in einem allmählichen Prozess rekonstruiert wird, da derjenige, der erzählen soll, sein Metier – also die Kulturtechnik des Erzählens – nicht so ganz beherrscht. Man könnte sogar sagen: Er ist in der *Posi-*

tion dessen, der sie nicht ganz beherrscht. Ein Zeuge, der auf die Aufforderung des Polizeibeamten hin eine mit allen kulturtechnischen Wassern gewaschene Erzählung zum Besten gibt, setzt sich dem Verdacht eines gewissermaßen unechten Erzählens aus. Aber mit solchen Überlegungen sind wir, wie mich dünkt, doch wieder recht weit weg von der Literatur.

Toni: Nein, gar nicht. Ich möchte das Erzählen, das der Kulturtechnik des mündlichen Erzählens entspringt, als *Erzähler-Erzählen* bezeichnen und damit als eine bestimmte Form der oralen Literatur. Ich beziehe mich auf Walter Benjamins berühmten Aufsatz *Der Erzähler*, der nominell den Erzählungen des russischen Dichters Nikolai Leskow gewidmet ist, aber vor allem eine Theorie des Erzählens enthält. In diesem Aufsatz wird ja das Erzählen als eine Fertigkeit oder sogar als eine *Kunst* betrachtet, die im Schwinden begriffen ist. Hier ein Zitat:

»Immer seltener wird die Begegnung mit Leuten, welche rechtschaffen etwas erzählen können. Immer häufiger verbreitet sich Verlegenheit in der Runde, wenn der Wunsch nach einer Geschichte laut wird. Es ist, als wenn ein Vermögen, das uns unveräußerlich schien, das Gesichertste unter dem Sicheren, von uns genommen würde. Nämlich das Vermögen, Erfahrungen auszutauschen.«[85]

Benjamin knüpft das Erzählen also sehr stark an den Begriff der Erfahrung. Er sagt: »Erfahrung, die von Mund zu Mund geht, ist die Quelle, aus der alle Erzähler geschöpft haben.«[86] Und diese Erfahrung ›von Mund zu Mund‹ – also die *geteilte* Erfahrung – kontrastiert er in seinem Essay bekanntlich mit der Form des Romans, dessen Signum das einsame Individuum ist; hier die einschlägige Stelle:

»Der Erzähler nimmt, was er erzählt, aus der Erfahrung; aus der eigenen oder berichteten. Und er macht es wiederum zur Erfahrung derer, die seiner Geschichte zuhören. Der Romancier hat sich abgeschieden. Die

Geburtskammer des Romans ist das Individuum in seiner Einsamkeit, das sich über seine wichtigsten Anliegen nicht mehr exemplarisch auszusprechen vermag, selbst unberaten ist und keinen Rat geben kann.«[87]

Natürlich ist das eine typologische Gegenüberstellung, und es gibt – wie könnte es anders sein – *Übergänge*. Das ändert aber, wie ich eben schon betont habe, nichts an dem kategorialen Unterschied. Auf den kommt es mir im Moment an. Das Erzählen im Sinne Benjamins ist mündlich, hat seinen Sitz im Leben; und es ist auch metonymisch und metaphorisch verknüpft mit den handwerklichen Künsten. An der Erzählung, heißt es an einer anderen Stelle bei Benjamin, »haftet die Spur des Erzählenden wie die Spur der Töpferhand an der Tonschale«, denn typisch sei »die Neigung der Erzähler, ihre Geschichte mit einer Darstellung der Umstände zu beginnen, unter denen sie selber das, was nachfolgt, erfahren haben, wenn sie es nicht schlechtweg als selbsterlebt ausgeben«. Überhaupt wird das Geschichten-Erzählen von Benjamin wesentlich als die »Kunst, sie weiter zu erzählen« aufgefasst, die auch die »Gabe des Lauschens« voraussetzt.[88] Ich möchte betonen, dass das eine deutlich andere Ebene der Betrachtung ist als die, die wir bis jetzt hatten.

Kim: Und das Romanschreiben wird dem Erzählen entgegengesetzt, weil sowohl die Produktion des Romans – das Schreiben – als auch die Konsumption des Romans – das Lesen – eine einsame Tätigkeit ist.

Toni: Das, was Benjamin als Erzählen beschreibt, ist in etwa das, was ich *Erzähler-Erzählen* nennen möchte. Benjamin geht es *nicht* um *Erzähltechniken* – jedenfalls nicht in dem Sinne, in dem ich sie verstanden wissen möchte. Oder vielleicht sollte ich etwas genauer zwei Verwendungsweisen des Wortes *Technik* unterscheiden. Denn ohne Zweifel kann man das Erzähler-Erzählen zunächst einmal ganz global als *Kulturtechnik* bezeichnen. Aber diese Kulturtechnik wird – so wie Benjamin das versteht – nicht als ›bloße‹ Technik im engeren Sinne angeeignet. Das zeigt sich an dem hohen Stellenwert, den der Begriff der Erfahrung hier hat.

Kim: Ich beginne zu verstehen. Und das andere, dem Erzähler-Erzählen gegenübergestellte Erzählen nennst du *artifiziell*, weil es dort Erzähltechniken im engeren Sinn, also Verfahrensweisen gibt, die man sich aneignen kann. Und dieses Erzählen ordnest du dem Roman zu, in dem es keinen Erzähler, sondern eine Erzähl*funktion* gibt. Und weiterhin lässt sich das artifizielle Erzählen nur auf einer kategorial anderen Ebene als Kommunikation auffassen, was sich in der Bestimmung des einsamen Schreib- und Leseakts niederschlägt. Habe ich recht? Ich finde das sehr spannend. Aber ich weiß nicht, ob man diese Unterscheidung wirklich so treffen kann. Wie du am Anfang angedeutet hast, müssen wir dieses Begriffspaar nun ein wenig genauer unter die Lupe nehmen.

Toni: Ja genau, das sollten wir tun. Aber du bist ein wenig zu schnell gewesen mit dem Festklopfen dieses Begriffspaars. Was zunächst das Erzähler-Erzählen angeht, so kann es natürlich nicht auf tatsächliches mündliches Erzählen eingeschränkt werden. Benjamin spricht ja auch über Nikolai Leskow als einen Schriftsteller, der Erzählungen *schreibt*, in dessen Art zu erzählen aber diese mündliche Kunst des Erzählens (also des Erzähler-Erzählens) erhalten oder meinetwegen ›aufgehoben‹ ist. Das liegt nun nicht daran, dass Leskow mündliches Erzählen gewissermaßen simuliert, indem er zum Beispiel seine Leser als Zuhörer anspricht etc. Mein zugegebenermaßen recht vages Hauptkriterium für Erzähler-Erzählen ist, dass die Geschichte bei diesem Erzählen so erzählt wird, dass man sie sich auch mündlich erzählt *vorstellen* kann.

Kim: Ja, dieses Hauptkriterium scheint mir wirklich recht vage.

Toni: Nun, das erste Unterkriterium ist für mich ein *informationelles*, und zwar deshalb, weil das mündliche Erzählen seinen Sitz im Leben hat und sich daher zunächst einmal nicht als fiktional ausweist. Im Erzähler-Erzählen darf der Erzähler keine Einzelheiten erzählen, die er zum Zeitpunkt des Erzählaktes nicht wissen kann. Zwar darf er mehr wissen als die Figuren, von denen er erzählt, zum Beispiel kann er von ihren Fantasien und ihren heimlichen Plänen erzählen, wenn sie sie noch niemandem offenbart haben, aber am Ende der Erzählung muss deutlich werden, dass der Erzähler in den Besitz dieser Informationen gelangt sein kann. Diese Regel, die man gewöhnlich nur der homodiegetischen Erzählung zuordnet, gilt nach meiner Definition für alles Erzähler-Erzählen. Die letzten Gedanken eines Sterbenden zum Beispiel können in einem Erzähler-Erzählen nicht vorkommen. Auch beim zweiten Unterkriterium geht es letztlich um Informationsvergabe. Für das Erzähler-Erzählen ist meiner Auffassung nach erforderlich, dass die Informationen an die Rezipienten in der *Reihenfolge* gegeben werden, die diese benötigen, um der Geschichte jederzeit folgen zu können. Denn in einer mündlichen Erzählung würden wir das vom Erzähler erwarten. Das Erzähler-Erzählen ist insofern, könnte man sagen, konzeptionell mündlich[89], auch wenn es schriftlich ist. Nur dann, wenn diese Bedingung erfüllt ist, hat der Rezipient – um den schwammigen Begriff aus unserem letzten Gespräch aufzugreifen – das *Gefühl*, dass der Erzählakt als kommunikativer Akt konkret (und nicht nur formal) an ihn gerichtet ist. Vielleicht sollten wir dazu Beispiele diskutieren.

Kim: Auf jeden Fall!

Toni: Gut. Ich glaube, es genügt fürs Erste, wenn man sich die *ersten Sätze* von Erzählungen anschaut bzw. anhört. Dann sieht man auch, dass die Sache eigentlich recht einfach ist. Also hör dir mal diesen Erzählanfang an:

»In Argos, der alten Stadt in Achaia, die mehr durch die Könige, die sie in vergangenen Zeiten beherrscht haben, berühmt ist, als daß sie groß wäre, war einmal ein adliger Mann, Nicostratus mit Namen, dem das Glück, als er schon auf der Schwelle des Greisenalters stand, eine vornehme Dame zur Gattin bescherte, die nicht minder herzhaft als schön war und Lydia hieß.«

Kim: In diesem Anfangssatz steckt allerdings eine ganze Menge an Informationen drin. Sie werden vorweggeschickt, bevor die eigentliche Geschichte losgeht, damit der Leser sich orientieren kann und die Namen der Protagonisten schon einmal kennt.

Toni: Genau. Orientierung ist, glaube ich, ein ganz wesentlicher Punkt (sie ist ja auch ein notwendiges Ingredienz der Erzählung bei Labov). Im Erzähler-Erzählen (im Erzählen, das dem *Paradigma* des Erzähler-Erzählens folgt) wird der Leser zu Anfang orientiert, und – so würde ich behaupten – bleibt es im Prinzip auch. Das heißt nicht, dass es am Schluss keine Überraschung geben könnte, aber dann wird die Überraschung eben so inszeniert, wie sie jemand präsentieren würde, der die Geschichte mündlich vorträgt. Bei diesem Erzählanfang merkt man auch sehr schön, dass die gegebenen Informationen an ein Wissen anschließen, das den Zuhörerinnen und Zuhörern vorab zugetraut wird (dass Argos eine historische Stadt ist, die ihre großen Zeiten hinter sich hat). Es geht überhaupt nicht darum, dass die Informationsmenge des ersten Satzes (und späterer Sätze) von einem vorgestellten Hörer auch wirklich angemessen verarbeitet werden könnte. Hier ein zweites Beispiel für einen Erzählanfang:

»Herzog Wilhelm von Breysach, der, seit seiner heimlichen Verbindung mit einer Gräfin, namens Katharina von Heersbruck, aus dem Hause Alt-

Hüningen, die unter seinem Range zu sein schien, mit seinem Halbbruder, dem Grafen Jakob dem Rotbart, in Feindschaft lebte, kam gegen Ende des vierzehnten Jahrhunderts, da die Nacht des heiligen Remigius zu dämmern begann, von einer in Worms mit dem deutschen Kaiser abgehaltenen Zusammenkunft zurück, worin er sich von diesem Herrn, in Ermangelung ehelicher Kinder, die ihm gestorben waren, die Legitimation eines, mit seiner Gemahlin vor der Ehe erzeugten, natürlichen Sohnes, des Grafen Philipp von Hüningen, ausgewirkt hatte.«

Kim: Diesen Erzählanfang kenne ich natürlich, das ist Kleists Erzählung *Der Zweikampf*. Die in diesem Satz gegebenen Informationen könnte ich allerdings beim bloßen Hören nicht alle verarbeiten, sehe aber ein, dass es sich weiterhin in deinem Sinne um ein konzeptionell mündliches Erzähler-Erzählen handelt (wenn es auch nach der Art Kleists aufs Äußerste strapaziert wird), weil ausschließlich orientierende Informationen gegeben werden. Von wem war denn nun dein erster Erzählanfang – ich schätze, etwas noch Älteres ...

Toni: In der Tat. Das war der Anfang einer Novelle aus dem *Decamerone* von Boccaccio.[90]

Kim: Dann ist ja klar, dass es sich um konzeptionell mündliches Erzählen handelt! Die Novelle wird im Gesprächskreis der zehn Personen wirklich mündlich vorgetragen. Ist das nicht eine *petitio principii*?

Toni: Im Gegenteil. Damit ist doch genau gezeigt, dass Erzählungen, die mündliches Erzählen fingieren (nicht simulieren!), die Merkmale des von mir so genannten Erzähler-Erzählens aufweisen. Die einzige empirische Möglichkeit, um zu überprüfen, dass ich mir die Merkmale des Erzähler-Erzählens nicht ausgedacht habe, besteht doch darin, sich möglichst viele von intradiegetischen Erzählern und Erzählerinnen mündlich vorgetragene Erzählungen anzuschauen (insbesondere die Erzählanfänge) und zu überprüfen, ob sie mit meinen Kriterien übereinstimmen. Aber ich gebe dir jetzt ein ganz anderes Beispiel. Ich würde mich wundern, wenn du in der erzählenden Literatur einen intradiegetischen mündlichen Erzähler fändest, der seine Binnenerzählung folgendermaßen beginnen würde:

»Das hohle Fenster in der vereinsamten Mauer gähnte blaurot voll früher Abendsonne.«

Kim: Mir ist klar, worauf du hinauswillst. Auch wenn dieser Satz kurz ist, handelt es sich offensichtlich nicht um Erzähler-Erzählen in deinem Sinn, sondern um artifizielles Erzählen.

Toni: Genau. Aber woran erkennt man es?

Kim: An einer ganzen Reihe von Dingen. Es beginnt zum Beispiel nicht mit einer Orientierung (einem allgemeinen zeitlich-räumlichen, sozialen Überblick), sondern gewissermaßen umgekehrt mit dem *Ausschnitt* eines Bildes zu einer ganz bestimmen Zeit und an einem ganz bestimmten Ort, der zudem zunächst jenseits des Sozialen angesiedelt ist. Dann wird die Orientierung bei diesem Verfahren eigentlich schon vorausgesetzt, da von *dem* hohlen Fenster und *der* vereinsamten Mauer die Rede ist, als wären diese Dinge durch einen Erzähldiskurs bereits eingeführt worden. Ich würde sagen, mit der passenden Orientierung und einer passenden Hinführung könnte dieser Satz auch innerhalb eines Erzähler-Erzählens stehen. So aber beginnt der Leser die Rezeption des Textes im Zustand einer strukturellen Unterinformiertheit, die ihm darüber hinaus auch sehr deutlich gemacht wird.

Toni: Ja, das ist vielleicht das verlässlichste Kriterium. In einem Erzähldiskurs müssen die Dinge, um die es geht, in der Regel erst eingeführt werden, bevor sie im weiteren Verlauf mit dem bestimmten Artikel versehen werden können.[91] Wenn es anders ist, bewegt man sich in einem anderen Register als dem des Erzählens als einem kommunikativen Akt. Übrigens ist das der erste Satz von Wolfgang Borcherts berühmter Kurzgeschichte *Nachts schlafen die Ratten doch*. Ich würde wie du sagen, dass man dem Satz nicht ansehen kann, ob er ein Roman- oder ein Kurzgeschichtenanfang ist. Letztere springen bekanntlich sehr häufig anfangs in ein Geschehen hinein. Aus meiner Sicht sind sie nicht zuletzt deshalb in besonderer Weise artifizielles, nicht mehr konzeptionell mündliches Erzählen. In Kurzgeschichten, könnte man sagen, ist der Leser – im Benjamin'schen Sinne – ebenso einsam wie der Leser eines Romans.

Kim: Mir ist nicht ganz klar, wie *formal* das Kriterium für dich ist. Benjamin unterstellt ja eine historische Dimension: Das Erzählen im emphatischen Sinne ist alt, der Roman ist eine neuere Erscheinung usw. Aber auch das ist ja höchst problematisch. Und natürlich ist es auch nicht korrekt, das Ganze an den Textanfängen aufzuhängen. Das erweckt den Anschein, als würde der Leser sozusagen mit den ersten Sätzen darauf programmiert, ob er einen Text als artifizielles Erzählen oder aber als Erzähler-Erzählen aufzunehmen hat. Aber das scheint mir keine adäquate Beschreibungsebene zu sein.

Toni: Du darfst meiner Gegenüberstellung dieser beiden Begriffe nicht zu viel zumuten. Das ist, denke ich, bei euch Theoretikern häufig das Problem, dass ihr meint, bei den Begriffen, die jemand einführt, um Phänomene zu beschreiben, handle es sich um Universalschlüssel. Ihr kritisiert die Begriffe dann, als wären sie mit diesem Anspruch aufgetreten, aber sie waren gar nicht so gemeint. Zwar handelt es sich um eine grundsätzliche Unterscheidung, aber das heißt nicht, dass ich ihre Implikationen übersehe (und welches ihr Status ist). Im Moment ist für mich wichtig, dass ich mithilfe dieser Unterscheidung besser darüber nachdenken kann, was ich überhaupt unter *Erzähltechniken* verstehen möchte. Du hast den historischen ›Index‹ angesprochen. Klar, die Kurzgeschichte ist eine moderne Erscheinung. Man möchte denken, dass beispielsweise eine Erzählung im 19. Jahrhundert nicht so anfangen kann wie die folgende Erzählung von Hemingway, *Schnee auf dem Kilimandscharo*:

»Das Erstaunliche ist, dass es schmerzlos ist«, sagte er.
»Daran erkennt man, wenn es losgeht.«
»Tatsächlich?«
»Allerdings. Aber der Gestank tut mir furchtbar leid. Der ist dir bestimmt sehr lästig.«
»Hör auf. Bitte, hör auf!«
»Sieh sie dir an«, sagte er. »Ist es nun unser Anblick oder der Geruch, der sie anlockt?«[92]

Nach diesem Intro, das den Leser bzw. die Leserin einer extremen Unterinformiertheit aussetzt, wird dann erst nach und nach deutlich, welches die Eigenschaften der Situation sind, in die man hier unmittelbar versetzt wird. Das Erzählen funktioniert hier einerseits natürlich filmisch (der Film kann ja gar nicht anders, als in eine Situation zu versetzen), macht sich aber andererseits offensichtlich die Möglichkeit des Mediums Literatur zunutze, eine viel radikalere Unterbestimmtheit ins Werk zu setzen, als es im Film möglich wäre.

Kim: Ist das grundsätzlich eine *Möglichkeit* der Literatur oder ist es nicht auch ein *Mangel*? Das ›Springen in eine Situation‹ mittels *szenischen* Erzählens (*showing*) ist ja bei Romananfängen, aber auch bei Kapitelanfängen seit vielen Jahren ein angesagtes Mittel in der Unterhaltungsliteratur (wenn ich diesen Terminus mal unreflektiert ins Feld führen darf). Mir kommt es dann immer so vor, als mache die Literatur den Film nach, aber mit unzulänglichen Mitteln, sodass sie sich auf diese Weise gewissermaßen selbst verrät.

Toni: Da sind wir allerdings schon mittendrin in den erzähltechnischen Fragen. Das ›Springen in eine Situation‹, wie du es nennst, ist eine wichtige Erzähltechnik, in der das *telling* (also das ›eigentliche Erzählen‹) zugunsten des *showing* zurücktritt. Deshalb ist es auch eine sehr grundsätzliche artifizielle Erzähltechnik. Inwiefern sie irgendwie ›filmisch‹ ist und inwiefern der Umstand, dass erzählende Literatur nur im uneigentlichen Sinne zum *showing* in der Lage ist, sich als Defizit bemerkbar macht oder als Vorzug genutzt wird – das müsste an konkreten Beispielen analysiert werden. Jedenfalls ist es nicht so, dass es dieses anfängliche ›Springen in die Situation‹ *vor* dem Medium Film nicht gegeben hätte. Hier als Beispiel der Anfang einer Novelle von Ludwig Tieck aus dem Jahre 1830, *Das Zauberschloß* (Tieck hat ja bekanntlich großen Einfluss auf die Entwicklung der Novelle in Deutschland gehabt und in der Restaurationszeit Formen der Konversationsnovelle entwickelt):

»Nur nicht auf diese Art räsonnirt! rief der alte Freimund aus; das Leben läßt sich einmal nicht so betrachten und noch weniger nach einigen Maximen einrichten. Hast Du nicht die Fähigkeit, jeden einzelnen Fall recht als einen einzelnen, aus seinen fernen und nächsten Bedingnissen herausgestalteten, zu erwägen, ihn mit Geschicklichkeit nach seinen Umständen zu lenken, und ihn so seiner Bestimmung entgegenzuschicken, so wirst Du niemals ein brauchbarer Geschäftsmann werden, ja auch als Privat immer nur an Zufälligkeit laboriren, ohne Deines Lebens froh zu werden.

Zufälligkeit, Zufälle! antwortete ihm Schwieger: diese sind es ja eben, die uns allenthalben zu thun machen. Und vollends, wenn nun gar, indem noch obenein, wenn etwa – –

Donnerwetter! rief Freimund, indem ihm der Wachsstock aus der Hand fiel, mit welchem er mühsam in einen Wandschrank hineinleuchtete; Sebastian! Angezündet!«[93]

Tieck hat also offensichtlich mit Novellenanfängen operiert, die nicht weniger artifiziell sind und kaum weniger mit der Unterinformiertheit und folglich Orientierungslosigkeit des Rezipienten spielen als die Erzählanfänge bei Hemingway. Übrigens wird innerhalb der Novelle *Das Zauberschloß* eine Binnennovelle vorgelesen, die den Titel *Die wilde Engländerin* trägt. Die als ›Musternovelle‹ geltende Erzählung fängt ganz umgekehrt mit einem klassischen *Erzähler-Erzählen* an:

»Es lebte in Northumberland ein reicher Gutsbesitzer mit seiner einzigen Tochter. Da sie eine reiche Erbin war, so wurde das wohlgebildete Mädchen von vielen jungen und älteren Leuten aus der vornehmen Welt aufgesucht, die sie zur Gattin wünschten.«[94]

Kim: Das ist allerdings ein schöner Beleg – aber wofür genau? Man kann also diese beiden Typen einander gegenüberstellen. Aber ist das neu? Man kann doch einwenden, dass das im Wesentlichen die Unterscheidung zwischen einem auktorialen bzw. nullfokalisierten Erzähleinsatz auf der einen Seite ist und einem betont nicht-auktorialen Erzähleinsatz auf der anderen Seite. Und dass das klassische Erzählen auktorial ist, das haben wir ja vorher auch gewusst. Außerdem entsteht dabei die Schwierigkeit, das artifizielle Erzählen positiv zu bestimmen. Bis jetzt wissen wir ja nur, dass das artifizielle Erzählen sich *nicht* an die Limitierung hält, nur das zu erzählen, was ein Erzähler letztlich wissen kann, und dass es sich *nicht* an die Reihenfolge hält, die ein mündlicher Erzähler wählen würde. Insofern hat es den Anschein, dass all das, was nicht Erzähler-Erzählen ist, artifizielles Erzählen ist. Das artifizielle Erzählen wäre demzufolge sehr heterogen, und wir hätten noch nicht besonders viel über diese Vielgestaltigkeit ausgesagt. Und das führt mich auf einen weiteren Punkt. Dein erstes Unterkriterium – also die Limitierung des Erzählerwissens – betrifft in erster Linie die Erzählung im Ganzen. Du hast ja selbst betont, dass ein Satz wie »Da fühlte er einen nie gekannten Hass in sich aufsteigen und er dachte bei sich ...«

keineswegs bedeutet, dass der Erzähler Zugang zum Bewusstsein der betreffenden Figur hat, da die Figur zu einem späteren Zeitpunkt des Geschehens einer anderen Figur gegenüber den Satz »Da fühlte ich einen nie gekannten Hass in mir aufsteigen und ich dachte bei mir ...« äußern und der Bewusstseinsinhalt auf diese Weise theoretisch Bestandteil des Erzählerwissens geworden sein kann. Ob das erste Kriterium erfüllt ist, kann man also anhand einer einzelnen Stelle in der Regel nicht entscheiden. Anders das zweite Kriterium. Bei den Beispielen für Erzählanfänge, die du mir bislang vorgelegt hast, kam ja nur das zweite Kriterium zum Einsatz. Wenn aber nun zum Beispiel der Erzählanfang artifiziell ist – wie beispielsweise der Beginn von Tiecks *Das Zauberschloß* –, folgt dann daraus, dass der gesamte Text dem artifiziellen Erzählen zuzuordnen ist?

Toni: Das sind jetzt viele Einwände bzw. Gesichtspunkte auf einmal. Aber auf diese Weise bekommt man wohl am besten heraus, was an einer Sache dran ist. Ich weiß nicht, ob ich auf alles antworten kann. Zunächst einmal zur Frage, ob meine Unterscheidung zwischen Erzähler-Erzählen und artifiziellem Erzählen nicht einfach die zwischen auktorialem bzw. nullfokalisiertem Erzählen und nicht-auktorialem Erzählen ist. Ganz und gar nicht! Der Begriff des nullfokalisierten, auktorialen oder gar allwissenden Erzählers ist nach meiner Auffassung ohnehin recht fragwürdig, gerade weil diese drei Bezeichnungen nicht differenziert werden. Man braucht sie nicht zu differenzieren, weil man beim fiktionalen Erzählen von der Formel ausgeht, dass der Erzähler erzählt, was der Autor erfindet. Der Erzähler ist allwissend, auktorial, nullfokalisiert, weil er in diesem Sinne alles erzählen könnte, was der Autor erfindet. Er kann tun, was er will, in jede beliebige Figur schlüpfen, die Zukunft vorwegnehmen, die Vergangenheit herbeizitieren usw. Er kann aber auch das meiste davon lassen. Sobald die Formel »*Erzähler > Figur*«[95] zutrifft, ist nullfokalisiertes Erzählen gegeben, weil die Erzählung auf diese Weise zeigt, dass die Erzählinstanz nicht an das Wissen bzw. den Horizont einer Figur gebunden ist. Man kann diesen Erzähler dann allwissend nennen, weil ihm unterstellt wird, souverän – siehe Koschorkes Ausführungen zur auktorialen Macht des Erzählers – zu entscheiden, was er wann und wie aus seinem unbegrenzten Wissensschatz erzählt oder eben nicht.

Kim: Ja, so habe ich diesen Begriff in etwa immer aufgefasst.

Toni: Aber bei dem von mir so getauften Erzähler-Erzählen gibt es gerade keinen allwissenden Erzähler. Du hast ja selbst eben mit deinem Beispielsatz noch einmal sehr gut illustriert, dass das Wissen des Erzählers hier an das gebunden ist, was der Erzähler, wenn es sich *nicht* um eine fiktionale Erzählung handeln würde, erfahren haben *könnte*. In gewisser Weise ist mein erstes Unterkriterium eine Übertragung dessen, was bei Käte Hamburger als ›fingierte Wirklichkeitsaussage‹ der Erzählung in der ersten Person bezeichnet wird, auf die heterodiegetische Erzählung. Wenn man den Erzähler beim Erzähler-Erzählen als nullfokalisiert bezeichnen möchte, dann auf jeden Fall *nicht* im Sinne einer ›Allwissenheit‹. Das Entscheidende ist ja gerade seine Limitiertheit!

Kim: Ich beginne zu ahnen, was der Vorteil dieses Begriffs sein könnte. Das Erzähler-Erzählen – fällt mir dabei ein – impliziert irgendwie eine Welt, in der überhaupt viel erzählt und vor allem weitererzählt wird.

Toni: Zu deinem zweiten Punkt: Der Begriff des artifiziellen Erzählens ist letztlich nicht positiv bestimmt. Das will ich nicht abstreiten. Aber in gewisser Weise ist gerade *das* die Operationsbasis: Das artifizielle Erzählen ist das Feld, auf dem man die

Erzähltechniken in ihrer Vielfalt beschreiben und analysieren kann. Das artifizielle Erzählen ist als solches zunächst einmal nicht festgelegt, nicht limitiert. Vor diesem Hintergrund kann ich auch auf den dritten Punkt antworten, den du eben gemacht hast. Geht es um die Beschreibung der ganzen Erzählung oder geht es um die Beschreibung der einzelnen Stellen? Natürlich kann *Das Zauberschloß* nach seinem artifiziellen Auftakt in einer mit dem Erzähler-Erzählen kompatiblen Art und Weise fortgeführt werden. Aber gleichwohl hat der Auftakt gezeigt, dass das Erzählen bei Tieck nicht mehr dem Erzähler-Erzählen als Paradigma verpflichtet ist. Das Erzähler-Erzählen ist dann sozusagen selbst eine Möglichkeit artifiziellen Erzählens geworden, die man wählen kann, wenn man möchte.

Kim: Auch das leuchtet mir nun irgendwie ein. Aber es klingt jetzt wiederum – ein wenig wie bei Walter Benjamin – so, als sei die Zeit des Erzähler-Erzählens unwiederbringlich dahin, als wolltest du eine der üblichen Verlustgeschichten erzählen, an deren Ende eine Art Orientierungslosigkeit steht.

Toni: Das stimmt wohl, aber ich meine es nicht wertend, nicht als Verfallsgeschichte, sondern als die Freisetzung des Feldes, auf dem sich – wie gesagt – die Erzähltechniken ausdifferenzieren. Und das können wir Literaturwissenschaftler dann beschreiben. Außerdem muss man bei der Historisierung dieses Begriffspaars vorsichtig sein. Man darf Begriffe, mit denen man arbeiten möchte, nicht überstrapazieren – ich kann das nur wiederholen. Die Frage *Seit wann gibt es artifizielles Erzählen?* ist falsch gestellt. Zum Abschluss unseres heutigen Gesprächs möchte ich gerne noch einmal das Erzähler-Erzählen rühmen und auf die Kalendergeschichte *Unverhofftes Wiedersehen* von Johann Peter Hebel hinweisen, derer ja auch im *Erzähler*-Essay von Walter Benjamin gedacht wird. Der Philosoph Ernst Bloch hat sie bekanntlich als die »schönste Geschichte der Welt«[96] bezeichnet. Ich glaube, wenn man überhaupt auf die Idee kommt, eine Geschichte als die schönste Geschichte überhaupt zu bezeichnen, wird die Wahl immer auf ein Erzähler-Erzählen fallen.

Kim: Vielleicht liegt das an unserem Wunsch, von einer Erzählstimme berührt zu werden.

6. Fokalisierung

Kim: Das von dir vorgeschlagene Begriffspaar *Erzähler-Erzählen* vs. *artifizielles Erzählen* ermöglicht, scheint mir, einen veränderten Blick auf das Feld des Erzählens und behebt vielleicht auch verschiedene Schwierigkeiten, die mit anderen begrifflichen Unterscheidungen verbunden sind. Dafür tauchen mit deinem Ansatz aber vielleicht auch neue Schwierigkeiten auf. Was mich im Anschluss an unser letztes Gespräch beschäftigt hat, war der Begriff der *Nullfokalisierung*. Du hast darauf insistiert, dass dieser Begriff nicht gut auf das Erzähler-Erzählen passt, weil er suggeriert, dass der Erzähler in seiner Informiertheit nicht limitiert ist, während beim Erzähler-Erzählen die Limitiertheit gerade ein entscheidendes Kriterium ist. Nun kann man aber natürlich andererseits ebenso wenig sagen, dass beim Erzähler-Erzählen eine interne oder eine externe Fokalisierung vorliegt. Folglich lässt der Begriff des Erzähler-Erzählens die Kategorie der Fokalisierung insgesamt in einem anderen Licht erscheinen. Ich finde daher, wir sollten uns heute mit der Fokalisierung beschäftigen, oder – traditioneller – mit der Perspektive.

Toni: Vielen Dank für deine Rekapitulation! Ich wollte mit meinem Begriffspaar ja nicht andere Begriffe ersetzen, sondern etwas sichtbar und analysierbar machen, was man mit den anderen Begriffen so nicht sehen und analysieren kann. Sprechen wir heute über den von Gérard Genette eingeführten Begriff der Fokalisierung! Das nächste Mal können wir gesondert über die Erzählperspektive sprechen, weil ich da gerne einen neueren Ansatz mit dir diskutieren möchte, der – freilich auf zahlreichen Vorarbeiten fußend – von Wolf Schmid in den *Elementen der Narratologie* vertreten wird. Man kann den Stellenwert dieses Ansatzes aber nur nachvollziehen, wenn man sich zunächst dem Begriff der Fokalisierung zuwendet.

Kim: Der Abschnitt in Genettes *Die Erzählung* (*Discours du récit*), der mit »Fokalisierungen« überschrieben ist, ist ja recht kurz. Auf den ersten Blick sieht es so aus, als würden die bekannten Kategorien im Grunde nur umgetauft. Zum Beispiel sagt Genette, der Formel »*Erzähler* = *Figur* (der Erzähler sagt nicht mehr, als die Figur weiß)« entspreche bei Percy Lubbock die »Erzählung mit *point of view*«, bei Georges Blin »die mit ›beschränktem Feld‹, bei Jean Pouillion die ›Mitsicht‹ [vision avec]«[97]. Genette insistiert hier nicht auf irgendwelchen Unterschieden zu anderen Begrifflichkeiten, sondern darauf, dass es ihm darum geht, *Modus* und *Stimme* klar voneinander zu trennen.

Toni: Ja, und das erweckt den Anschein, als sei die Sache eigentlich recht einfach und selbstverständlich. Dass sie das nicht ist, merkt man dann an den Beispielen, die Genette bringt (auch abgesehen von dem speziellen Verkomplizierungsfall der *Recherche* von Proust ...). Leider übernehmen die meisten Leute zwar die Nomenklatur von Genette (bzw. werden als Studierende dazu angehalten), ohne sich mit diesen problemerschließenden Beispielen zu beschäftigen. Aber lass uns zunächst einmal schauen, was Genette zur *Nullfokalisierung* sagt – das ist ja die Kategorie, an der ich mich mit dem *Erzähler-Erzählen* besonders gerieben habe, weil sie sozusagen zu viel Heterogenes umfasst.

Kim: Eigentlich sagt er ja gar nichts darüber. Der Abschnitt »Fokalisierungen« fängt mit den Worten an: »Wir werden also den ersten Typus, wie er allgemein von der klassischen Erzählung repräsentiert wird, *unfokalisierte* oder Erzählung mit *Nullfokalisierung* nennen.«[98] Und mehr sagt er dazu nicht. Das ist ja eigentlich auch konsequent, da die Nullfokaliserung eben keine Fokalisierung ist. Die Nullfokalisierung ist dadurch definiert, dass es keine *Einschränkung* gibt. Der Erzähler kann die Geschichte genau so erzählen, wie er es für richtig hält, weil der Autor die Geschichte genau so erfinden kann, wie es ihm beliebt. Zwei Seiten später schreibt er anlässlich des schwierigen Falls der *internen* Fokalisierung, die ja *variabel* sein kann (also nacheinander verschiedene Figuren betreffend) oder aber *fix* (also auf eine Figur eingeschränkt):

»Ebenso lässt sich bisweilen nur schwer zwischen variabler Fokalisierung und Nullfokalisierung unterscheiden, da die unfokalisierte Erzählung recht häufig als eine *ad libitum* multifokalisierte Erzählung betrachtet werden kann, nach dem Prinzip *wer mehr kann, kann auch weniger* (denn vergessen wir nicht, dass die Fokalisierung im Wesentlichen, wie es in Georges Blins Terminologie heißt, eine *Einschränkung* ist); und doch wird niemand in diesem Punkt die Manier von Fielding mit der von Stendhal oder Flaubert verwechseln.«[99]

Die Manier von Henry Fielding, etwa in *Tom Jones* (1749), ist betont formlos allwissend, wenn sie das Innenleben der Figuren zugänglich macht; bei Stendhal und vor allem Flaubert hingegen werden variable Fokalisierungen sehr kontrolliert unter möglichster Vermeidung von ›Allwissenheit‹ vorgenommen.

Toni: Ja, der Begriff der Einschränkung ist entscheidend, denke ich. Von der fiktionalen nullfokalisierten Erzählung aus betrachtet, sieht die Sache so aus, dass der Erzähler frei entscheiden kann, ob er die Innensicht dieser oder jener Figur zugänglich macht, ob er etwas auktorial zusammenfasst, proleptisch etwas aus der Zukunft einer Figur mitteilt oder analeptisch etwas aus der Vergangenheit einer Figur dazwischenschiebt usw. Er kann sich aber eben auch beliebig einschränken, d.h. dem Rezipienten eine besonders relevante Perspektive vorenthalten oder die Handlung für eine Weile wie von außen erzählen usw. Ein Teil der Erzählungen, auf die der Begriff der ›fluktuierenden Erzählfunktion‹ zutrifft, ist von dieser Art. Aber es ist auch möglich, in betont auktorialer Manier so zu verfahren. In gewisser Weise schränkt sich auch der nullfokalisierte Erzähler unablässig ein, aber eben nach dem Prinzip *wer mehr kann, kann auch weniger*, also nach eigener Willkür. Der nullfokalisierte Erzähler entscheidet insbesondere willkürlich über die Informationsvergabe, indem er zum Beispiel eine Information zunächst vorenthält, um sie später nachzureichen, eine andere hingegen vorwegnimmt. Er verfolgt mithin eine *Erzählstrategie*. Die Einschränkungen des Feldes bei der internen und der externen Fokalisierung sind hingegen ganz anderer Art. Es sind keine ›naturwüchsigen‹, sondern ›künstliche‹ Einschränkungen, die sich aus der Befolgung einer *Regel* ergeben. Die Regel ist etwa: Es werden keine Informationen über das Innere einer Figur gegeben, diese wird vielmehr nur von außen betrachtet (externe Fokalisierung), oder es werden nur Informationen gegeben, die einer bestimmten Figur zugänglich sind (interne Fokalisierung). In beiden Fällen handelt es sich um *artifizielle* Einschränkungen bzw. Limitierungen. Sie sind daher auch etwas kategorial anderes als die Limitierungen, von denen ich in Bezug auf das Erzähler-Erzählen gesprochen habe.

Kim: Das leuchtet mir ein. Ich glaube übrigens, dass in den beiden Fällen (Limitierung durch Einschränkung nach Maßgabe einer Regel einerseits und Limitierung durch das Erfordernis, dass der Erzähler in den Besitz des Wissens gekommen sein können muss, andererseits) auch ein anderer Informationsbegriff vorliegt. Genette verweist an einer Stelle, in der es um die interne Fokalisierung geht, auf Roland Barthes' *Einführung in die strukturale Analyse von Erzählungen* von 1966, wo Barthes das folgende Kriterium dafür vorschlägt, ob es sich bei einer Erzählpassage um den »*personalen* Modus« handelt (was in etwa der internen Fokalisierung entspricht). Bei Barthes heißt es:

»Es genügt, die Erzählung oder die Stelle vom *er* ins *ich* zu ›rewriten‹: Solange diese Änderung keine andere Modifikation des Diskurses bewirkt als den Wechsel der grammatischen Pronomen, steht fest, daß man in einem System der Person bleibt: Der gesamte Anfang von *Goldfinger* ist zwar in der dritten Person geschrieben, in Wirklichkeit aber von Bond gesprochen: Die Instanz wechselt, wenn das Rewriting unmöglich wird; etwa der Satz: ›er bemerkte einen ungefähr fünfzigjährigen, noch jugendlich wirkenden Mann usw.‹ ist völlig personal trotz des er (›Ich, James Bond, bemerkte usw.‹), aber die narrative Äußerung ›beim Klirren des Eiswürfels im Glas schien Bond plötzlich eine Erleuchtung zu kommen‹ kann aufgrund des Verbs ›scheinen‹, das zum Zeichen des Apersonalen (und nicht des *er*) wird, nicht personal sein. Es steht fest, daß das Apersonale der übliche Modus der Erzählung ist, da die Sprache ein komplexes temporales, für die Erzählung typisches System entwickelt, um das Präsens des Sprechenden auszublenden: ›In der Erzählung spricht niemand‹, heißt es bei Benveniste.«[100]

Toni: Diese Stelle ist für verschiedene Aspekte relevant, die wir die ganze Zeit umkreisen. Ich kannte natürlich den Hinweis, man solle die *dritte* grammatische Person durch die erste ersetzen, um einen vorläufigen Test auf interne Fokalisierung zu erhalten (so steht es ja bei Genette), aber ich kannte die Stelle bei Barthes nicht und mir war nicht klar, wie viel das mit meinen eigenen Überlegungen zu tun hat. Also Barthes unterscheidet im Hinblick auf das Erzählen offensichtlich nur zwischen *personal* und *apersonal*.

Kim: Genau. An der Stelle steht etwas weiter vorne ganz explizit: »Die Narration im engeren Sinn (oder der Code des Erzählers) kennt übrigens, genau wie die Sprache, nur zwei Zeichensysteme: personal und apersonal.« Aber der personale Modus muss sich nicht in der grammatischen Person niederschlagen. Dass Barthes einfach erklärt, die entsprechenden Passagen in Ian Flemings Roman *Goldfinger* (warum der immer als Beispiel herhalten muss, weiß ich auch nicht!) seien zwar »in der dritten Person geschrieben, in Wirklichkeit aber von Bond gesprochen«, ist natürlich aus heutiger narratologischer Sicht, aufgrund der (auf Genette zurückgehenden) kategorialen Unterscheidung von Stimme und Modus, ein *No-go*. Diese Passagen sind einfach intern fokalisiert. Man muss ja auch sagen: Nur weil diese Passagen *nicht* von Bond gesprochen werden, kann der personale Modus in den apersonalen Modus (also hier in die externe Fokalisierung) wechseln. Aber auch so ist das eigentlich ein Bruch, der nur durch die Unauffälligkeit des *Übergangs* akzeptiert wird (das ist wieder das Phänomen der ›Übergänglichkeit‹, über das wir auch noch sprechen müssen). Wenn aus der Perspektive Bonds erzählt würde, müsste Bond über die Information verfügen, die ihm mit der Einfügung des »schien« in dem von Barthes zitierten Satz abgesprochen wird. Wir bemerken den Wechsel der Fokalisierung eben durch eine Veränderung im Informationsgefälle. Weshalb ich aber überhaupt darauf zu sprechen gekommen bin: Dasselbe gilt doch auch für den Übergang zur Nullfokalisierung, oder?

Toni: Ja, ich habe mir schon gedacht, dass es das ist, worauf du hinauswillst. Wenn stattdessen zum Beispiel dastünde: »Beim Klirren des Eiswürfels im Glas kam dem jugendlich wirkenden Mann plötzlich eine Erleuchtung ...«, dann gäbe es eine entsprechende Veränderung im Informationsgefälle. Wir würden uns – weil wir uns auf den Modus der internen Fokalisierung eingestellt haben – fragen, wie denn Bond plötzlich wissen kann, was in dem Anderen vorgeht. Oder: Wir würden es uns nicht fragen, weil wir bei einer Erzählung in der dritten Person die ›fluktuierende Erzählfunktion‹ akzeptieren, welche auch den Übergang von personalem und apersonalem Modus (im Sinne Barthes') gestattet. Aber wenn wir die Passage in die erste Person »rewriten«, dann wird der Bruch offensichtlich: Der Ich-Erzähler verfügt über eine Information, über die er nicht verfügen kann. Es sei denn, der ›jugendlich wirkende Mann‹ hat James Bond später erzählt, dass ihm damals, beim Klirren der Eiswürfel, eine Erleuchtung kam.

Kim: Ich verstehe. Du willst sozusagen ein eindeutig artifizielles Erzählen probehalber in ein Erzähler-Erzählen konvertieren. Und daran, dass das nicht geht, kann man dann sehen, dass es sich um artifizielles Erzählen handelt. Ich frage mich, ob man das Kriterium auch umgekehrt auf das Erzähler-Erzählen anwenden kann: Du nimmst eine Erzählung, die deiner Meinung nach eine Erzähler-Erzählung ist, und transponierst sie in die erste Person. Wenn das zu völligen Ungereimtheiten führt, dann kann es doch eigentlich keine Erzähler-Erzählung sein, oder?

Toni: Ich glaube, das geht nicht. Aus dem Umstand, dass ein Erzähler alle Informationen zum Erzählen einer Geschichte gehabt haben kann, folgt nicht, dass er widerspruchsfrei eine der Figuren gewesen sein könnte. Das kann man schon daran sehen, dass am Ende einer Erzähler-Erzählung alle handelnden Figuren tot sein können. Dann kann trivialerweise keiner von ihnen zum homodiegetischen Erzähler werden. Man kann höchstens postulieren, dass es beim Erzähler-Erzählen möglich sein muss, sich eine in der erzählten Geschichte eigentlich *nicht* vorkommende Figur nachträglich hinzuzukonstruieren, die nachher die Informationen gesammelt hat und als Erzähler oder Erzählerin für das Erzählte einsteht.

Kim: Du hast recht, so herum funktioniert das nicht. Warum sagst du so unvermittelt »als Erzähler oder Erzählerin«? Wir haben uns das ›Gendering‹ in Bezug auf diesen Begriff doch bis jetzt erspart bzw. versagt.

Toni: Wir haben uns das ›Gendering‹ nicht erspart oder versagt, es ist nicht *statthaft*. Nach meiner Auffassung ist das generische Maskulinum hier unverzichtbar. Die Setzung der weiblichen Form – also ›Erzählerin‹ – als eine Möglichkeit würde annoncieren, dass der Erzähler ein Geschlecht haben könnte. Er kann aber doch nur dann ein Geschlecht haben, wenn er einen Körper hat, also als homodiegetischer Erzähler. Der homodiegetische Erzähler kann eine Erzählerin sein, der heterodiegetische Erzähler hingegen kann weder weiblich noch männlich noch sonstwas sein.

Kim: Das klingt einerseits plausibel, andererseits wird dann *gender* irgendwie doch strukturell an *sex* gekoppelt. Aber wie dem auch sei, es ist bei der Erzählinstanz jedenfalls anders als beispielsweise bei Figuren innerhalb literarischer Erzählungen. Es ist ja möglich, dass eine Erzählung (in welcher Fokalisierung auch immer!) verbirgt, welches Geschlecht eine Figur hat. Ganz leicht ist das freilich nicht, weil man ja keine Personalpronomina verwenden darf und keinen das Geschlecht eindeutig indizierenden Eigennamen. Trotzdem wissen die Leser und Leserinnen, dass diese Figur einen Körper hat, der in unserer Welt im Hinblick auf die Opposition *male/female* befragt werden kann.

Toni: Das gilt übrigens auch für uns beide. Auch wir haben einen Körper, der in der Schrift abwesend ist. Wenn jemand unsere Gespräche hier in eine schriftliche Form bringt und unsere Beiträge jeweils namentlich kennzeichnet, weiß der Leser oder die Leserin nicht, ob du und ich männlich, weiblich oder sonstwas sind, weil unsere Namen in dieser Hinsicht nicht eindeutig sind. Was für ein Zufall.

Kim: Ob das ein Zufall ist, kann ich nicht beurteilen. Fest steht allerdings: Wir wissen in dieser Hinsicht mehr als diejenigen, für die wir eine Figur in einem Text sind. Und das soll auch so bleiben.

Toni: Zurück zu unserem Thema. Was hältst du von dem folgenden Erzählanfang – du kennst ihn natürlich, es ist der Beginn von Kafkas Romanfragment *Das Schloss*[101]:

»Es war spät abends, als K. ankam. Das Dorf lag in tiefem Schnee. Vom Schloßberg war nichts zu sehen, Nebel und Finsternis umgaben ihn, auch nicht der schwächste Lichtschein deutete das große Schloß an. Lange stand K. auf der Holzbrücke, die von der Landstraße zum Dorf führte, und blickte in die scheinbare Leere empor.

Dann ging er, ein Nachtlager suchen; im Wirtshaus war man noch wach, der Wirt hatte zwar kein Zimmer zu vermieten, aber er wollte, von dem späten Gast äußerst überrascht und verwirrt, K. in der Wirtsstube auf einem Strohsack schlafen lassen. K. war damit einverstanden. Einige Bauern waren noch beim Bier, aber er wollte sich mit niemandem unterhalten, holte selbst den Strohsack vom Dachboden und legte sich in der Nähe des Ofens hin. Warm war es, die Bauern waren still, ein wenig prüfte er sie noch mit den müden Augen, dann schlief er ein.«

Toni: Wie, würdest du sagen, ist das fokalisiert? Und handelt es sich – in der Terminologie von Barthes – um den *personalen* oder um den *apersonalen* Modus?

Kim: Kafkas Romane sind doch bekanntlich alle fast durchgehend aus der Perspektive des Protagonisten erzählt, also intern fokalisiert, personaler Modus.

Toni: K. kommt hier in einem Dorf an, das er noch nie gesehen hat; ebenso wenig hat er das Schloss und den Schlossberg je gesehen. Warum ist dann sogleich von *dem* Dorf mit bestimmtem Artikel die Rede? Und woher kennt K. denn die Stelle, an welcher sich der nicht sichtbare Schlossberg befindet? Muss das nicht eine Instanz sein, die mehr weiß als K.? Klar, das ist artifizielles Erzählen – ein Erzählen, aus dem sich der Erzähler vollkommen zurückgezogen zu haben scheint. Aber mit der Rubrizierung als intern fokalisiert ist es höchst unzureichend beschrieben.

Kim: Ich dachte, du willst darauf hinaus, dass Kafka den *Schloss*-Roman zunächst als homodiegetische Erzählung begonnen hat. Ich glaube, im Manuskript stand auf den ersten siebzig oder achtzig Seiten dort, wo jetzt »K.« steht, zunächst »ich« (nebst den übrigen nötigen grammatischen Veränderungen). Also der erste Satz lautete zuerst: »Es war spät abends, als *ich* ankam.« Das *Rewriting*, das Barthes als Probe aufs Exempel für den personalen Modus und Genette als Test auf die interne Fokalisierung vorschlägt, wurde hier also vom Autor selber vorgenommen, allerdings in umgekehrter Richtung: vom ›ich‹ zum ›er‹. Und wir können das jetzt sozusagen wieder rückgängig machen. Ich glaube mich zu erinnern, dass Kafka kaum etwas ändern musste außer den notwendigen Angleichungen in der Grammatik. Das heißt aber für deinen ›unsichtbaren Schlossberg‹, dass er von K. sehr wohl vermutet wurde, ohne dass er ihn gesehen hätte. K. müsste eben einige Vorabinformationen über den Ort bekommen haben, in dem er sich niederlassen möchte. Das ist doch auch nicht erstaunlich.

Toni: In der Tat ist mir der Anfang des *Schloss*-Romans natürlich wegen dieses Wechsels eingefallen. Als ich mir die Sache aber genauer angeschaut habe, fand ich einen anderen Gesichtspunkt faszinierender. Aber zunächst zu deiner Argumentation: Ja, du hast recht. Es wird bekanntlich im ganzen Roman in der Schwebe gehalten, ob K. nun ein herbeorderter Landvermesser ist oder nicht – und damit auch, mit welchem Vorwissen er im Dorf ankommt. Die meiste Zeit scheint er sich freilich in den Strukturen des Dorfes überhaupt nicht auszukennen. Aber Kafka hat, bevor er anfing, den Text zu schreiben, den wir als das Romanfragment *Das Schloss* kennen, einen anderen Erzählansatz niedergeschrieben und über eine ganze Weile fortgesetzt, der diese Anfangssituation völlig anders inszeniert. Er beginnt mit: »Der Wirt begrüßte den Gast. Ein Zimmer im ersten Stock war bereitgemacht.« In diesem ersten Anfang besitzen sowohl der Gast wie auch der Wirt Vorinformationen über die jeweils andere ›Seite‹ (was ausführlich thematisiert wird), und der »Gast« (hier also herrscht hinwiederum die dritte Erzählperson) sagt sogar: »Zum Kampf bin ich ja hier, aber ich will nicht angegriffen werden vor meiner Ankunft.«[102] Aber nun zu dem, was mich fasziniert – was in der Kafka-Forschung natürlich nicht neu ist, aber in Bezug auf unser Thema der Fokalisierung interessant. Zwar sagst du, dass es sich um interne Fokalisierung handelt, und Barthes würde sagen, dass es sich um den personalen Modus handelt, aber zugleich wissen wir sehr wenig von dem, was K. weiß (zum Beispiel über den Schlossberg, oder auch – im weiteren Verlauf – darüber, ob er nun Landvermesser ist oder nicht). Wir erfahren in dieser Anfangspassage doch überhaupt nicht, was K. denkt und fühlt, was er vorhat oder befürchtet, auch wenn uns später alle möglichen Gedankengänge K.s *in extenso* zugänglich gemacht werden.

Kim: Ja, es bleibt beim Leser immer das Gefühl, dass etwas Entscheidendes verborgen bleibt, dass wir zwar mit der Figur mitdenken (können), dass wir uns aber in diesem Mitdenken auf ein fremdes, unzugängliches Terrain begeben und uns damit irgendwie selber fremd werden.

Toni: Dass wir bei diesem Erzählanfang von Kafkas *Schloss* einerseits aus der Perspektive von K. dabei sind, andererseits aber aus dieser Perspektive auch ausgeschlossen werden, lässt sich ebenfalls durch einen kleinen Test erhärten, sozusagen einen

Komplementärtest zum Wechsel der Erzählperson. Man kann nämlich den Schluss der Passage – »Einige Bauern waren noch beim Bier, aber er wollte sich mit niemandem unterhalten, holte selbst den Strohsack vom Dachboden und legte sich in der Nähe des Ofens hin. Warm war es, die Bauern waren still, ein wenig prüfte er sie noch mit den müden Augen, dann schlief er ein« – folgendermaßen umschreiben: »Einige Bauern waren noch beim Bier, aber er *schien* sich mit niemandem unterhalten zu wollen, holte selbst den Strohsack vom Dachboden und legte sich in der Nähe des Ofens hin. Warm war es, die Bauern waren still, ein wenig *schien* er sie noch zu prüfen mit den müden Augen, dann schlief er ein.« Damit haben wir die gesamte Passage (nicht nur diese beiden Sätze!) unversehens in eine *externe* Fokalisierung verwandelt, oder – in der Terminologie von Barthes – in den *apersonalen* Modus.

Kim: So ganz gut passt das aber nicht. Vor allem das »Warm war es« deutet meiner Meinung nach auf eine Wahrnehmung von K. hin. Aber ich verstehe, worauf du hinauswillst, und *grosso modo* hast du recht. Das ist bemerkenswert. Wenn ich deine Ausführungen recht deute, dann willst du sagen, dass nicht nur die ›naturwüchsige‹ Nullfokalisierung eigentlich eben keine Fokalisierung und auch kein homogener Bereich ist, sondern dass auch interne und externe Fokalisierung, die man als ›artifizielle‹ Erzähltechniken auffassen muss, weniger klar auseinanderzuhalten sind, als es den Anschein hat. Und damit wird die ganze Frage der Fokalisierung doch recht zweideutig und unsicher. Darauf würde ich wieder mit meinem Begriff der ›Übergänglichkeit‹ antworten. Es ist doch ein wenig so wie mit den anderen Begriffen auf diesem Feld auch. Dass die interne und die externe Fokalisierung ineinander übergehen können, kann man nur sagen, weil man sie kategorial unterscheidet. Außerdem frage ich mich, ob du nicht aus einem Spezialfall, nämlich der Erzählweise Kafkas, zu allgemeine Schlussfolgerungen ziehst.

Toni: Ich will natürlich keineswegs die Unterscheidung zwischen interner und externer Fokalisierung bestreiten, ich will nur deutlich machen, dass diese Unterscheidung weniger leicht zu handhaben ist und anders bedacht werden müsste, als es gewöhnlich geschieht. Kafkas Erzählen ist für mich vor allem der Sonderfall, der das an den Tag bringt.

Kim: Die Überlegungen zu Kafkas *Erzählstimme* von Maurice Blanchot – dem französischen Autor, Literaturkritiker und Philosophen, auf den sich so viele poststrukturalistische Denker bezogen haben – weisen in eine ganz ähnliche Richtung. Seine Überlegungen (übrigens aus dem Jahr 1964 und schon deshalb weitgehend losgelöst von erzähltheoretischen Ansätzen) sind – wie immer – recht dunkel und nicht ohne Weiteres nachzuvollziehen. Aber jedenfalls geht es ihm darum, dass die Erzählstimme bei Kafka ein von ihm so genanntes *unpersönliches* »Neutrum« ins Spiel bringt, dass es sich um eine Stimme handelt, die im Werk keinen Platz hat und das Innere nach außen kehrt. Ich lese Blanchot überdies auch so, dass er zwar über Kafka spricht, dass ihm zufolge aber bei Kafka ein umfassendes Verhältnis von Schreiben und Erzählen sichtbar wird.[103] Man sollte diesen Text (der gewissermaßen quer zu dem steht, was die Narratologie ausmacht) gerade vor dem Hintergrund des Begriffspaars *Erzähler-Erzählen* vs. *artifizielles Erzählen* noch einmal bedenken. Vielleicht ist Kafkas Erzählen die gewissermaßen zu sich selbst gekommene, vollendete Artifizialität des Erzählens. Die Erzählstimme als *Neutrum* – eben haben wir noch über das ›Gendering‹ der Erzählstimme gesprochen! – entsteht gerade aus der vollendeten Abwesenheit des Erzähler-Erzählens.

Toni: Das ist sehr interessant und ich werde deinem Hinweis nachgehen. Jetzt lass uns aber wieder auf handfestere technische Fragen des Verhältnisses von externer und interner Fokalisierung zu sprechen kommen. Auf der einen Seite geht es hier gewiss um ›Übergänglichkeit‹ – wir gleiten gewissermaßen, ohne es zu gewahren, von einem Erzählmodus in den anderen –, auf der anderen Seite gibt es auch eine Art ›Umklappen‹ des einen ins andere.

Kim: Im *Nouveau discours du récit* reagiert Genette ja unter anderem auf Kritik an seinem Fokalisierungsbegriff. So habe ihm Mieke Bal zu Unrecht die Auffassung untergeschoben, dass »zu jeder narrativen Aussage eine *fokalisierende* und eine *fokalisierte* Figur gehöre«. Genette entgegnet:

»Für mich gibt es keine fokalisierende oder fokalisierte Figur: *fokalisiert* kann nur die Erzählung selber sein, und fokalisieren kann demnach nur der, der die Erzählung fokalisiert (oder nicht fokalisiert), d.h. der Erzähler oder, außerhalb der Konvention der Fiktion betrachtet, der *Autor* selber, der sein Fokalisierungsvermögen an den Erzähler delegiert (oder auch nicht).«[104]

Ich habe mich immer gewundert, dass in dieser Diskussion die informationelle Ebene unter der Hand wieder durch eine visuelle Ebene mehr oder weniger ersetzt wird. Das ist natürlich in der Frage »Wer sieht?« (als Abgrenzung von »Wer spricht?«) schon angelegt. Nicht nur, dass diese Frage eigentlich »Wer nimmt wahr?« lauten müsste – sie dürfte eigentlich überhaupt nicht so lauten, wenn es um die Vermittlung von Information geht. Wenn man so spricht, gerät man immer wieder in die missverständliche Bildlichkeit des Begriffs ›Perspektive‹ (vgl. auch die Begriffe *vision avec*, Mitsicht usw.). Aber irgendwie scheint das unvermeidlich.

Toni: Ja, das lässt sich schwer vermeiden. Vielleicht ist hier ein Blick auf die Frage der Fokalisierung im Medium Film hilfreich. Man kann sich ja ohnehin fragen, ob die Kategorie der Perspektive zur Beschreibung von Erzähl*texten* so erfolgreich gewesen wäre, wenn es nicht das Medium Film gegeben hätte. Immer wieder wird gesagt, dass die externe Perspektive der Position einer unpersönlichen Kamera entspricht, die sich von außen auf die Figur richtet. Wie im Film wissen wir dann nicht, was in der Figur vorgeht usw. In der neueren Filmnarratologie wird jedoch zwischen Fokalisierung und *Okularisierung* unterschieden. Ein Film kann demzufolge auch dann intern fokalisiert sein, wenn die Kamera eine Figur von außen zeigt. Nur wenn eine strenge subjektive Kameraeinstellung verwendet wird, handelt es sich um eine interne *Okularisierung*. Ohne diese Unterscheidung könnte man nicht beschreiben, dass ein Film im Ganzen einer Figur sozusagen folgt, ihren Wissensstand repräsentiert, diese Figur aber dennoch fast durchgehend von außen gezeigt wird. Es gibt hier also eine klare Trennung zwischen der visuellen Ebene (»Wer sieht?«) und der informationellen (wir werden, was den Wissensstand einer Figur *in Bezug auf die Handlung* angeht, sozusagen ›auf dem Laufenden gehalten‹).

Kim: Das letzte, was du (wenn ich recht sehe, nur in Parenthese) gesagt hast, ist ein wichtiger Punkt, der häufig außer Acht gelassen wird. Die Frage, ob wir ›in etwa‹ so viel wissen wie die Figur, bezieht sich nicht auf deren gesamtes Innenleben, sondern nur auf das, was in Bezug auf die Handlung irgendwie relevant ist. Wenn es zum Beispiel – ich erfinde einfach *ad hoc* zwei Figuren – heißt: »Stoffel war sich nicht sicher, ob Trude der Essenseinladung folgen würde«, dann ist nicht relevant, ob Stoffel selber auch noch Hungergefühle hat. Das ist intern fokalisiert, auch wenn wir das nicht wissen.

Toni: Hier *ad hoc* eine Alternative: »Der sehnlichst wartende Stoffel hatte keine Ahnung, dass Trude entschieden hatte, der Esseneinladung nicht zu folgen.« Das ist nullfokalisiert.

Kim: »Stoffel hatte sich im Restaurant so gesetzt, dass er die Tür im Blick hatte. In kurzen Abständen schaute er auf sein Handy.« Diese extern fokalisierte Version ist eindeutig am uneindeutigsten und dafür am deutlichsten visuell. Im Grunde ist das der Fall, in dem man wirklich von einer *Perspektive* sprechen kann.

Toni: Solche künstlichen Beschränkungen auf das Visuelle (bzw. das Wahrnehmbare) gibt es auch im realistischen Roman, und zwar meist am Anfang. Genette erwähnt beispielsweise den Beginn von *La Peau de Chagrin* (*Das Chagrinleder*) von Honoré de Balzac, wo wir zunächst Zeuge werden, wie ein junger Mann mit allen Zeichen der Aufgeregtheit in ein Spielcasino stürzt, ohne dass wir darüber aufgeklärt werden, was hinter seinem auffälligen Gebaren steckt. Aber die Erklärung wird dann nachgeschoben – und zwar nicht durch den Fortgang der Handlung, sondern durch den nullfokalisierten Erzähler höchstpersönlich, der sich sozusagen nur eine Zeit lang zurückgehalten hat. Hier wird die externe Fokalisierung als Erzähltechnik verwendet. Etwas ganz anderes ist die durchgehend extern fokalisierte Erzählung in Erzählungen des 20. Jahrhunderts. Genette selbst erwähnt neben den unvermeidlichen Erzählungen von Ernest Hemingway die Kriminalromane von Dashiell Hammett.

Kim: Bei dieser Gelegenheit können wir übrigens noch einmal einen Bogen schlagen zu unserer Diskussion über die Erzählanfänge in unserem letzten Gespräch, die entweder nach Art des Erzähler-Erzählens erfolgen konnten oder artifiziell. Genette unterscheidet im *Nouveau discours* zwei Typen von Romananfängen und verortet sie auch historisch. Typ A – »Typ *Peau de Chagrin*« – »geht davon aus, dass der Leser die Person nicht kennt, und betrachtet sie – gleichsam in Übernahme dieser Unkenntnis – zunächst von außen, um sie später ausdrücklich vorzustellen«; diesen Typ haben wir ja gerade besprochen. »Typ B dagegen setzt die Person von Anfang an als bekannt voraus und nennt sie sogleich beim Namen bzw. bezeichnet sie mit einem Pronomen.« Diesen Typ haben wir bei unserem letzten Gespräch diskutiert. Genette stellt fest, dass sich »in der Geschichte des modernen Romans eine bedeutsame Entwicklung beobachten« lasse, »die grosso modo von Typ A [...] zu Typ B führte«[105]. Mir scheint, Typ A und Typ B, die beide mit einer faktischen Unterinformiertheit des Rezipienten arbeiten (und sich deshalb für externe Fokalisierung anbieten), sind zwei Weisen, das Erzähler-Erzählen zu vermeiden. Aber die ›Erzählerverleugnung‹ (um es mit dem Terminus von Dietrich Weber zu sagen) ist in Typ B sozusagen gründlicher, da der Erzähler in Typ A gewissermaßen mit Verzögerung noch aus der Deckung kommt.

Toni: Kafkas *Schloss*-Roman gehört ja auch zu Typ B. Nur ist die Erzählweise dort so, dass es eine ›Übergänglichkeit‹ oder ›Uneindeutigkeit‹ zwischen externer und interner Fokalisierung gibt. Die Frage ist, inwieweit das ein Ausnahmefall ist und inwieweit es zur *Logik* dieser beiden Fokalisierungen gehört. Ist zum Beispiel der Erzählanfang in *Nachts schlafen die Ratten doch* von Wolfgang Borchert – »Das hohle Fenster in der vereinsamten Mauer gähnte blaurot voll früher Abendsonne« – extern oder intern fokalisiert?
Kim: Das kann man nicht anhand eines Satzes entscheiden (was wahrscheinlich schon ein Hinweis auf artifizielles Erzählen ist).

Toni: Es geht so weiter: »Staubgewölke flimmerte zwischen den steil gereckten Schornsteinresten. Die Schuttwüste döste.« Das ist der erste Absatz.

Kim: Also kommt da zunächst einmal noch gar keine Figur vor, in Bezug auf die man sinnvoll von Fokalisierung sprechen könnte.

Toni: Das stimmt, und insofern könnte man sagen, dass es sich um einen ›nicht-menschlichen‹ Blick handelt, der eine Szenerie erfasst. Ich würde sagen, auch das wäre eine Art externer Fokalisierung, insofern jederzeit (wie in einem Film) eine Figur in dieser Szenerie auftauchen könnte, die dann ebenfalls extern fokalisiert würde.

Kim: Du willst darauf hinaus, dass es aber genauso gut umgekehrt sein könnte – dass sich dieser Blick als derjenige einer Figur erweisen könnte, mit der man – also intern fokalisiert – die Szenerie erfasst. Und darauf gibt es ja schon Hinweise. Die ›vereinsamte Mauer‹ oder das metaphorische ›Dösen‹ der Schuttwüste sind ja gleichsam sprachliche Spuren von ›Subjektivität‹.

Toni: Fragt sich nur, auf welches Subjekt wir diese Spuren beziehen müssen oder können. Bis jetzt ist ja noch keine Figur in Sicht. Man könnte also durchaus auf den Gedanken verfallen, diese Spuren auf die Subjektivität des Erzählers zu beziehen. Aber heben wir uns das für ein späteres Gespräch auf, wenn wir über das Modell zur Beschreibung der Perspektive von Wolf Schmid sprechen. Der zweite Absatz der Erählung lautet wie folgt:

»Er hatte die Augen zu. Mit einmal wurde es noch dunkler. Er merkte, dass jemand gekommen war und nun vor ihm stand, dunkel, leise. Jetzt haben sie mich! dachte er. Aber als er ein bisschen blinzelte, sah er nur zwei etwas ärmlich behoste Beine.«

Kim: Wenn man sich mit jemandem, der sich mit Erzähltechniken beschäftigt, über einen eigentlich unscheinbaren Text beugt, dann erweisen sich die Sachen als so kompliziert, dass man als Erzähltheoretiker fast die Segel streichen muss. »Er hatte die Augen zu.« Also zeigt sich der erste Abschnitt des Textes nicht als intern auf die Figur fokalisiert, weil eben *nicht* der Blick der Figur wiedergegeben wird. Andererseits aber ist da eine Figur, die auf diese Szenerie blicken könnte und vielleicht bis vor kurzem auf diese Szenerie geblickt *hat*. Und man könnte sich vorstellen, dass diese Figur die Augen geschlossen hat, *weil* sie diese Szenerie auslöschen möchte. Und sie möchte sie auslöschen, weil sie jene Assoziationen weckt, die in den subjektiven Spuren noch spürbar sind.

Toni: Du hast das sehr schön entfaltet. Um aber zum Einfachen zu kommen. Es wird im zweiten Absatz auch die interne Fokalisierung sehr deutlich: »Jetzt haben sie mich! Dachte er.« Und bevor die Figur blinzelt, weiß man nicht, warum es mit einem Mal dunkler wird. Man ist eindeutig auf den Informationsstand der Figur begrenzt. Und das, was im ersten Absatz berichtet wird, geht auch nicht über den Informationsstand der Figur hinaus.

Kim: Wenn man sich auf die mikroanalytische Ebene begibt, dann muss man wahrscheinlich ein strukturelles Spannungsverhältnis zwischen der visuellen Perspektivendefinition und der informationellen Fokalisierungsdefinition annehmen. Übrigens bestätigt sich hier noch einmal unsere Zuordnung dieses Erzählanfangs zum »Typ B« nach Genette: Es wird von »er« gesprochen, ohne dass diese Figur eingeführt worden wäre. Sowohl interne wie externe Fokalisierungen sind eben Zeichen ›artifiziellen Erzählens‹ in dem von dir genannten Sinn.

Toni: Genau. Aber entscheidend in diesem Zusammenhang ist, dass sowohl die externe als auch die interne Fokalisierung streng genommen eine Unterinformiertheit des Rezipienten nach sich zieht, und zwar nicht nur hinsichtlich kontextualisierender Informationen im weiteren Sinne, wie ein nullfokalisierter Erzähler sie liefern könnte (Wo befinden wir uns? Wer ist »er«? usw.), sondern auch, was den von der Erzählung erfassten Moment selbst angeht. Wer immer »er« auch ist, jedenfalls weiß »er«, wen er meint, wenn er denkt »Jetzt haben sie mich«. Aber *wir* wissen es nicht. Und eigentlich wird unser Nichtwissen gerade erzeugt oder wenigstens spezifiziert durch die nach Maßgabe der internen Fokalisierung erfolgten Informationsgabe. Dieses Nichtwissen von etwas, was die intern fokalisierte Figur sehr wohl weiß, ist für den Spannungsaufbau der ersten Hälfte der Erzählung verantwortlich. Es geht ja – wie du wahrscheinlich weißt – darum, dass »er« ein neunjähriger Junge ist, der meint, sich nicht von der Stelle rühren zu dürfen, um seinen hier verschütteten vierjährigen Bruder davor zu beschützen, von den Ratten gefressen zu werden.

Kim: Das passt sehr gut zu den eher sparsamen Überlegungen von Genette über die interne und externe Fokalisierung, über die ich ja eigentlich sprechen wollte. Eine Sache, die Genette im *Discours du récit* dazu äußert, ist, dass die interne Fokalisierung der einen Figur zugleich die externe Fokalisierung einer anderen Figur sein könne. Sein Beispiel ist Jules Vernes *In achtzig Tagen um die Welt*: »Die externe Fokalisierung auf Philéas Fogg zum Beispiel ist zugleich die interne Fokalisierung auf Passepartout, der ganz im Banne seines neuen Herrn steht, und der einzige Grund, die erstere für die wesentliche zu halten, ist die Heldenrolle von Philéas, die Passepartout auf einen Beobachter reduziert.«[106]

Toni: Das betrifft einen Punkt, der mich schon mehrfach ins Grübeln gebracht hat. Die erzähltheoretischen Beschreibungen zur Perspektive bzw. zur Fokalisierung sprechen immer von der »Figur« im Singular, als befände sich immer nur *eine* Figur auf der ›Bildfläche‹. Meistens ist das ja nicht der Fall. Sobald eine Figur intern fokalisiert ist, sind alle anderen gewissermaßen extern fokalisiert, was eben genau dann relevant ist, wenn die intern fokalisierte Figur als Beobachter fungiert wie eben Passepartout in dem Roman von Jules Verne. Eine solche Exzentrizität (wenn ich das mal so nennen darf) liegt genau in dem Maße vor, in dem die intern fokalisierte Figur sich nicht mit sich selbst beschäftigt, sondern sozusagen fremdreferenziell unterwegs ist. Aber was heißt schon: ›nicht mit sich selbst beschäftigt‹? Das ist ja eine Frage des Maßes oder Grades. Es gibt eben wieder *Übergänge*: Jemand ist nicht *vorrangig* mit sich selbst beschäftigt bzw. genauer: Es werden vorrangig jene Bewusstseins- und Wahrnehmungsakte zur Darstellung gebracht, in denen sich eine Figur *nicht* mit sich selbst beschäftigt.

Kim: Dazu passt der folgende Passus bei Genette – samt Beispiel:

»Zu beachten ist auch, dass das, war wir interne Fokalisierung nennen, nur selten in aller Strenge praktiziert wird. Denn im Prinzip impliziert dieser narrative Modus ja, dass die fokale Figur ungenannt bleibt, nie von außen beschrieben wird, und dass der Erzähler ihre Gedanken oder Wahrnehmungen nie objektiv analysiert. In der folgenden Aussage, wo Stendhal uns mitteilt, was Fabrice del Dongo tut und denkt, liegt also keine interne Fokalisierung im strengen Sinn des Wortes vor: ›Ohne zu zögern, wenn auch halbtot vor Ekel, sprang Fabrice vom Pferd, ergriff die Hand des Toten und schüttelte sie kräftig. Dann stand er wie betäubt da. Er spürte, daß er nicht mehr die Kraft hatte, wieder auf sein Pferd zu steigen. Was ihn am meisten entsetzte, war das offene Auge.‹« [107]

Niemand würde bestreiten, dass diese Stelle aus der *Kartause von Parma* intern fokalisiert ist. Es wird eben alles aus der Perspektive, vom Erlebnishorizont des Protagonisten aus erzählt. Ein *Wissen*, das über den Informationsstand der Figur hinausgeht, kann man nicht festmachen. Zum Beispiel gibt es keine Ergänzung wie etwa »halbtot vor Ekel, *der allerdings nach einer Weile wieder verflog*« oder »Dann stand er *für mehrere Minuten* wie betäubt da«. Im ersten Fall würde ein gegenüber der Situation *späteres* Wissen (dass es sich nur um einen vorübergehenden Ekel handelt) in die Erzählung der Situation integriert; im zweiten Fall würde eine Zeitangabe von außen hinzugefügt, die nicht dem Erlebnishorizont einer ›betäubten‹ Figur entspräche. Trotzdem verwehrt Genette dieser Passage die Klassifizierung »streng intern fokalisiert«, und das liegt daran, dass nach seiner Auffassung eine Stelle wie »Was ihn am meisten entsetzte, war das offene Auge« eine Art ›objektiver Analyse‹ durch die Erzählinstanz darstellt, weil Fabrice del Dongo sich ja nicht selbst klarmacht, dass ihn das offene Auge am meisten entsetzt. Noch strenger genommen müsste bei der internen Fokalisierung das Erzählen von eigenen *Handlungen* komplett ausfallen, weil man seine eigenen Handlungen *vollzieht* und eben weder *denkt* noch *wahrnimmt* (sondern diese vielmehr von anderen wahrgenommen werden können).

Toni: Ich glaube wohl, dass es wichtig ist, diesen ›Strenge-Aspekt‹ einzuführen, weil er die innere Problematik des Fokalisierungsbegriffs vor Augen führt; aber irgendwie stimmt da auch etwas nicht.

Kim: Ich denke, wir sind einer Meinung. Die Stelle geht noch weiter, und dann wird es noch klarer:

> »Hingegen ist die Fokalisierung der folgenden perfekt, die sich damit begnügt zu beschreiben, was ihr Held sieht: ›Eine Kugel war dicht neben der Nase hinein und auf der anderen Seite der Schläfe wieder hinausgefahren und hatte das Gesicht des Toten gräßlich entstellt. Ein Auge stand noch offen‹. Jean Pouillon arbeitet dieses Paradox sehr schön heraus, wenn er schreibt, dass die Figur in der ›Mitsicht‹ nicht in ›ihrem Innenleben [gesehen wird], denn dann müßten wir aus ihr heraustreten, während wir doch völlig in ihr aufgehen, sondern in dem Bild, das sie sich von den anderen macht und durch das sie gewissermaßen hindurchscheint. Wir nehmen sie letztlich so wahr, wie wir uns selbst wahrnehmen, nämlich nie unmittelbar, sondern immer über die uns umgebenden Dinge und Personen,

die allein uns unmittelbar bewußt sind. Daß wir die anderen immer nur in dem Bild sehen, das die zentrale Figur sich von ihnen macht, ist nicht eine Folgeerscheinung des Umstands, daß wir mit den Augen dieser Figur sehen, es ist diese Mitsicht selbst‹.«[108]

Toni: Das ist auf der einen Seite eine verführerische Konsequenz. Die interne Fokalisierung gerät zu einem Paradox, weil die Figur in ihr letztlich zum Verschwinden gebracht wird (sie wird also zu einem Medium). Aber das basiert darauf, dass die Frage der Perspektive bzw. der Fokalisierung wieder völlig auf das Visuelle verschoben wird. In diesen Überlegungen ist ja überhaupt keine Rede mehr davon, dass es um das (auf den Handlungszusammenhang bezogene) *Wissen* der Figur im Verhältnis zum *Wissen* des Erzählers (bzw. des Rezipienten) geht. Jedenfalls wird die Figur auf ein Medium reduziert, über welches vor allem visuelle Wahrnehmungen vermittelt werden. Die Subjektivität des Mediums schlägt sich nur in der Verzerrung der Wahrnehmungen nieder. Was in der vollendeten ›Mitsicht‹ à la Pouillon nicht vorkommt, ist ein Subjekt, das *denkt*, ein Subjekt, das ein *Wissen* hat.

Kim: Genette gibt anschließend ein Beispiel, in dem dieses Prinzip sozusagen zur ›Geschäftsgrundlage‹ eines Romans gemacht wird, nämlich *La Jalousie* (1959, deutsch *Die Jalousie oder die Eifersucht*, um der Doppeldeutigkeit des französischen Worts *jalousie* Rechnung zu tragen) von Alain Robbe-Grillet. In diesem Schlüsselwerk des *nouveau roman* werde »die zentrale Figur absolut auf ihre fokale Position reduziert« und diese restlose Verwirklichung der internen Fokalisierung führe dazu, dass die Figur auch »nur aus dieser Position *deduziert* werden kann«[109].

Toni: Das ist ein legendärer Roman, dessen Ausgangslage darin besteht, dass ein Plantagenbesitzer in Afrika seine Frau und einen Nachbarn verdächtigt, ein Verhältnis zu haben, und diese die ganze Zeit beobachtet (zum Beispiel durch eine Jalousie ...). Der Witz ist, dass dieser Plantagenbesitzer, eben weil er auf seine Beobachtungsfunktion reduziert ist, im Text kein einziges Mal vorkommt. Auf seine Anwesenheit lässt sich nur indirekt schließen, weil etwa von drei Gedecken die Rede ist, während aber immer nur von zwei Leuten die Rede ist (eben dem Nachbarn und seiner Frau). In diesem Roman ist die interne Fokalisierung für mich nicht mehr eine Erzähl*technik*, sondern ein Erzähl*verfahren*. Damit meine ich, dass in diesem Roman die interne Fokalisierung nicht mehr als Technik *gehandhabt* wird, sondern der Roman unterwirft sich ihr als einem kategorischen Verfahren, das den gesamten Text dominiert. Unter anderem heißt das auch: Es gibt keine Übergänge, sondern nur das Umklappen der internen Fokalisierung in das Gegenteil einer reinen Äußerlichkeit. Aber diese Frage nach den Erzählverfahren gehört eigentlich nicht mehr zu unserem Thema.

Kim: Aber ein Gedanke, der mir gerade kommt, hat vielleicht etwas damit zu tun: Ist *La Jalousie* nun aufgrund der genannten Eigenschaften eigentlich eine heterodiegetische Erzählung oder eine homodiegetische Erzählung? Es kommt ja niemand vor, der »ich« sagt in diesem Roman (von den Sprechakten der intradiegetischen Figuren natürlich abgesehen). Insofern könnte man auf jeden Fall sagen, dass es sich nicht um eine »Ich-Erzählung« handelt. Aber um eine homodiegetische Erzählung vielleicht schon. Man kann nämlich sagen, dass es in dieser Erzählung zwei unsichtbar bleibende Positionen gibt, nämlich einerseits die dritte Figur in der Diegese und andererseits die Erzählinstanz. Und weil sie *beide* unsichtbar sind, kann man widerspruchsfrei behaupten, dass sie ein und derselbe sind.

Toni: Das ist eine schöne Beweisführung. Man *muss* das aber nicht folgern. Folgern kann man aber wohl, dass eine in diesem

Sinne als Erzähl*verfahren* durchgeführte interne Fokalisierung strukturell dazu führt, dass man zwischen homodiegetisch und heterodiegetisch nicht mehr unterscheiden kann.

Kim: Dabei fällt mir ein, dass Genette in diesem Zusammenhang schon noch (im Gegensatz zu Pouillon) einen zweiten Modus restloser interner Fokalisierung erwähnt, nämlich den »inneren Monolog«. Das wäre sozusagen der Modus, in dem gerade *nicht* die visuellen Wahrnehmungen, sondern umgekehrt ausschließlich die *Gedanken* erzählt werden.[110] Das ist eigentlich ziemlich genau der komplementäre Grenzfall: Ein innerer Monolog ist ja erstens *per se* homodiegetisch. Und zweitens ist er vielleicht gar keine Erzählung. Jemand, der monologisiert, ist ja gerade *kein* Erzähler.

Toni: Das ist ein schönes Ergebnis. Wir haben, scheint mir, der externen, vor allem aber der internen Fokalisierung ganz schön zugesetzt.

7. Perspektive und Textinterferenz

Toni: Im dritten, mit »Die Erzählperspektive« betitelten Teil seiner *Elemente der Narratologie* fasst Wolf Schmid unter anderem die Kritik an Gérard Genettes Modell der Fokalisierung zusammen und schließt sich den Kritikern in einigen Punkten an. Zu ihnen gehört unter anderem das Problem des Verhältnisses von Wissen und Wahrnehmung. Genette »reduziere das komplexe, sich in unterschiedlichen Facetten manifestierende Phänomen der Perspektive auf ein einziges Merkmal, die bloße Einschränkung des Wissens«. Dabei bleibe »unklar, was unter ›Wissen‹ verstanden wird, das allgemeine Weltwissen, das Wissen um die Handlung, ihre Umstände und Vorgeschichte oder das Wissen um das, was in einem gegebenen Moment der Geschichte im Helden vorgeht«. Überhaupt sei »Perspektivierung« nicht allein mit der Kategorie des »Wissens« zu beschreiben, denn von dieser führe »kein direkter Weg zur Wahrnehmung, die ja die Voraussetzung von Perspektive« bilde. Es sei denn, man meine doch wieder letztlich »Sehen«, wenn man von »Wissen« rede.[111]

Kim: Alles nachvollziehbare Punkte, die wir mehr oder weniger ebenfalls artikuliert haben. Aber irgendwie hängen sie weniger mit Genette als mit dem Begriff der Perspektive selbst zusammen (den Genette ja ersetzen wollte, in den er jedoch irgendwie auch zurückgefallen ist). Aber damit wollen wir uns ja jetzt nicht mehr beschäftigen. Was setzt Schmid dem nun entgegen?

Toni: Schmids eigener, sich vor allem auf Boris Uspenskij[112] berufender Entwurf geht davon aus, dass die Frage der Perspektive verschiedene *Ebenen* integrieren muss. Seine Definition von Perspektive lautet: »*[D]er von inneren und äußeren Faktoren gebildete Komplex von Bedingungen für das Erfassen und Darstellen eines Geschehens.*«[113] Wichtig ist an dieser Definition erstens, dass Schmid zufolge nicht eine *Geschichte* (*histoire*) perspektiviert wird, sondern ein *Geschehen*: »Eine Geschichte konstituiert sich überhaupt erst dadurch, dass das amorphe, kontinuierliche Geschehen einer selektierenden und hierarchisierenden Hinsicht unterworfen wird.«[114] Das gilt ihm zufolge auch für faktuales Erzählen.

Kim: Das ist eine terminologische Entscheidung, deren weitreichende Konsequenzen nicht so ohne Weiteres zu überblicken sind. Zum Beispiel folgt daraus doch, dass es sinnlos wäre zu sagen, dass eine Geschichte aus verschiedenen Perspektiven erzählt wird, weil es dann jedes Mal eine *andere* Geschichte ist (da könnte man wohl einwenden, dass das Wort Geschichte nicht unbedingt in dieser Weise verwendet wird). Auf jeden Fall wird auf diese Weise wohl sehr viel mehr im Rahmen der Frage nach der Perspektive verhandelt als in anderen Beschreibungsmodellen. Wir müssen sehen, ob das Modell eine reichhaltigere Beschreibung des Phänomens Erzählen ermöglicht oder ob andere Aspekte des Erzählens dadurch sichtbar werden.

Toni: Ja, das ist richtig. Der zweite Hauptpunkt ist die Unterscheidung von »Erfassung« und »Darstellung« des Geschehens. Diese Unterscheidung ist notwendig, weil Schmid der Instanz des Erzählers eine Menge aufbürdet und zugleich die kategoriale Unterscheidung Genettes zwischen Modus und Stimme wieder kassiert. Schmid behauptet, ein Erzähler könne ein (fiktives) Geschehen zunächst *erfassen* und dann aber anders *darstellen*, als er es erfasst habe. Erfassen und Darstellen seien »unterschiedliche Akte des Erzählens«[115], wobei diese Unterscheidung bis zu einem gewissen Grade derjenigen von Modus und Stimme nach Genette analog ist: Die Erfassung des Geschehens erfolgt nach einem bestimmten Modus, während die Darstellung durch eine Stimme geschieht. Für Schmid muss beides in die Beschreibung der Perspektivität einbezogen werden. Er unterscheidet fünf Parameter der Perspektive: die *räumliche*, die *ideologische*, die *zeitliche*, die *sprachliche* und die *perzeptive* Perspektive.

Kim: Was es mit diesen Parametern auf sich hat, sollten wir der Reihe nach durchgehen, am besten anhand eines Beispiels.

Toni: Schmid bedient sich eines »Gedankenexperiment[s]« (das allerdings eher ein *Topos* ist[116]): »Stellen wir uns Zeugen eines Autounfalls vor, die vor Gericht Aussagen über das von ihnen erfasste Geschehen machen sollen.«[117] Erstens die räumliche Perspektive: Differenzen in den Zeugenaussagen können einfach darauf beruhen, dass die Zeugen einen unterschiedlichen räumlichen Standpunkt hatten. Darüber brauchen wir wohl nicht weiter zu reden. Zweitens die ideologische Perspektive. Schmid schreibt:

> »Die ideologische Perspektive umfasst verschiedene Faktoren, die das subjektive Verhältnis des Beobachters zu einer Erscheinung bestimmen: das Wissen, die Denkweise, die Wertungshaltung, den geistigen Horizont. Abhängig von diesen Faktoren werden Beobachter je andere Momente des Geschehens fokussieren und infolgedessen unterschiedliche Geschichten bilden. So ist das Erfassen geprägt vom Wissen. Ein junger Mann, der sich mit Automobilen und Verkehrsregeln bestens auskennt, wird in einem Verkehrsunfall andere Details und Umstände erfassen als eine ältere Dame, die nie ein Automobil gelenkt hat. Das Erfassen ist natürlich auch von der *Wertungshaltung* beeinflusst.«[118]

Kim: Innerhalb des topischen Beispiels ›aus dem wirklichen Leben‹ ist klar, was damit gemeint ist. Was die Übertragbarkeit auf den Akt des (literarischen) Erzählens betrifft, müssen wir nachher darüber sprechen.

Toni: Die *zeitliche* Perspektive bezieht sich darauf, dass der Akt des Erfassens früher ist als der Akt der Darstellung (Erzählen ist immer nachträglich) und dass sich in der Zwischenzeit Dinge modifiziert haben können. Die Bewertung eines Vorgangs kann sich geändert haben, man kann etwas vergessen haben, man kann Zusatzinformationen bekommen haben, die einem eine andere Einschätzung erlauben usw. Wieder auf das Beispiel bezogen:

> »Ein Zeuge, der bei seiner ersten Aussage mit den Automobilen und Verkehrsregeln nicht vertraut war, aber inzwischen seine Kenntnis erweitert hat, kann frühere Eindrücke revidieren und bestimmten Details des Geschehens, das er zwar wahrgenommen hat, aber nicht richtig deuten konnte, eine neue Bedeutung geben.«[119]

Kim: Ah, jetzt verstehe ich, dass es für Schmid notwendig ist, die »Erfassung« von der »Darstellung« zu trennen. An sich ist das alles ja völlig schlüssig; problematisch ist nur immer wieder, ob die Erzählperspektive anhand eines solchen Modellbeispiels aus dem Alltag expliziert werden darf.

Toni: Machen wir erst mal weiter. Das vierte ist die *sprachliche* Perspektive. In ihr erreicht, wie Schmid selber zugibt (oder erklärt), »die in den Perspektivtheorien waltende Tendenz zu übertragener Wortverwendung ihren Höhepunkt«. Die sprachliche Perspektive ist natürlich auf der Seite der Darstellung relevant (also auf der des Erzählaktes), denn hier kann der Zeuge »in seinen Aussagen unterschiedliche sprachliche Register verwenden«, er kann etwa

> »bei der Erzählung vom Geschehen Ausdrücke und Intonationen verwenden, die seinem damaligen Wissen und Bewerten, seinem inneren Zustand während der Zeit des Geschehens entsprechen, oder aber Aus-

drucksformen, in denen sich sein veränderter innerer Zustand oder ein verändertes Wissen und Bewerten kundtun.«[120]

Kim: Also das scheint mir doch etwas weit hergeholt. Ist das nicht eigentlich eine Folge der zeitlichen Perspektive, bzw. reduziert es sich nicht auf die Frage, inwieweit man in der Darstellung der zeitlichen Perspektive Rechnung tragen möchte? Außerdem wird mir jetzt bei der sprachlichen Perspektive klar, dass das Beispiel des Zeugen bei einem Autounfall *nolens volens* die homodiegetische Erzählung zum Basismodell erhebt. Das scheint mir problematisch.

Toni: Ich gebe dir recht, auf diesen Punkt können wir nachher eingehen. Hier, bei der sprachlichen Perspektive, steht Schmid gerade wegen des homodiegetischen Charakters jeder Zeugenrede bzw. jeder Zeugenerzählung sein Modellbeispiel eher im Wege, denn er betont bei seiner Erläuterung gerade die Bedeutung der sprachlichen Perspektive bei den *nicht-diegetischen* Erzählern (das ist Schmids Terminus für heterodiegetische Erzähler):

»Sie stehen vor der Wahl, ein Geschehen in ihrer eigenen Sprache wiederzugeben oder in der Sprache einer der erzählten Personen oder eines Milieus. Der Unterschied zwischen fiktionalem und faktualem Erzählen spielt hier keine wesentliche Rolle. In jeder alltäglichen nichtdiegetischen Erzählsituation muss der Erzähler entscheiden, ob er in eigener Sprache erzählt oder in den Begriffen und im Duktus betroffener dritter Personen.«[121]

Bei homodiegetischen (oder, in Schmids Terminologie: *diegetischen*) Erzählern ist diese sprachliche Differenz zwischen Erzähler und Figur (oder, in Schmids Terminologie: *Person*) erst einmal nicht gegeben. Deswegen muss er sie über die Zeitschiene herleiten. Das wirkt künstlich, weil zwischen dem Autounfall und der Zeugenaussage nicht sonderlich viel Zeit verstrichen sein sollte, was es unwahrscheinlich macht, dass sich die zum Erzähler werdende Figur in dieser Zeitspanne in ihren sprachlichen Kompetenzen nennenswert weiterentwickelt hat. Bedenke aber, dass diese – nicht zuletzt erzähl*technische* – Problematik in autobiografischen homodiegetischen Erzählungen eine ganz zentrale Rolle spielt: Soll ich, wenn ich meine Kindheitserinnerungen erzähle, dies nach Möglichkeit in meiner damaligen kindlichen Sprache tun oder in der Sprache desjenigen, der diese Kindheitserinnerungen nun verschriftlicht? Klassischerweise geschieht natürlich letzteres. Goethe oder Fontane schreiben in ihrer ausgebildeten Schriftsteller-Sprache über ihre Kindheit. Etwas anderes würde ihnen gar nicht einfallen. Ein Beispiel für die erste Variante wäre der *Kindheitsroman* von Gerhard Henschel, wo es am Anfang noch gar kein Erzählen, sondern nur kleine Fragmente und Splitter gibt, und einen ›Diskurs des anderen‹.[122] Ein solches Verfahren wäre mit der Kategorisierung als ›intern fokalisiert‹ höchst unzureichend beschrieben.

Kim: Das leuchtet mir einerseits sehr ein. Aber andererseits muss man da doch Einspruch erheben. Das Kind, das ich war, hat ja das, was ich als Erwachsener erzähle, eben *nicht* erzählt. Es konnte die Perspektive dessen, der erzählt, gar nicht einnehmen.

Toni: Das behauptet auch keiner. Darin besteht doch gerade der Vorteil des Modells mit den verschiedenen *Ebenen* der Perspektive. Man kann die sprachliche Perspektive sozusagen getrennt von den anderen betrachten und feststellen, dass in dem einen Fall auf der *sprachlichen* Ebene die Perspektive des Erzählers eingenommen wird, im anderen Fall hingegen die figurale (oder personale). Und das gilt in gleicher Weise für homodiegetische wie heterodiegetische Erzähler. Wenn beispielsweise ein Autor einen Erzähler einsetzt, der von einer Figur mit einer geringen sprachlichen Kompetenz erzählt – einem Kind, einem Bauern, einem geistig Zurückgebliebenen –, dann kann er entweder in der Sprache der Figur zu erzählen versuchen oder in seiner eigenen Sprache.

Kim: Also eines halte ich auf jeden Fall für Unfug. Nämlich dass – du hast es ja vorgelesen – behauptet wird, auch ›faktuale Erzähler‹ in einer ›alltäglichen Erzählsituation‹ müssten sich überlegen, in welcher Sprache sie erzählen! Ein mündlicher Erzähler in einer alltäglichen Erzählsituation bedient sich doch wohl durchgehend seiner eigenen Sprache. Und das Gleiche gilt für die Erzähler beim Erzähler-Erzählen, wie du es genannt hast. Gerade dir müsste diese Behauptung doch übel aufstoßen. Das Erzählen ›in Begriffen und im Duktus‹ einer Figur ist höchst artifiziell, würde ich sagen (nicht weniger artifiziell als die strenge interne Fokalisierung). An Extremfällen kann man das besonders gut sehen, etwa im ersten Teil von William Faulkners *The Sound and the Fury* (1929, zu Deutsch *Schall und Wahn*), der aus der Perspektive des geistig zurückgebliebenen Benjy geschrieben ist (wenn man hier von Perspektive sprechen möchte). Benjy ist überhaupt nicht der Sprache mächtig. Dass dieser Monolog außerdem homodiegetisch erzählt ist (wenn man das Erzählen nennen möchte), spielt in diesem Zusammenhang nicht mal eine Rolle.

Toni: Das gebe ich dir ohne Weiteres zu. Mir ist auch nicht ganz klar, warum Schmid seine Ausführungen hier und anderswo ohne Not auch auf das faktuale Erzählen und gar das Erzählen im Alltag ausdehnt (na ja, eigentlich ist es mir schon klar, es hängt damit zusammen, dass der Erzähler bei Schmid so definiert ist, dass er auch im faktualen Erzähltext vom Autor unterschieden werden muss, aber das brauchen wir jetzt hier nicht mehr zu diskutieren). Und: Natürlich, das ist artifizielles Erzählen. Aber das ändert doch nichts daran, dass es wichtig ist, die Sprache, in der etwas erzählt wird, nicht bloß innerhalb der Stilistik zu thematisieren, sondern sie in ihrer narratologischen Relevanz zu analysieren.

Kim: So weit bin ich allerdings einverstanden. Kommen wir zur fünften Ebene, der *perzeptiven* Perspektive. Mir scheint, das ist am ehesten das, was normalerweise unter Perspektive verstanden wird.

Toni: Exakt. Schmid sagt selbst:

> »Der wichtigste Faktor, der die Wahrnehmung des Geschehens bestimmt und oft mit der Erzählperspektive überhaupt identifiziert wird, ist das Prisma, durch das das Geschehen wahrgenommen wird. Auf die perzeptive Perspektive zielen Fragen wie ›Mit wessen Augen blickt der Erzähler auf die Welt?‹ oder ›Wer ist für die Auswahl dieser und nicht anderer Momente des Geschehens für die Geschichte verantwortlich?‹«[123]

Kim: Zunächst denkt man ja, der *point of view* ist doch eigentlich schon durch die räumliche Perspektive abgedeckt, aber es geht eben nicht nur um den Standpunkt, sondern das Spezifische des Blicks (bzw. der Wahrnehmung überhaupt, die sich von diesem Standpunkt aus auf das Geschehen richtet). Dafür steht die Metapher des ›Prismas‹. Und was bringt uns diese Neukonfiguration bzw. die Ausweitung des Perspektivebegriffs jetzt konkret?

Toni: Lass mich zunächst noch ein paar Schlussfolgerungen ziehen. Für Schmid gibt es grundsätzlich nur zwei Formen der Perspektivierung, die in Opposition zueinander stehen. Jeder der fünf Aspekte der Perspektive kann *narratorial* oder *personal* (also figural) sein. Die externe Fokalisierung bzw. die neutrale Perspektive gibt es bei Schmid nicht. Er erklärt das folgendermaßen:

> »In der Opposition *narratoriale* vs. *personale Perspektive* ist das zweite Glied markiert. Das heißt: wenn die Perspektive nicht personal ist [...],

wird sie als narratorial betrachtet. Narratorial ist die Perspektive also nicht nur dann, wenn das Erzählen deutliche Spuren des Erfassens und Darstellens durch einen individuellen Erzähler trägt, sondern auch dann, wenn das Erzählen ›objektiv‹ zu sein scheint oder nur geringe Spuren der Brechung der Wirklichkeit durch ein irgendwie geartetes Prisma enthält. Denn der Erzähler ist im Erzählwerk immer präsent, und sei es nur durch die Auswahl der Geschehensmomente.«[124]

Kim: Dieses Zitat bringt einiges von dem auf den Punkt, was einem – oder jedenfalls mir – auf der Ebene der Theorie Unbehagen bereitet. Ich fange mal mit dem letzten an, der Auswahl der Geschehensmomente durch den Erzähler. Diesen Aspekt hatten wir ja schon am Anfang gestreift: Erst der Erzähler transformiert das Geschehen in eine Geschichte. Und umgekehrt: Schon das Transformieren eines Geschehens in eine Geschichte ist eine Art Erzählen. Das entspricht – würde ich sagen – nicht dem, wie wir die Worte ›Erzähler‹ und ›Erzählen‹ normalerweise verwenden. Die Opposition *narratorial/personal* (bzw. eben *figural*), die Schmids Modell zugrunde liegt, setzt irgendwie eine Angleichung dieser beiden Positionen voraus: Der Erzähler wird bis zu einem gewissen Grad personalisiert, und umgekehrt wird die Person (bzw. die Figur) bis zu einem gewissen Grad ›narratorialisiert‹ (wenn ich so sagen darf). Das geschieht insbesondere, indem der Figur (bzw. der Person) auf der Ebene der sprachlichen Perspektive insofern eine Art eigener Erzählsprache untergeschoben werden kann, wenn die personale (bzw. figurale) sprachliche Perspektive eingenommen werden soll. Ich weiß, das stimmt nicht ganz, aber man empfindet es so.
Toni: Das ist erstaunlich, dass du das so sagst. Tatsächlich erklärt Schmid nämlich, wo es um die sprachliche Perspektive geht, unter anderem Folgendes:

»Die fiktionale Literatur geht zumindest davon aus, dass der Held, der ein Geschehen wahrnimmt, seinen Eindruck in einer Rede artikuliert, und sei es auch nur in einer inneren. Darauf gründet die Wiedergabe der Wahrnehmung einer Person in direkter innerer Rede. Die Sprache wird durch den die Wahrnehmung wiedergebenden Erzähler nicht hinzugefügt, sondern existiert schon im Wahrnehmungsakt selbst, vor seiner Wiedergabe. Insofern ist die sprachliche Perspektive auch für das Erfassen eines Geschehens relevant.«[125]

Damit wird die Person (bzw. die Figur) ja unter der Hand tatsächlich sozusagen zum Proto-Erzähler promoviert.

Kim: In dieser Auffassung (oder: Beschreibung) von Schmid sind auch Postulate darüber enthalten, wie menschliche Bewusstseinsakte beschaffen sind, die aber in Wahrheit eine notwendige Folge seines erzähltheoretischen Ansatzes sind.

Toni: Das bleibt nicht aus, das geschieht auch auf der Ebene der Literatur selbst. Jeder innere Monolog ist irgendwie auch eine (unhaltbare) Behauptung darüber, in welcher Weise die menschlichen Bewusstseinsakte eine sprachliche Form haben. Umso wichtiger ist es, auch zum Beispiel den inneren Monolog als eine Erzähl*technik* zu betrachten. Übrigens scheint es ja in der Postmoderne (wenngleich ich diesen Begriff nicht sonderlich schätze) tatsächlich eine Form des Erzählens zu geben, in der die erzählte Figur zum Erzähler avanciert, obwohl die zeitliche Perspektive diejenige der Figur bleibt. Es wirkt dann so, als erzähle die Figur die sie betreffenden Erlebnisse oder Ereignisse, während sie stattfinden. Ein solches Verfahren entspringt dem Wunsch nach einer möglichst vollständigen Realisierung der personalen Perspektive, auch wenn das ein Ding der Unmöglichkeit ist, weil niemand gleichzeitig lebt und erzählt. Mit Schmid lässt sich das gut beschreiben.

Kim: Mach mal ein Beispiel.

Toni: Der folgende Romananfang dokumentiert das ganz gut:

»Es ist noch früh am Nachmittag und glühend heiß, und ich stehe hier an einer Raststätte gleich bei Potsdam und warte darauf, bald wegzukommen. Obwohl ich im Schatten des Tankstellendachs stehe und nur eine kurze Hose und ein ärmelloses T-Shirt trage, schwitze ich, als hätte ich Gewichte gestemmt. Das Shirt klebt mir im Nacken, und weil es neu ist und ich vergessen habe, es zu waschen, juckt es am Saum ganz schlimm. Ich bekomme sicher einen Ausschlag davon, weil ich eine sehr empfindliche Haut habe, die so etwas nicht verzeiht.«

Das ist der Beginn eines Romans von Thomas Klupp mit dem Titel *Paradiso*.[126]

Kim: Ich verstehe. Das ist wirklich eine Erzähltechnik, eine Darstellungsform. Mit so einer Passage wird nicht implizit behauptet, dieser Ich-Erzähler lebe und erzähle gleichzeitig, erzähle sich selbst unablässig seine eigene Geschichte vor usw. Aber dieses Erzählpräsens – wenn ich ein wenig nachdenke, fällt mir sicher auch eine Reihe von Beispielen ein – ist theoretisch schon sehr interessant.[127] Natürlich gibt es hier Parallelen zum Medium Film, wo das Erzählen ein Zeigen ist, welches immer der Logik der Gleichzeitigkeit folgt.

Toni: Ich denke, wir sollten das Modell von Schmid an konkreten Beispielen illustrieren, um zu überprüfen, inwiefern es bei der konkreten Beschreibung von Erzähltechniken hilfreich ist. Ich greife auf die von dir in unserem letzten Gespräch eingeführten Figuren bzw. Personen zurück. Also das wäre mein Beispiel für eine kompakte personale Perspektive:

»Hier wollte Stoffel seinen Lebensabend verbringen, an diesem schönen Plätzchen am Waldrand; schon morgen wollte er sich erkundigen, wer so dumm war, dieses prachtvolle Grundstück zu verkaufen.«

Sowohl Zeit und Raum als auch Sprache, Ideologie und Perzeption richten sich hier nach der Person Stoffel.

Kim: Das überrascht mich jetzt. Der Satz steht doch im Präteritum, eben hatten wir das Präsens zum Merkmal der personalen Perspektive erhoben. Du meinst also, es reicht für die personale Perspektive, wenn das Zeigesystem das der Figur bzw. der Person ist, also das »hier« für die räumliche Perspektive und das »morgen« für die zeitliche Perspektive.

Toni: Ja, das würde ich sagen.

Kim: Und die ideologische Perspektive realisiert sich in den Wertungen, die in diesem Satz vorgenommen werden, welche eindeutig Wertungen Stoffels sind. Die nicht ganz leicht davon zu unterscheidende sprachliche Perspektive bestünde darin, dass man unterstellen kann, dass Worte wie »prachtvoll«, »Lebensabend« und vor allem »Plätzchen« eine subjektive Färbung haben, die auf die Person verweist. Richtig?

Toni: So wollte ich es verstanden wissen, ja. Und die perzeptive Perspektive dürfte ja ohnehin klar sein, da die ganze Wahrnehmung der Situation von den Präferenzen der Person geprägt ist. Das Folgende wäre – komplementär dazu – ein Satz, der eine kompakt narratoriale Perspektive realisiert:

»Der vermeintlich zum jungen Mann gereifte Stoffel hatte sein Herz in jenem Sommer an eine Frau aus dem Nachbardorf weggeworfen, die es keineswegs verdiente und bei näherem Hinsehen nicht einmal hübsch war.«

Kim: Das ist jetzt so konstruiert, dass du in den Satz möglichst viel an Distanzierungen von der personalen Perspektive gepackt hast. Nullfokalisierung *at its best.* Ich nehme an, dass die Frau aus dem Nachbardorf Trude sein soll, und protestiere schon einmal gegen ihre narratoriale Verunglimpfung (die im Gegensatz zu ihrer personalen Würdigung steht). Das wäre also die ideologische Perspektive. Sprachlich gesehen weisen zum Beispiel gespreizte Formulierungen wie »vermeintlich gereift« auf die narratoriale Perspektive. Die perzeptive Perspektive hast du vor allem in die Wendung »beim näheren Hinsehen« gesteckt (der unreife Stoffel hat eben nicht näher hingesehen). Das »in jenem Sommer« steht in zeitlicher Hinsicht für die narratoriale Perspektive. Was die räumliche Perspektive angeht, so wäre das Wort »Nachbardorf« durchaus diskussionswürdig. Aber es ist ja immer misslich, wenn man komplexe Sachverhalte *en miniature* vor Augen stellen will.

Toni: Das stimmt. Mit Beispielen macht man sich immer auch angreifbar ... Mein nächster Satz soll als Beispiel für das herhalten, was Schmid »distributive Perspektive« nennt. Damit meint er, dass einige Ebenen narratorial und andere personal sind:

»In diesem Herbst wohnte der dreijährige Stoffel bei seinem Onkel Peter in einem unheimlichen Haus mit geheimnisvollen, meist abgeschlossenen Türen, die in dunkle Zimmer führten.«

Kim: Dass Stoffel nun unvermittelt nur noch drei Jahre alt ist, ist jedenfalls eine narratoriale zeitliche Verortung. Was die räumliche Perspektive angeht, kann ich mich nicht recht entscheiden. Allenfalls kann man sagen, dass der Ort des Geschehens weit weg zu sein scheint und dass die Erzählinstanz anscheinend auch eine Kenntnis von den »dunklen Zimmern« hat, die Stoffel nicht besitzt – also auch eher narratorial. Hingegen die perzeptive Perspektive ist eindeutig die Stoffels – für den Dreijährigen ist das Haus unheimlich und geheimnisvoll (und dass gerade diese Elemente narrativiert werden und keine anderen, deutet natürlich auch auf die Präferenzen der Person hin). Insofern in Letzterem auch eine Faszination mitschwingt, würde ich die ideologische Perspektive ebenfalls als personal auffassen. Schließlich die sprachliche Perspektive. Wir haben ja vorhin darüber gesprochen – hier wird jedenfalls nicht versucht, die Sachlage in der Sprache eines dreijährigen kindlichen Subjekts zu beschreiben.

Toni: Dem habe ich eigentlich nichts hinzuzufügen. Ich sehe schon, meine Beispiele sind zu einfach ...

Kim: Aber sie sollen doch einfach sein! Jedenfalls kann ich mir jetzt ungefähr ausmalen, wie man im Prinzip auch komplexen literarischen Texten auf diese Weise zu Leibe rücken kann. Natürlich ist das dann alles nicht so säuberlich zu unterscheiden. Aber der Vorteil der Unterscheidung dieser fünf Ebenen leuchtet mir sehr ein. Man kann sie voneinander getrennt handhaben bzw. behandeln, auch wenn sie häufig ›zusammenstimmen‹ werden. Dadurch ist eine viel genauere Beschreibung bzw. Analyse dessen möglich, wie ein Erzähltext sich in Bezug auf die Figur situiert. Etwas ist mir allerdings noch nicht ganz klar. Das Modell geht ja davon aus, dass sich die narratoriale und die personale Perspektive jeweils unterscheiden lassen. Bei der räumlichen und zeitlichen Perspektive ist das sicher möglich, wenn die Figur, wie Käte Hamburger das nennt, eine »Ich-Origo« ist, mit eigenem »Hier« und »Jetzt« usw. Auch hinsichtlich der perzeptiven Perspektive kann man wohl eindeutig zwischen der personalen und der narratorialen Variante unterscheiden. Aber bei der sprachlichen und der ideologischen Perspektive kann diese Unterscheidung doch kassiert sein, wenn die Sprache und Ideologie des Erzählers auf der einen und der Person auf der anderen Seite sich weitgehend decken.

Toni: Du hast vollkommen recht. Schmid spricht dann davon, dass »die Opposition von narratorialer und personaler Gestaltung in einem Parameter (oder in mehreren zugleich) neutralisiert« ist, »entweder weil beide Merkmale völlig fehlen oder weil sie auf beide Instanzen beziehbar sind«[128]. Zum Beispiel in dem Satz »Stoffel öffnete den Kühlschrank und sah mit einem Blick, dass Chantal mal wieder vergessen hatte, Bier kaltzustellen« fehlen hinsichtlich der räumlichen Perspektive jegliche Merkmale, während die perzeptive Perspektive (Stoffel interessiert sich nur für das Bier) eindeutig die der Person ist und die ideologische Perspektive (wegen des »mal wieder«) ebenso.

Kim: Die sprachliche Perspektive scheint mir ebenfalls nicht sonderlich markiert zu sein, was ja nach Schmid heißt, dass sie narratorial ist. Man müsste zum Beispiel ein anderes Wort für »kaltstellen« finden, das eindeutig auf Stoffel verweist; aber dazu müsste man Stoffel näher kennen. Und wer ist Chantal?

Toni: Die gibt es eben auch, wenn auch bis jetzt nur *in absentiam*. Aber das kann ja noch werden. Wir sind ja keine Erzähler, sondern Erfinder und können Figuren beliebig aus dem Hut zaubern. Ich wollte aber noch etwas zur konkreten Textanalyse sagen. Schmid schlägt gerade für die Analyse kleiner Texteinheiten vor, sich auf drei »Leitfragen« zu konzentrieren, »welche die fundamentalen Akte des Erzählens betreffen«: »1) die *Auswahl*, 2) die *Bewertung*, 3) die *Benennung* der Geschehensmomente. Das sind die Akte, die den Parametern 1) *Perzeption*, 2) *Ideologie* und 3) *Sprache* entsprechen«[129].

Kim: Was es mit der ›Auswahl der Geschehensmomente‹ auf sich hat, ist mir noch nicht so ganz klar.

Toni: Auch Schmid selbst expliziert vor allem diesen Punkt, weil die anderen beiden sich anscheinend von selbst verstehen:

> »Wer ist in dem jeweiligen Textabschnitt für die Auswahl der Geschehensmomente verantwortlich? Welcher Instanz überantwortet der Autor den Akt der Auswahl der in der erzählten Geschichte enthaltenen Geschehensmomente, dem Erzähler oder der Person? Wenn die Auswahl der narrativen Einheiten dem Horizont der Person entspricht, ist die Frage zu stellen, ob diese Einheiten *aktueller* Inhalt des Bewusstseins der Person sind oder ob der *Erzähler* sie nach der personalen Erfassens- und Denkweise lediglich reproduziert.«[130]

Nehmen wir ein Beispiel. Hier eine Stelle aus einem neueren Roman:[131]

»Sie ließ ein Stück Kandis in ihre Teetasse fallen. Im Schweiß ihrer Finger hatte sich der Zucker aufgelöst, die Hände waren feucht und klebten. Im Tee blieb der Zuckerbrocken liegen, sperrig und unpassend in dem leichten Porzellan.«

Für die Auswahl der Geschehensmomente ist hier offensichtlich die aktuelle Perzeption der Figur zuständig. Was hier geschieht, spielt weder für den Handlungszusammenhang der Geschichte eine Rolle noch für die retrospektive Erfassung der Szene durch die Figur.

Kim: Letzteres offensichtlich, weil die Figur später vergessen haben wird, dass ein Stück Kandis ihre Hände klebrig gemacht hat. Die Stelle kann man ja stellvertretend für einen Typ des Erzählens nehmen, in dem Details erzählt werden, die für die Geschichte nicht relevant und insofern nicht narrativ sind. Vorhin hast du die Figur zu einer Art ›Proto-Erzähler‹ erklärt, weil die Erfassung sozusagen die Hinführung zur Darstellung ist. Das wäre doch hier eigentlich anders: In einer Erzählung der Figur käme dieses Geschehenselement doch wohl nicht vor.

Toni: Das kommt darauf an. Der Präsensroman in der ersten Person – siehe der Anfang von *Paradiso*, den ich zitiert habe – macht doch genau das.

Kim: Dann würde mich ein Beispiel für den umgekehrten Fall interessieren: Der *Erzähler* gibt nicht die aktuellen Bewusstseinsinhalte der Figur wieder, aber er reproduziert sie »nach der personalen Erfassens- und Denkweise«.

Toni: Ich kann das Kühlschrank-Beispiel ein wenig abwandeln: »Ohne die Flasche Dampfbier im mittleren Fach hinten links zu sehen, zog Stoffel den Schluss, dass Chantal mal wieder vergessen hatte, Bier kalt zu stellen.« Das wäre eine narratoriale Ergänzung, bei der zusätzlich ein Geschehensmoment ausgewählt worden wäre, das der Figur bzw. der Person aktuell *nicht* zugänglich war. In der Terminologie Genettes ist das nullfokalisiert, weil der Erzähler etwas für die Figur Relevantes weiß, was die Figur nicht weiß. Ich möchte aber wenigstens kurz noch auf ein zweites, mit der Frage nach der Erzählperspektive verknüpftes Phänomen zu sprechen kommen, das Schmid »Textinterferenz« nennt.

Kim: Ich bin gespannt.

Toni: Schmid unterscheidet in den *Elementen der Narratologie* zwischen Erzählertext und Personentext. Auf einer ganz äußerlichen Ebene besteht jeder Erzähltext aus Teilen, die als Personen- bzw. Figurenreden ausgewiesen sind, oder als Rede einer Erzählinstanz. Das steht ja bekanntlich schon bei Platon, auf den Schmid natürlich auch verweist (vgl. dessen Begriffe *diegesis* für das ›eigentliche Erzählen‹ und *mimesis* für die Nachahmung der Reden der Figuren). Dabei betont Schmid, dass die Personenreden, die nach seinem Modell vom Erzähler gewissermaßen ausgewählt und zitiert werden (über dieses Problem brauchen wir nicht noch einmal zu sprechen!), keineswegs ›original‹ (»vollmimetisch«) sind, auch wenn sie zwischen Zitatzeichen stehen. In früheren Zeiten waren die Figurenreden in der Regel rhetorisch hochgerüstet, und auch heute stellt z.B. ein Satz wie »›Ich glaube, das geht in Ordnung‹, sagte Chantal auf Französisch zu Trude, damit Stoffel nichts mitbekam« für den Leser kein Problem dar. Schmid unterscheidet nun Personen*rede* und Erzähler*rede*, bei denen sozusagen eine Zuordnung *de jure* vorliegt, von Personentext und Erzählertext. Diese begriffliche Differenzierung ist notwendig, um – wenn man so will – das ›Eindringen‹ des einen in das andere zu beschreiben. Wenn also die Personenreden, statt vollmimetisch zu sein, von der Erzählinstanz zurechtgemacht und geglättet werden (in Parenthese gesagt: Ich weiß nicht, ob ich diese Operation eigentlich der Erzählinstanz zuschreiben würde, aber Schmid tut es natürlich), so kann man das als ein Eindringen des Erzählertextes in die Personenrede beschreiben. Der wichtigere Fall ist aber der umgekehrte, und er ist es auch, der Schmid auf diese Begriffe führt. Sein Ausgangspunkt ist eine historische Diagnose, die letztlich die Erzähltechnik betrifft:

»Seit Beginn des modernen Erzählens im 18. Jahrhundert beobachten wir, dass die Erzählerrede nicht dem reinen, unvermischten Text des Erzählers entspricht, sondern mit Merkmalen durchsetzt ist, die für die Reden von Personen charakteristisch sind. Wir müssen deshalb eine weitere Differenzierung einführen, nämlich die zwischen den beiden Elementen, die sich in der Erzählerrede moderner Prosa auf eine kaum entwirrbare Weise vermischen. Wir nennen diese beiden Elemente in ihrer unvermischten Reinform *Erzählertext* und *Personentext.*«[132]

Wir sehen uns hier *en passant* wieder auf eines der Grundthemen unserer Gespräche zurückverwiesen. In meiner Terminologie würde ich eben holzschnittartig sagen: Das Erzähler-Erzählen zeichnet sich durch einen vielleicht nicht unvermischten (mit dieser Kategorie sollte man immer äußerst vorsichtig sein!), aber doch dominanten Erzählertext aus, also durch eine Erzählerrede, in der es sehr wenig Beimischung von Personentext gibt.

Kim: Das wäre aber eine andere Ebene der Charakterisierung als die, die du in unserem Gespräch gegeben hast, wo du dich ja auf die *informationelle* Ebene konzentriert hattest. Vielleicht ist das eine fruchtbare Ergänzung. Übrigens entspräche dieser Dominanz des Erzählertextes ja auch, dass hier eine viel größere Neigung besteht, umgekehrt in die Personenrede einzudringen. Erst in der ›modernen Prosa‹ kann man zum Beispiel auf die Idee kommen, die einfach und dialektal sprechenden Figuren in ihren Reden auch dialektal und einfach sprechen zu lassen. Zuvor hat man sie selbstverständlich dem Erzählertext angeglichen usw. Ich ahne, dass Schmid dieses Gemisch Textinterferenz zwischen Personentext und Erzählertext nennt. Und du meinst, dass damit letztlich das Gebiet oder der Ort der Erzähl*techniken* selbst umschrieben ist.

Toni: Das ist eine interessante Vermutung, dass das Gebiet der Erzähl*techniken* damit letztlich auch umschrieben ist. Im Moment geht es mir aber nur darum, die Textinterferenz genauer zu betrachten, die du schon sehr richtig umschrieben hast. Bei Schmid heißt es:

> »Die Textinterferenz ist ein hybrides Phänomen, in dem sich Mimesis und Diegesis (im platonischen Sinne) mischen, eine Struktur, die zwei Funktionen vereinigt: die Wiedergabe des Personentextes (Mimesis) und das eigentliche Erzählen (Diegesis). Die Textinterferenz, die für die erzählende Prosa charakteristisch ist (nicht aber für die Lyrik oder das Drama) tritt in verschiedenen Formen auf, von denen am häufigsten die sogenannte erlebte Rede Gegenstand wissenschaftlicher Beachtung wurde.«[133]

Kim: Aber wir wollen doch heute nicht noch anfangen, über die erlebte Rede zu sprechen! Das ist wohl ein Thema für sich.

Toni: Natürlich nicht. Jetzt geht es nur darum zu verstehen, wie Schmid dieses Thema verortet. Für ihn ist die erlebte Rede ein Musterbeispiel für Textinterferenz, weil sich Personentext und Erzählertext hier mischen, weil »in ein und demselben Segment der Erzählerrede gewisse Merkmale auf den Erzählertext, andere dagegen auf den Personentext als Ursprung verweisen«[134]. Und um diese verschiedenen Merkmale zu differenzieren, greift Schmid auf den »Katalog der Parameter zurück, die wir für die Perspektive unterschieden haben«; es ist ein Katalog von Merkmalen, in denen sich Erzählertext (ET) und Personentext (PT) unterscheiden *können* (dass sie es nicht müssen, liegt daran, dass Erzählertext und Personentext auch sehr ähnlich sein können). Schmid verbindet nun die perzeptive Perspektive mit *thematischen* Merkmalen (darin setzt sich seine Auffassung fort, dass es hier vor allem um die Auswahl von Geschehensmomenten geht), die ideologische Perspektive behält ihren Namen, Raum und Zeit werden als *grammatische* Merkmale bezeichnet, und die sprachliche Perspektive betrifft *stilistische* Merkmale. Die grammatischen und stilistischen Merkmale werden aber noch weiter differenziert bzw. modifiziert. Insbesondere werden die grammatischen Kriterien der Personalform, der Tempusform und des Zeigesystems eingeführt sowie Merkmale der Sprachfunktion (im Sinne Bühlers Ausdruck, Darstellung oder Appell), und auf der stilistischen Ebene werden die Merkmale der Lexik und der Syntax unterschieden.

Kim: Das ist etwas viel und unübersichtlich. Immerhin bestätigt sich mir, was ich eben schon sagte: Dass das Ganze eine großangelegte Aktion ist, um sprachliche Operationen an die Stelle der visuellen Metaphorik der Perspektive zu setzen. Und das ist ja insofern folgerichtig, als Literatur nun einmal aus Sprache besteht.

Toni: Man kann das der Übersichtlichkeit halber in eine Tabelle bringen:

Merkmale	**ET**	**PT**
1. Thematische Merkmale (Perzeption)		
2. Ideologische Merkmale (Ideologie)		
3. Grammatische Merkmale der Personalform		
4. Grammatische Merkmale des Tempus		
5. Grammatische Merkmale des Zeigesystems		
6. Merkmale der Sprachfunktion		
7. Stilistische Merkmale: Lexik		
8. Stilistische Merkmale: Syntax		

Und dann kann man bei einem Satz oder einer Passage in einer Erzählung entsprechend die Kreuze verteilen. Erstes Beispiel: »Mein Gott! Warum muss mich Stoffel zu dieser Geburtstagsfete morgen einladen! Das wird sicher nicht besonders witzig.« Das ist eigentlich innerer Monolog, oder direkte Gedankenrede, also ist alles Personentext. Zwei Ausrufezeichen und ein unvollständiger Satz machen deutlich, dass auch die Sprachfunktion und die Syntax Personentext zugeordnet werden können. Ich kann das Ganze ein wenig umformen: »Mein Gott! Warum musste Stoffel sie zu dieser Geburtstagsfeier morgen einladen! Das würde sicher nicht besonders witzig werden.« Dann habe ich die übliche erlebte Rede, bei der sich die grammatischen Merkmale des *Tempus* und der *Personalform* nach dem Erzählertext richten; alles andere bleibt Personaltext. Und hier gleich die nächste Version: »Chantal fragte sich, warum Stoffel sie zu dieser sicherlich nicht besonders witzigen Geburtstagsfete morgen hatte einladen müssen.«

Kim: Aha, hier hast du (neben dem erklärenden »Chantal fragte sich«) zusätzlich erstens die Merkmale der *Sprachfunktion* geändert (keine Ausrufezeichen mehr!), und außerdem ist die *Syntax* dem Erzähltext angepasst. Das ist indirekte Rede.

Toni: Hier noch eine Version: »Chantal fragte sich, warum Stoffel sie zu dieser nicht sonderlich unterhaltsamen Geburtstagsfeier morgen hatte einladen müssen.« Hier habe ich außerdem noch die Lexik des Personentextes (»witzig«, »Geburtstagsfete«) durch eine neutralere Lexik ersetzt und damit in Erzählertext verwandelt.

Kim: Kannst du die restlichen Kreuze auf der Seite des Personentexts auch noch wegbekommen? Es sind noch die thematischen und die ideologischen Merkmale übrig sowie die grammatischen Merkmale des Zeigesystems. Was letztere angeht, kann man das »morgen« natürlich leicht gegen ein Datum austauschen »Chantal fragte sich, warum Stoffel sie zu dieser nicht sonderlich unterhaltsamen Geburtstagsfeier am 13. August hatte einladen müssen.« Was die ideologischen und die thematischen bzw. perzeptiven Merkmale betrifft, bin ich mir nicht ganz sicher. Bei den ideologischen Merkmalen muss ich wohl die Wertung einfach weglassen: »Chantal fragte sich, warum Stoffel sie zu dieser Geburtstagsfeier am 13. August hatte einladen müssen.« Wenn es auf der manifesten Ebene der Narration keine Wertung gibt, herrscht der Erzählertext vor. Aber ganz unklar ist mir, wie man in deinem Beispiel die *thematischen* Merkmale auf die Seite des Erzählertextes bringt.

Toni: Darüber habe ich auch nachgedacht. Möglicherweise steckt hier ein Einwand gegen das ganze Modell. Würde ich stattdessen formuliert haben: »Chantal dachte nicht darüber nach, weshalb Stoffel sie für den 13. August zu seiner Geburtstagsfeier eingeladen hatte«, dann hätte ich zwar einen unvermischten Erzählertext produziert, aber eben auch etwas anderes behauptet. Die einzige Lösung, die mir für dieses logische Problem eingefallen ist, mutet etwas absurd an. Während Chantal schon weiß, dass sie zu dieser Geburtstagsfeier eingeladen ist, wird nur erzählt, wie sie an etwas *anderes nicht* denkt.

Kim: Wieso das?

Toni: Nun, indem gesagt wird, dass sie an etwas *anderes nicht* denkt, bleibt die Möglichkeit bestehen, dass sie an etwas denkt, was in diesem Satz nicht gesagt werden kann, weil dieser dann die thematische Perzeption des Personentextes einnehmen würde. Später dann (am nächsten Tag), wenn Chantal zum Beispiel auf der Geburtstagsfeier von Stoffel ist, könnte dann erzählt werden, dass diese sich unversehens als viel kurzweiliger erwiesen hat, als Chantal sich im Vorfeld vorgestellt hatte.

Kim: Das ist wirklich um die Ecke gedacht. Aber es ist auch höchst interessant, sowohl in theoretischer wie auch in praktischer Hinsicht. Deine Konstruktion läuft ja darauf hinaus, dass eine für das Verständnis der Erzählung wichtige oder wenigstens relevante Information – hier die thematisch-perzeptive Ebene von Chantal im Vorfeld des Geburtstagsfestes – nicht an der Stelle gegeben wird, wo man sie erwarten würde, sondern erst nachträglich. Das kommt in Erzählungen nicht so selten vor – zumindest in den Erzählungen, die du *artifiziell* nennst. Jedenfalls ist das eine Erzähltechnik. Genette verhandelt dieses Phänomen unter dem Begriff der »Paralipse« und er schreibt darüber im Abschnitt über die »Alterationen«[135], über die ich ohnehin noch sprechen wollte.

Toni: Danke, das ist ein wertvoller Hinweis. Ich kann auch gleich ein Beispiel für diese Erzähltechnik nennen. In Detektivromanen kommt es häufig vor, dass zwar die ganze Zeit aus der Perspektive des Detektivs erzählt wird, also intern fokalisiert, dass aber in dem Moment, in dem der Detektiv auf die Lösung des Falles kommt, dieser wesentliche Umstand vor dem Rezipienten verborgen wird (wobei dieses Verbergen wiederum markiert oder unmarkiert sein kann).

Kim: Ich glaube mich zu erinnern. Aber erzähltechnisch wird das ja nicht so gelöst, dass stattdessen etwas anderes erzählt wird, woran der Detektiv nicht denkt (wie du eben konstruiert hast), sondern es wird einfach *nicht* erzählt, woran der Detektiv denkt. Es wird tendenziell auf den Modus externer Fokalisierung umgeschaltet. Du müsstest also zum Beispiel, um auf das Chantal-Beispiel zurückzukommen, ausführlich erzählen, wie Chantal am Tag vor dem Geburtstagsfest ihren Hausputz macht, ohne dabei Einblick in ihre Gedanken zu gewähren.

Toni: Du hast recht. Ich dachte, ich könnte diesen Weg nicht wählen, weil ja gewissermaßen *automatisch* der Eindruck entsteht, das in der Erzählung Berichtete gebe auch die thematische Perzeption der Figur wieder. Wenn ich von einer Person erzähle, dass sie ihren Hausputz macht, so entsteht daraus zunächst einmal die Annahme, dass das auch ihrer thematischen Perzeption entspricht. Insofern müsste hinzugefügt werden, dass Chantal diesen Hausputz ›unkonzentriert‹ oder ›gedankenverloren‹ macht. Abgesehen davon kommt natürlich dabei etwas völlig anderes heraus, weil nicht mehr ein konkreter Gedanke erzählt wird, den Chantal zu einem bestimmten Zeitpunkt hat, sondern ein länger anhaltender Zustand usw.

Kim: Dass, wie du meines Erachtens sehr richtig sagst, *automatisch* der Eindruck entsteht, dass die Erzählung die thematische Perzeption der Person bzw. der Figur wiedergibt, scheint mir theoretisch bedeutsam. Das widerspricht doch der globalen Behauptung von Schmid bezüglich der Perspektive, dass die personale Perspektive *markiert* ist, dass also bei Nichtmarkierung der personalen Perspektive die narratoriale Perspektive vorliegt. Wenn man die perzeptive Perspektive so auffasst wie Schmid (also nicht als *point of view*, sondern primär als »Auswahl«), dann gilt das bei ihr gerade *nicht*. Ich glaube, wenn du in deinem Beispielsatz die thematische Perspektive auf die Seite des Erzählertextes bringen willst, musst du den Satz weglassen.

8. Skaz

Toni: Ich schlage vor, dass wir über *Skaz* sprechen. Dieses Thema bietet sich insofern als Fortsetzung an, weil Skaz für Wolf Schmid ein auch theoretisch bedeutsames Phänomen des Erzählens ist. Vielen ist der Begriff aber wohl eher unbekannt.

Kim: Du hast schon einmal beläufig gesagt, der Skaz-Erzähler sei meist ein heterodiegetischer Rollenerzähler. Gibt es denn eine klare Definition dieses Skaz-Phänomens, das in der russischen Literatur und Literaturwissenschaft eine so große Rolle spielt?

Toni: Da sprichst du gleich ein Problem an. Eine klare Definition von Skaz ist schwierig (allerdings, welcher Literaturwissenschaftler gibt auf irgendeine Frage nach einer Definition zur Antwort, dass die Antwort einfach ist ...). Beginnen wir einfach mit der Diskussion der Definitionsfrage bei Wolf Schmid selber. Hier zwei von Schmid aus einschlägigen Werken entnommene Definitionen des *Skaz* – zunächst eine sehr weite, dann eine viel engere Definition.

»[Skaz] ist ein besonderer Typ des Erzählens, der sich als Erzählung einer vom Autor entfernten (konkret genannten oder impliziten) Figur konstituiert, die sich durch eine eigenartige Redeweise auszeichnet.«[136]

»Skaz ist ein zweistimmiges Erzählen, das den Autor und den Erzähler in eine bestimmte Korrelation bringt, im mündlich vorgetragenen und theatralisch improvisierten Monolog eines ein sympathetisch gestimmtes

Auditorium voraussetzenden Menschen stilisiert ist, der unmittelbar mit dem demokratischen Milieu verbunden oder auf dieses ausgerichtet ist.«[137]

Kim: Nun, das sind in der Tat sehr unterschiedliche Definitionen, aber mir bereiten sie keine Probleme. Die erste Definition spricht von einer ›eigenartigen Redeweise‹ des Erzählers. Das klingt zwar etwas unbeholfen, trifft aber doch wohl den Punkt, dass die Redeweise des Erzählers sich im Skaz-Text als etwas aufdrängt, was nicht als die ›originale‹ Rede des Autors aufgefasst werden kann. Die Aufmerksamkeit wird mithin auf den erzählerischen Vermittlungsakt selbst gelenkt, und wir erhalten gewissermaßen die Kontur einer Erzählperson mit spezifischen Eigenschaften. Dabei drängt sich mir die Frage auf: Kann der Skaz-Erzähler sowohl ein homodiegetischer als auch ein heterodiegetischer Erzähler sein?

Toni: Heben wir uns diese wichtige Frage für später auf. Was meinst du zu der zweiten Definition?

Kim: Die ist zunächst schon etwas verwunderlich, weil sie nicht nur sehr speziell ist, sondern auch Begriffe ins Spiel bringt (›sympathetisch gestimmt‹, ›demokratisches Mileu‹), die nicht zum genuin literaturwissenschaftlichen bzw. narratologischen Vokabular gehören. Mir scheint, diese Definition ist stark auf die russische Literatur zugeschnitten, aber auf eine Weise, dass man denkt: Man kann sich das einigermaßen vorstellen – ein Erzählen, das eine bestimmte Mündlichkeit vorspielt und dadurch eine Erzählerperson hervorbringt, die in einer bestimmten Phase der russischen Literatur offenbar ein sehr spezifisches soziales Profil hatte, das sich aber auf andere Verhältnisse übertragen lässt. Jedenfalls entspricht dem sehr konturierten fiktiven Erzähler ein sehr konturierter fiktiver Adressat (von dem sich der wirkliche Adressat deutlich unterscheiden können soll). Der Autor (meinetwegen der implizite Autor) rechnet nicht mit Lesern, die sich mit den im Text adressierten Lesern identifizieren.

Toni: Jetzt hast du schon einiges von den Merkmalen vorweggenommen, die Schmid zur Charakterisierung des *Skaz* zusammengetragen hat. Das sind: *Narratorialität*, *Begrenztheit des geistigen Horizonts*, *Zweistimmigkeit*, *Mündlichkeit*, *Spontaneität*, *Umgangssprachlichkeit* und *Dialogizität*. Dabei misst er den ersten drei Merkmalen konstitutive Bedeutung zu.[138] Übrigens muss ich einschränken, dass Schmid noch einmal zwischen charakterisierendem und ornamentalem Skaz unterscheidet und diese Merkmalliste nur für den charakterisierenden *Skaz* gilt. Beim ornamentalen Skaz verdichtet sich der Gestus mündlichen Erzählens nicht zu einer konturierten Erzählperson.

Kim: Ich glaube, diese Merkmale sind an sich eigentlich nicht erläuterungsbedürftig, aber zu klären ist ihr *Status*. Leiten sie sich aus Beobachtungen über eine bestimmte Strömung innerhalb der russischen Literatur – vermutlich des 19. Jahrhunderts – ab, die nun einmal diese Merkmale hat, oder kann man sie in ihrem Zusammenhang auf einer *strukturellen* Ebene begründen? Ich würde vor allem gerne das Kernmerkmal »Begrenztheit des geistigen Horizonts« sozusagen ›ableiten‹.

Toni: Ich lese dir vor, was Schmid über diesen Punkt schreibt:

»Der Narrator des charakterisierenden Skaz ist ein nicht-professioneller Erzähler aus dem Volk, dessen Erzählweise sich durch eine gewisse Naivität und Ungeschicklichkeit auszeichnet. Dieser unerfahrene Erzähler kontrolliert seine Rede nicht in allen Schattierungen. So entsteht die für den Skaz charakteristische Spannung zwischen dem, was der Erzähler sagen möchte, und der sich faktisch, über die Intention des Sprechenden hinaus herstellenden Mitteilung: Der Erzähler sagt unwillkürlich mehr, als er eigentlich sagen möchte. Ohne das Merkmal der Zugehörigkeit des Erzählers zum Volk (zum ›demokratischen Milieu‹, wie der sowjetische Euphemismus lautete) verliert der charakterisierende Skaz seine Konturen.«[139]

Also ›ableiten‹ in deinem Sinne kann man zunächst einmal, dass es sich um einen Erzähler handeln muss, der (kognitiv, sprachlich) ›weniger kann‹ als dem professionellen Autor zugetraut wird.

Kim: Das sehe ich nicht ein. Ein vom Autor ›eingesetzter‹ Erzähler kann sich von diesem doch auch anders absetzen als durch einen Mangel an Erzählkompetenz. Er kann doch zum Beispiel einer anderen Bevölkerungsgruppe angehören oder in seiner Erzählung einfach auf andere Aspekte Wert legen als der Dichter-Autor (außerdem könnte es sich auch um eine Dichterin-Autorin handeln). Das geschieht doch sehr oft in der Erzählliteratur.

Toni: Aber das, was dieser Erzähler (inwiefern er ›gegendert‹ ist, ist eine spannende Frage) in der Verfertigung des Textes hervorbringt, wird von ihm selbst *nicht* als ›Literatur‹ einsortiert. Und zwar lässt sich das aus der vorgespiegelten Mündlichkeit ableiten (der Erzähler im Skaz sagt eben nicht: Jetzt erzähle ich euch etwas, und das, was ich erzähle, ist Literatur). Diese vorgespiegelte Mündlichkeit ist gleichzeitig paradox. Der Eindruck der Mündlichkeit wird durch bestimmte Elemente erzeugt (z.B. Exklamationen, Allokutionen), aber zugleich wird der Leser keineswegs als *Hörer* angesprochen, sondern als das, was er ist: als *Leser*. Die Erzählsituation des Skaz ist ihrer Logik nach nicht die eines fingierten mündlichen Erzählens. Aber natürlich ebenso wenig die eines fingierten schriftlichen Erzählens: Der Skaz-Erzähler ist kein Robinson Crusoe, der seine Lebensgeschichte erzählt ...

Kim: Das gibt mir das Stichwort, meine Frage zu wiederholen: Wie verhält sich Skaz zur Unterscheidung heterodiegetisch/homodiegetisch?

Toni: Ich hatte die Frage zurückgestellt, weil sie tatsächlich nicht ohne Weiteres zu klären ist. Sie wird auch in verschiedenen Skaz-

Theorien verschieden beantwortet. Man kann das in einem neueren Buch nachlesen, auf das wir sowieso noch zu sprechen kommen müssen, *Skaz und Unreliable Narration* von Andreas Ohme. Dort werden verschiedene *Skaz*-Theorien der letzten hundert Jahre ausführlich referiert und einer Kritik unterzogen (wenn man das liest, wird einem auch klar, wie komplex diese Materie ist).[140] In jedem Fall aber gilt, dass die prototypische Skaz-Erzählung einen Erzähler hat, der nicht Teil der Diegese ist. Dieser Erzähler sagt also zwar möglicherweise hin und wieder »ich«, kommt aber in seiner Erzählung nicht als Figur vor. Hier der Anfang der berühmten Erzählung *Der Mantel* von Nikolai W. Gogol aus dem Jahre 1842, die immer wieder als Beispiel für Skaz herangezogen wird:

»Im Department für ..., aber nein, ich will lieber nicht verraten, um welches Departement es sich handelt. Niemand ist leichter gekränkt als die Departments aller Art, die Militär- und Zivilbehörden, kurz, alle amtlichen Institutionen. Heutzutage meint sogar jeder Privatmann, wenn er beleidigt wird, so sei in seiner Person die ganze Gesellschaft getroffen. Ich habe gehört, daß unlängst ein Ordnungsrichter – ich erinnere mich nicht, in welcher Stadt – eine Beschwerde einreichte, in der er klipp und klar darlegte, daß die staatlichen Einrichtungen mißachtet werden und daß er seinen geheiligten Namen gegen die Mißachtung völlig vergebens ins Feld führe. Und als Beweis fügte er seiner Beschwerde einen unheimlich dicken, romanartigen Wälzer bei, in dem auf jeder zehnten Seite ein Ordnungsrichter vorkam, manchmal sogar in betrunkenem Zustand. Aus diesen Gründen, um alle Unannehmlichkeiten zu umgehen, ist es besser, das Department, um das es sich hier handelt, nur als *ein Department* zu bezeichnen. Also, in *einem Department* diente *ein* Beamter.«[141]

Kim: Die Erzählung kenne ich, wusste aber nicht, dass sich das hier angewendete Erzählverfahren *Skaz* nennt. Ich bin mir übrigens nicht sicher, ob ich alle von Schmid angeführten Merkmale hier wiedererkenne, aber ich kann das von diesem doch recht forcierten Erzählbeginn her auch nicht beurteilen. Das Kriterium des beschränkten geistigen Horizonts scheint mir aber auch in diesem Fall dubios zu sein. Es sei denn, man rechnet den bloßen Umstand, dass er sich sogleich selbst unterbricht, also über eine nur begrenzte Fähigkeit zur *dispositio* verfügt, bereits dazu.

Toni: Der Erzähler tritt in *Der Mantel* nicht als Figur in der Erzählung auf. Insofern ist das keine homodiegetische Erzählung. Aber man sieht auf eine merkwürdige Weise, wie diese Unterscheidung durch die spezifische Logik des *Skaz* verschwimmt. Auch zwischen dem homodiegetischen und dem heterodiegetischen Erzählen gibt es Übergänge. Der Erzähler kommt zwar in der Diegese nicht vor, aber seiner Erzählweise nach hat er trotzdem in der Diegese sozusagen seinen ›Sitz im Leben‹ – er weiß, wie die russischen Beamten ticken, wie es in den Departments zugeht, ja, er hat sogar »unlängst« etwas gehört usw. Jederzeit könnte er auch als eine Nebenfigur in der Diegese auftauchen, um sich damit als derjenige zu erweisen, der die Geschichte, die er erzählt, teilweise vom Hörensagen kennt bzw. erzählt bekommen hat. Sobald ein in dieser Form personalisierter (und konzeptionell mündlicher) Erzähler auftaucht, tritt im Prinzip die Regel des Erzähler-Erzählens in Kraft, der zufolge der Erzähler in den Besitz der Informationen gekommen sein können muss, die er zum Erzählen der Geschichte benötigt. Allerdings wird diese Subjektposition des Erzählers in *Der Mantel* (wie übrigens auch in verschiedenen Romanen und Erzählungen von Dostojewski) nicht eingehalten. Mehr oder weniger verschwindet der Erzähler sogar aus der Erzählung. *Skaz* ist sozusagen eine artifizielle Version des Erzähler-Erzählens (und deshalb ein Beispiel für Erzähl*technik*).

Kim: Der Erzähler in *Der Mantel* ist nur zu Anfang in dieser Weise komisch? Dann sehe ich gar nicht, wie man an den Merkmalen festhalten kann, die Schmid aufgestellt hat. Ich glaube, mit seinen sieben Merkmalen hat Schmid eben nur einen Prototyp bestimmt.

Toni: Ich weiß nicht einmal, ob die Kategorie des Prototyps hier am Platze ist, bzw. es gibt eher eine spezifische historische Ausprägung, die dann zum Prototyp erklärt wird. Um dir eine Vorstellung davon zu geben, wie heterogen das hier infrage stehende Feld ist, gebe ich dir ein Beispiel. Kennst du die Erzählung *Krotkaja* von Dostojewski – auf Deutsch heißt sie *Die Sanfte*? Diese Erzählung wird auch immer wieder im Zusammenhang mit der Frage nach dem *Skaz* genannt.[142] Dostojewski hat dieser Erzählung eine Vorrede »Vom Autor« vorausgeschickt, in der es heißt:

»Es handelt sich darum, daß wir es hier weder mit einer Erzählung noch mit Aufzeichnungen zu tun haben. Man stelle sich einen Ehemann vor, dessen Frau tot auf dem Tisch liegt, eine Selbstmörderin, die sich vor ein paar Stunden aus dem Fenster gestürzt hat. Er ist ganz verwirrt und hat seine Gedanken noch nicht sammeln können. Er geht in seinem Zimmer umher und bemüht sich, das Vorgefallene zu überdenken, ›seine Gedanken in einem Punkt zusammenzufassen‹. Zudem ist er ein eingefleischter Hypochonder, einer von denen, die laut mit sich selbst reden.«[143]

Kim: Und die Erzählung (oder zumindest das, was wir lesen) ist dann der Monolog dieses Ehemanns mit Ausbrüchen, Selbstanklagen, imaginären Adressierungen usw.? Das ist doch keine Erzähl-, sondern eine Monologsituation. Ich finde eine solche Erzählung gehört eher in die Vorgeschichte des inneren Monologs. Dass dieser arme Mann (der aber vermutlich der Hauptschuldige am Selbstmord seiner Frau sein wird) laut mit sich selber spricht (sodass man ihn im Prinzip hören kann), ist doch nur eine Krücke.

Toni: Für Ohme ist diese Erzählung auch ein Beispiel dafür, dass man *Skaz* überhaupt nicht vernünftig definieren *kann* und man die Bezeichnung gar nicht als literaturwissenschaftlichen

Begriff verwenden sollte. Der Begriff, der letztlich nur Verwirrung gestiftet habe, sei von Eichenbaum eingeführt worden als ein »Versuch [...], ein äußerst verbreitetes, aber gleichzeitig eben auch höchst heterogenes Phänomen zu konzeptualisieren«. Damals habe es aber noch keine wirkliche Erzähltheorie gegeben. Und aus erzähltheoretischer Perspektive handle es sich schlicht um das »sprachlich indizierte Hervortreten eines Erzählers, d.h. dass im Erzähltext der Vermittlungsvorgang mitvertextet wird, was eben auf sehr unterschiedliche Art geschehen kann«[144].

Kim: Wenn man das so sagt, dann hat man vielleicht ein Feld umrissen, aber das Aussortieren eines Begriffs bedeutet immer auch einen Problemverlust. Natürlich muss man Begriffe problematisieren, aber es ist ein Irrtum, dass man sie abschaffen und durch immer bessere ersetzen kann.

Toni: Schön, dass du das sagst. Ich erkläre dir kurz, wie Ohme zu seiner eigenen Erzählertypologie kommt, mit der er das Feld ausdifferenziert. Das ist nicht besonders schwer. Entscheidend ist für ihn zunächst – wenig originell – das Merkmal *1. Person* und *Präteritum*. Er schreibt: »Merkmalhaft« sei »nicht das bloße Auftreten des Personalpronomens der 1. Person Singular mit dem Präsens, das bei allen Erzählern möglich sei, sondern seine Kombination mit dem Präteritum. Weil dieses Merkmal allererst dazu führt, dass der Erzähler sich als sein früheres Ich auch als Figur konstituiert, soll ein solcher Erzähler *figural* heißen.[145] Ohme meint, dass dieser Begriff – im Gegensatz zu »homodiegetisch« – »selbsterklärend« sei und den Punkt auf die entscheidende Attribution lenke, »dass nämlich der Erzähler als früheres Ich auch als Figur auftritt«[146].

Kim: Also damit verschenkt der Ansatz nach meinem Dafürhalten den einzigen Punkt, den man ihm zugutehalten könnte. Was heißt denn: als *Figur* auftreten? Muss er als Figur *auftreten*? Du hast eben den Anfang von *Der Mantel* vorgelesen. Da heißt es doch: »Ich habe gehört, daß unlängst ein Ordnungsrichter – ich erinnere mich nicht, in welcher Stadt – eine Beschwerde einreichte« usw. Erfüllt das jetzt die Bedingung ›1. Person Singular plus Präteritum‹? Wenn ja, dann konfligiert das ja mit deiner Darstellung, dass der Erzähler hier nicht als Figur auftritt. Da ist es doch viel genauer, wenn man formuliert, es sei lediglich erforderlich, dass der Erzähler als Figur auftauchen *könnte*. Darauf hatten wir uns doch geeinigt.

Toni: Vielleicht hat Ohme dieses Problem, auf das wir gestoßen sind, so nicht gesehen. Er unterscheidet allerdings drei verschiedene Erzähltypen: Erstens kann der Erzähler *nicht figural* sein; dann kann er ein »heterothematischer figuraler Erzähler« sein, wenn er nämlich nicht von sich selbst erzählt, sondern über andere; und wenn er von sich selbst erzählt, dann ist er ein »autothematischer figuraler Erzähler«[147].

Kim: Zwischen den beiden Typen von figuralen Erzählern sind die Grenzen aber nicht nur fließend, sondern es handelt sich um eine stufenlose Skala, oder? Der Erzähler kann die Hauptfigur sein, eine der Hauptfiguren, Nebenfigur, beteiligter Beobachter, unbeteiligter Beobachter ...[148] Ich finde nicht, dass man in diesem Fall von *Typen* reden sollte.

Toni: Ich sehe, der Ansatz von Ohme mobilisiert bei dir viel Widerspruch. Das kann ich gut nachvollziehen. Irgendwie verfehlt er das Problem, das er angehen will, aber auf eine interessante Weise. Wenn es nach uns ginge, müsste eher zwischen einem *nicht-figuralen* Erzähler, einem *latent* figuralen Erzähler und einem *manifest* figuralen Erzähler unterschieden werden. Und der Erzähler in *Der Mantel* würde dann einen *latent* figuralen Erzähler abgeben. Ohme thematisiert Gogols Erzählung aber in der Rubrik des *markierten nicht-figuralen Erzählers*.

Kim: Oh – Markiertheit ist ein weiteres Merkmal? Kann jeder Erzähler der drei Erzählertypen markiert oder unmarkiert sein? Das ergäbe dann sechs Typen.

Toni: Ganz genau. Und in Gogols *Der Mantel* ist der Erzähler zwar markiert, weil er durch sprachliche und stilistische Eigenheiten hervortritt, aber er ist nicht figural (bei Genette wäre er heterodiegetisch). Gehen wir schnell die anderen ›Typen‹ durch, insofern sie für uns relevant sind. Der »unmarkierte heterothematische figurale Erzähler« tritt als eine Nebenfigur in der erzählten Geschichte auf, ohne dass eine besondere Aufmerksamkeit auf den Erzählvorgang selbst gelegt würde. Dies ist häufig der Fall, wenn es sich um eine Rahmenerzählung handelt, in welcher der Ich-Erzähler den oder die Protagonisten kennenlernt, zum Beispiel in Franz Grillparzers *Der arme Spielmann* (wo die Titelfigur dann als intradiegetischer Erzähler ihre eigene Geschichte erzählt) oder in Adalbert Stifters *Brigitta* (wo die Biografie der Protagonistin vom Erzähler als rekonstruierte Geschichte erzählt wird). Es ist klar, dass dies nichts mehr damit zu tun hat, was wir uns unter *Skaz* vorstellen: Skaz betrifft nur die markierten Erzähler. Am Ende der Skala steht demzufolge sozusagen der überpräsente Erzähler, der markierte autothematische figurale Erzähler, der nicht nur die Hauptperson der Geschichte ist, sondern sich auch als Erzähler in den Vordergrund drängt. Und zu diesem Typus zählt Ohme übrigens auch Dostojewskis *Krotkaja* (*Die Sanfte*).

Kim: Ja, auf diese Weise kann man mit einer unterkomplexen Typologie dem *Skaz*-Begriff wohl das Genick brechen. Mich würde aber nun interessieren, ob dieses *Skaz*-Phänomen, an dem wir trotzdem festhalten wollen, auch außerhalb der russischen Literatur eine nennenswerte Bedeutung hat (wir sind ja auch beide keine Slawisten).

Toni: Ich schlage vor, wir kehren die Blickrichtung um und schauen uns eine Textstelle an. Es handelt sich wieder um einen (recht berühmten) Romananfang:

»Also, es fängt damit an, daß ich bei Fisch-Gosch in List auf Sylt stehe und ein Jever aus der Flasche trinke. Fisch-Gosch, das ist eine Fischbude, die deswegen so berühmt ist, weil sie die nördlichste Fischbude Deutschlands ist. Am obersten Zipfel von Sylt steht sie, direkt am Meer, und man denkt, da käme jetzt eine Grenze, aber in Wirklichkeit ist da bloß eine Fischbude. Also, ich stehe da bei Gosch und trinke ein Jever. Weil es ein bißchen kalt ist und der Westwind weht, trage ich eine Barbourjacke mit Innenfutter. Ich esse inzwischen die zweite Portion Scampis mit Knoblauchsoße, obwohl mir nach der ersten schon schlecht war. Der Himmel ist blau. Ab und zu schiebt sich eine dicke Wolke vor die Sonne. Vorhin habe ich Karin wiedergetroffen. Wir kennen uns noch aus Salem, obwohl wir damals nicht miteinander geredet haben, und ich hab sie ein paar mal im Traxx in Hamburg gesehen und im P1 in München.«[149]

Kim: Das ist *Faserland* von Christian Kracht; betrachten wir den Roman mal unter dem *Skaz*-Aspekt. Jedenfalls ist schon mal das Kennzeichen 1. Person Singular plus Präteritum nicht gegeben. Der ganze Roman ist ja im Präsens geschrieben, und so auch dieser Auftakt. Natürlich ist die Frage, ob dieses Kriterium überhaupt relevant ist. Jedenfalls führt es dazu, dass das erzählende Ich sich nicht durch das Tempus vom erzählten oder meinetwegen erlebenden Ich unterscheiden kann. Es ist dann zumindest deutlich schwieriger, einen Raum des Erzählaktes, wenn ich das mal so nennen darf, zu evozieren (da muss man nur den Anfang von Gogols *Der Mantel* danebenhalten). Insofern wird nur das erzählte Ich konturiert, nicht der Erzähler.

Toni: Du meinst also, dass es sich um einen unmarkierten Erzähler handelt?

Kim: Das trifft es auch nicht. Ein Roman, der mit den Worten »Also es fängt damit an« anfängt, lenkt die Aufmerksamkeit natürlich als Erstes auf den Aussageakt, auf die vermittelnde Instanz. Und der zweite Absatz beginnt ja mit einer partiellen Wiederholung: »Also, ich stehe da [...]«. Der Anfang klingt auch irgendwie explikativ, wenn erklärt wird, was Fisch-Gosch ist und wie es wirkt usw. Es wirkt nicht monologisch.

Toni: Trotzdem, die kommunikative Dimension – die Dialogizität also – ist doch ziemlich minimalistisch gestaltet. Es wird vielleicht expliziert, aber es wird sozusagen nicht explizit expliziert. Eine Leseranrede zum Beispiel wäre undenkbar. *Dialogizität* ist ja das letzte der sieben von Schmid für den *Skaz* gelisteten Merkmale. Wie steht es mit den anderen? *Mündlichkeit*, *Spontaneität* und *Umgangssprachlichkeit* z.B.?

Kim: Ich würde behaupten, alle drei Merkmale sind anzutreffen. Natürlich realisiert sich der mündliche Duktus nicht in expressiven Äußerungen, sondern auf eine neutrale Art in einer sehr einfachen Syntax und einer umgangssprachlichen Lexik. Ich glaube mich auch zu erinnern, dass in dem Roman an einigen Stellen kurze Einschübe vorkommen wie etwa »Wie gesagt«[150], die noch deutlicher auf den Aussageakt hinweisen als der Anfang mit seinem »Also«.

Toni: Ja, solche Einsprengsel gibt es bisweilen. Bis zu einem gewissen Grad verweisen sie auch auf Spontaneität. Andererseits vermag ich aber den Erzähler und die Figur nicht zu trennen, weil der Erzähler völlig im Erlebnishorizont der Figur aufgeht. Es gibt keine Zeitlichkeit des Erzählens, die sich von der erzählten Zeit lösen kann. Genauso richtungslos, wie die Ich-Figur sich in diesem Roman von Nord nach Süd durch Deutschland treiben lässt, muss es der Erzähler auch erzählen.

Kim: Dann kann der Roman, um auf die Merkmale zurückzukommen, eben nicht *narratorial* sein und folglich nach Schmid (bei dem Narratorialität ja das erste Merkmal ist) nicht dem *Skaz* zugerechnet werden. Der Beginn von *Faserland* hat ja eine starke Ähnlichkeit mit dem (natürlich später entstandenen) Romananfang in Thomas Klupps *Paradiso*, den wir als Beispiel für figurale bzw. personale Perspektive diskutiert haben. Der Unterschied in dieser Hinsicht ist nur, dass es bei Christian Kracht diese minimalen narratorialen Einsprengsel gibt. Das bestätigt ja auch unser damaliges Ergebnis, dass hier das Narratoriale markiert sein muss.

Toni: Und wie ist es mit den beiden übrigen Merkmalen, nämlich der »Begrenztheit des geistigen Horizonts« und der »Zweistimmigkeit«? Die personale Perspektive umfasst ja auch die ideologische und die sprachliche Perspektive. Die ideologische Perspektive ist nun ganz klar diejenige der Figur, man sieht es unter anderem an den ganzen Markennamen, die über den Text verstreut sind und ständig wiederkehren, vor allem die berühmte Barbourjacke. Ist diese Fixiertheit auf Markennamen nun ein Ausweis der ›Begrenztheit des geistigen Horizonts‹?

Kim: Das scheint mir eine nicht ganz passende Kategorie zu sein. Zunächst einmal muss man ja sagen: Insofern der Ich-Erzähler überhaupt etwas expliziert (hier etwa: dass Fisch-Gosch »die nördlichste Fischbude Deutschlands« ist), wird all das, was nicht expliziert wird, als bekannt vorausgesetzt. Zum Beispiel ist von »Salem« die Rede, vom »Traxx in Hamburg« und vom »P1 in München«. Es wird nicht erklärt, dass ersteres ein recht elitäres Internat ist und die anderen beiden bekannte In-Diskotheken. Mit diesen Namen wird ja nicht nur kommuniziert, dass sich die Ich-Figur in – milde ausgedrückt – gehobenen Kreisen bewegt, sondern es wird auch deutlich, dass der Ich-Erzähler sich an Adressaten richtet, denen er das nicht erklären muss. Jedenfalls würde man so argumentieren müssen, wenn man den figuralen Ich-Erzähler zu charakterisieren versucht – wenn man also den Roman als einen auch narratorialen Erzähldiskurs ernst nimmt.

Toni: Um das weiterzuspinnen: Das wäre eine Art Pervertierung des Skaz im engeren Sinne, bei welchem der Erzähler jemand ›aus dem Volke‹ ist und sich an seinesgleichen richtet. Auch hier richtet sich ein Ich-Erzähler an seinesgleichen – stiftet also, um es mit Koschorke zu sagen, »Partizipationsverhältnisse«[151] –, aber es handelt sich um einen privilegierten Adressatenkreis, der sich über bestimmte Distinktionsmerkmale ›vom Volk‹ abheben will. Die Kategorie der ›Begrenztheit des geistigen Horizonts‹ wäre damit besonders interessant, weil sie eine bedeutsame Umbesetzung erfährt.

Kim: Und indem das vom Leser so wahrgenommen wird, trifft auch das Merkmal der *Zweistimmigkeit* zu: Der Leser liest diesen Text dann als jemand, der davon ausgeht, dass er durch den Text sozusagen die Anweisung erhält, die Erzählerstimme von der Stimme des Autors zu unterscheiden. Der Text ist so verfasst, dass nicht nur das Erzählte, sondern auch der Erzähler Gegenstand der Darstellung ist.[152]

Toni: Also ich finde es, wenn man es so ausdrückt, merkwürdig oder vielleicht eher leichtfertig, von ›Zweistimmigkeit‹ zu sprechen. Man muss – gerade nach Schmid – doch *immer* zwischen der Erzählerrede und der Stimme des Autors unterscheiden. Das erzähltheoretische Axiom, dass es immer einen Erzähler gibt, besagt doch, dass der *Autor* keine eigene Stimme haben kann. Mir scheint übrigens, dass das – auf einer eher existenziellen als narratologischen Ebene – auch aus den Gedanken Maurice Blanchots folgt, die du mir neulich nahegebracht hast. Man kann höchstens sagen, dass in dem Moment, in dem ein figuraler Erzähler eingesetzt wird, dieser Stimmverlust manifest wird, indem wir uns gezwungen sehen, hinter der eingesetzten Stimme eine andere Stimme gleichsam mitzuhören.

Kim: So ganz verstehe ich nicht, worauf du hinauswillst (wenn du auf etwas hinauswillst). Schmid schreibt zur Zweistimmigkeit einfach: »Die Distanz des Erzählers vom Autor bedingt eine narrational-auktoriale Zweistimmigkeit der Erzählerrede. In ihr drücken sich zugleich der naive Erzähler und der seine Rede mit einer besonderen semantischen Geste präsentierende Autor aus.«[153]

Toni: Das nennst du ›einfach‹? Vielleicht meint Schmid es tatsächlich eher schlicht, aber das ist es nicht. Was ist denn »mit einer besonderen semantischen Geste«? Es heißt, dass wir bei der Lektüre irgendwie die Stimme eines figuralen Erzählers vernehmen, und genau daraus schließen, dass uns durch diese Stimme *bedeutet* wird, doch bitte den Autor von dieser figuralen Erzählerstimme zu unterscheiden. Der Autor befindet sich dadurch in einer besonderen Position, die zweischneidig ist. Dass seine ›Stimme‹ in einer ›semantischen Geste‹ besteht, weist ihm einerseits eine unbeschränkte Machtfülle zu. Er ist derjenige, der einen anderen – den figuralen Erzähler – sozusagen vorschicken kann, von dem er sich dadurch unterscheidet, dass ihm *keine* charakterisierenden Merkmale (die seinen ›geistigen Horizont‹ auf einer strukturellen Ebene notwendigerweise begrenzen würden) zugeordnet werden können. Auf unser Beispiel *Faserland* bezogen (wo diese Struktur allerdings aufgrund der sehr schwach ausgebildeten Figuralität der Erzählerstimme nur eine untergeordnete Rolle spielt): Nicht Christian Kracht ist z.B. auf Markennamen fixiert, sondern der Ich-Erzähler ist es usw. Von daher ist der Autor nicht ›bestimmbar‹, sondern ›bedeutet‹ nur – er ist die Quelle von Bedeutung.

Kim: Mir leuchtet ein, dass aufgrund dieses Verhältnisses das recht verstandene Merkmal ›Begrenztheit des geistigen Horizonts‹, das in der prototypischen *Skaz*-Erzählung auf eine ganz einfache und naheliegende Weise durch einen wie auch immer ungeschickten Erzähler realisiert wird, logisch notwendig ist. Ein zweiter Punkt erscheint mir aus erzähltheoretischer Sicht noch wichtiger. Die ›semantische Geste‹, von der Schmid spricht, ist ja (das folgt schließlich aus dem, was du ausgeführt hast) kein Element des Textes, sondern vielmehr etwas, was sich im *Kopf des Lesers* abspielt. Ich denke, hier sind wir bei der Kategorie des ›impliziten Autors‹, die in der Narratologie (aber auch außerhalb) umstritten ist.

9. Impliziter Autor, unzuverlässiges Erzählen

Kim: Für heute haben wir den ›impliziten Autor‹ und das ›unzuverlässige Erzählen‹ auf die Tagesordnung gesetzt. Zu beidem, vor allem aber zum unzuverlässigen Erzählen gibt es in den letzten drei Dezennien sehr viel Forschungsliteratur. Es ist zu einem zentralen Thema der Narratologie avanciert. Dafür gibt es theoretische Gründe – es handelt sich um einen voraussetzungsreichen Gegenstand, an dessen Beschreibung sich die Geister scheiden können –, aber es gibt auch historische Gründe: In derselben Zeitspanne haben Formen unzuverlässigen Erzählens nicht nur in der Literatur, sondern vor allem auch im Film stark zugenommen. Ich würde sogar die Behauptung aufstellen: Zum Teil vereinigen sich das theoretische Interesse und das praktische Anschauungsmaterial in dem Begehren, Erzählen auch dort als unzuverlässig zu erweisen, wo es keine Zeichen der Unzuverlässigkeit gibt. Dahinter verbirgt sich der Verdacht, dass Erzählen *per se* unzuverlässig ist. Fangen wir aber zunächst damit an, dass wir uns die Stelle anschauen, von der dieser ausufernde Diskurs über das unzuverlässige Erzählen und den impliziten Autor seinen Ausgang genommen hat. Danach können wir uns unsere eigenen Gedanken machen und vielleicht ein paar unbedarfte, dafür aber problemorientierte Schneisen in das Dickicht schlagen.

Toni: Du meinst die folgende vielzitierte Passage aus *The Rhetoric of Fiction* von Wayne C. Booth von 1961:

»For lacks of better terms, I have called a narrator *reliable* when he speaks for or acts in accordance with the norms of the work (which is to say, the implied author's norms), *unreliable* when he does not.«[154]

Das Zitat macht deutlich, dass der Begriff des impliziten Autors (*implied author*) und der des unzuverlässigen Erzählers (*unreliable narrator*) von Anfang an miteinander verknüpft sind. Die Rede von den ›Normen des Werks‹ mag ja zunächst einmal etwas sein, worüber man stolpert. Aber man kann sich das ganz gut am Beispiel unseres letzten Gesprächs deutlich machen, am Roman *Faserland* von Christian Kracht. Man nimmt einfach an, dass der Ich-Erzähler, der sozusagen die Oberhoheit über die Darstellung hat, in dieser Darstellung Normen vermittelt (z.B. die Markennamen bzw. eine bestimmte Weltsicht betreffend), die nicht mit den Normen des impliziten Autors verwechselt werden dürfen. Die ›Normen des Werks‹ sind, vereinfacht gesagt, die Normen, die in einem Werk vermittelt werden sollen oder implizit vorausgesetzt werden. Ein extremes Beispiel: 2006 erschien auf Französisch ein Roman von Jonathan Little mit dem Titel *Les Bienveillants*. Der über tausend Seiten lange Roman – der deutsche Titel lautet *Die Wohlgesinnten* (2008) – hat einen ehemaligen SS-Offizier als Ich-Erzähler, der in seiner Erzählung auch nach 1945 nationalsozialistisches Gedankengut verbreitet (milde ausgedrückt). Hier handelt es sich um einen *unreliable narrator* im Sinne von Booth, weil die Normen dieses Erzählers von denen des Autors offensichtlich abweichen. Das ist eigentlich eine ganz simple Sache, die jedes Kind verstehen kann. Man kann leicht das Gefühl haben, dass die Erzähltheorie das Einfache hier kompliziert macht.

Kim: Na ja, extreme Fälle können zwar die Verhältnisse auf einer strukturellen Ebene klarmachen, aber sie können auch dazu beitragen, die Probleme eines Konzepts zu verunklaren. Du hast jetzt *Faserland* und *Die Wohlgesinnten* als Beispiele genannt. Letzteres hat ganz klar einen unzuverlässigen Erzähler im Sinne der Definition von Booth. Aber du meinst, auch Christian Krachts Roman hat einen unzuverlässigen Erzähler?

Toni: Ja, zu dieser Auffassung bin ich gekommen. Alle figuralen Erzähler (im Sinne beispielsweise von Ohme) sind unzuverlässig im Sinne von Booth. Ich habe in Franz K. Stanzels Buch *Theorie des Erzählens* (das durch die Bevorzugung von Genette ins Hintertreffen geraten ist, aber zu manchen Aspekten Überlegungen enthält, die bei Genette einfach nicht vorkommen) den Abschnitt »Die Glaubwürdigkeit der Erzählerfiguren« gelesen, und da steht:

»Etwas verallgemeinernd und vereinfachend könnte man sagen, daß alle Ich-Erzähler per definitionem parteiliche und somit mehr oder weniger unverläßliche Erzähler sind. Der auktoriale Erzähler, sofern er sich als persönlicher Erzähler kundgibt, ist zwar auch nicht über alle Zweifel an seiner Wahrhaftigkeit erhaben, er kann aber dennoch in der Regel so lange Glaubwürdigkeit beanspruchen, als dem Leser nicht ausdrücklich signalisiert wird, daß auch diesem Erzähler gegenüber skeptische Zurückhaltung am Platze ist. In einem solchen Fall hängt die Frage der Glaubwürdigkeit somit eng mit den charakterlichen Eigenschaften des Erzählers – es gibt ebenso viele aufrichtige und unaufrichtige oder zumindest voreingenommene und parteiische Erzähler, wie es menschliche Charaktere dieser Art gibt – und darüber hinaus mit der besonderen Motivation des Erzählaktes zusammen.«[155]

Andreas Ohme möchte in *Skaz und Unreliable Narration* letztlich aus diesem Grund nicht nur den Begriff des Skaz, sondern ebenso den mit ihm sich stark überschneidenden des unzuverlässigen Erzählens aus der Welt schaffen. Und ich würde einfach sagen: Unzuverlässig ist jeder figurale Erzähler, nur die Grade sind verschieden. Und den Grad kann man nur an jedem einzelnen Fall diagnostizieren.

Kim: Das geht mir zu schnell, und so kategorisch meinst du es vermutlich auch gar nicht. Allerdings muss ich dir in dem Punkt recht geben, dass es sich in besonderer Weise um ein Phänomen handelt, bei dem man sich den Einzelfall anschauen muss. Den Begriff »Grad«, der eine allgemeine Messbarkeit der Unzuverlässigkeit impliziert, würde ich gerade deshalb ablehnen. Die Unzuverlässigkeit, die Booth 1961 im Blick hat, ist jene, in der das Problem des impliziten (oder implizierten) Autors entsteht. Auch bei Stanzel steht, knapp zwanzig Jahre später, diese Form der Unzuverlässigkeit im Vordergrund.

Toni: Den Terminus »Wahrhaftigkeit«, den Stanzel hier ins Spiel bringt, finde ich übrigens ziemlich unklar. Wenn man das Skaz-Phänomen, wie es klassischerweise beschrieben wird, unter die Unzuverlässigkeit subsumiert, dann ist dort doch nicht unbedingt die ›Wahrhaftigkeit‹ das Problem, sondern vielleicht eine mangelnde Fähigkeit, das erzählte Geschehen richtig einzuschätzen, das Unwichtige wegzulassen; diese Erzähler wirken doch eher ›treuherzig‹, sie sind keine ›Strategen‹.

Kim: Ich finde ohnehin, dass die Begriffe *unzuverlässiges Erzählen* bzw. *unreliable narration* überzogen werden, wenn man zum Beispiel den Ich-Erzähler in *Faserland* darunter subsumiert, nur weil er eine etwas eigentümliche Wahrnehmung der Welt und seiner selbst hat. Aber ich wollte ja eigentlich etwas über die Kategorie des *impliziten Autors* sagen. Das Problem bei dieser Kategorie ist, dass sie nicht fassbar ist, dass sie keine narratologische Kategorie ist. Sie ist ja letztlich die Vorstellung, die sich der tatsächliche Leser aus dem Text selbst von den Intentionen seines Autors macht. Booth konnte eine solche Entität noch sehr unbefangen annehmen. Ich sage Entität, weil es sich nicht um eine Instanz handeln kann. So definiert es auch Wolf Schmid, der den Artikel über den *Implied Author* im *Living Handbook of Narratology* verfasst hat. Der Begriff ist vage, weil sich jeder Leser sozusagen seinen eigenen Autor impliziert. Es handelt sich also um eine interpretationstheoretische Kategorie. Deshalb ist sie auch von vielen Narratologen – unter ihnen Mieke Bal und Gérard Genette[156] – vehement abgelehnt worden. Unzuverlässiges Erzählen stellt aus Sicht der Narratologen sozusagen den ärgerlichen Betriebsunfall dar, dass man eine narratologische Beschreibung des Phänomens anscheinend nicht ohne die Zuhilfenahme einer solchen interpretativen Kategorie bewerkstelligen kann.

Toni: Man kann das aber auch positiv sehen. Die rein narratologische Beschreibung tut so, als könne sie im luftleeren Raum stattfinden. Und das ist eben ein Irrtum. Weder wird sie um ihrer selbst willen vorgenommen, noch ist sie voraussetzungslos. Sie muss sich daher stets an der konkreten Auseinandersetzung mit Texten bewähren. Aus der Perspektive von jemandem, der an Erzähltechniken interessiert ist, habe ich aber überhaupt ein Problem mit unserem heutigen Thema. In unserem letzten Gespräch haben wir uns dem *Skaz* gewidmet. Dieses Phänomen kann man sehr gut mit dem der Erzähltechnik in Verbindung bringen, insofern es sich um Verfahren handelt, mit deren Hilfe eine spezifische, historisch situierbare Form sekundärer bzw. paradoxer Mündlichkeit des Erzählens erzeugt wird. Die Kategorie des impliziten Autors hingegen mag ein erzähltheoretischer Zankapfel sein, aber mit einer spezifischen Erzähltechnik hat das nichts zu tun.

Kim: Und das unzuverlässige Erzählen?

Toni: Da bin ich mir noch nicht so ganz im Klaren. Aber wenn jeder figurale Erzähler unzuverlässig sein kann, figurale Erzähler sich aber aller Verfahren und Techniken des Erzählens bedienen können, dann fehlt mir auch bei diesem Begriff der konkrete Ansatzpunkt. Außerdem ist das Feld so uferlos, dass man die Flinte am liebsten ins Korn werfen würde. Ich möchte daher ein wenig über feinere begriffliche Unterscheidungen sprechen, die auf diesem Feld getroffen werden. In dem Artikel von Dan Shen über *Unreliability* im *Living Handbook of Narratology* heißt es gleich bei der Definition von *Unreliability*:

»In its narratological sense, unreliability is a feature of narratorial discourse. If a narrator misreports, -interprets or -evaluates, or if she/he underreports, -interprets or -evaluates, this narrator is unreliable or untrustworthy.«[157]

Demzufolge gibt es also sechs Unterkategorien – zunächst: *falsch berichten* (*misreporting*), *falsch interpretieren* (*misinterpreting*) und *falsch bewerten* (*misevaluating*); und dann: *zu wenig berichten* (*underreporting*), *zu wenig interpretieren* (*underinterpreting*) und *zu wenig bewerten* (*underevaluating*). Ich weiß nicht, ob ich diese Kategorisierung unterschreiben soll. Meine sich daran anschließende Frage ist natürlich, ob spezifische Erzähltechniken bei diesen sechs Möglichkeiten zum Einsatz kommen können.

Kim: Dann gehen wir diese Kategorien kurz durch. Falsch berichten soll wohl heißen: *absichtlich* falsch berichten. Denn unabsichtlich falsch berichten hieße ja, dass der Erzähler (zum Beispiel als Beobachter) einen Ablauf falsch deutet (also falsch interpretiert).

Toni: Genau. Wenn jemand wissentlich etwas Falsches berichtet, dann fragt sich, *wem* gegenüber er das tut (wen er täuschen will). Er muss ja einen Grund haben – und zwar einen intradiegetischen Grund. Insofern müsste das eigentlich ein homodiegetischer Erzähler sein, der etwas zu verbergen hat. Eine besondere Erzähltechnik gibt es für diesen Fall aber wohl kaum.

Kim: Beim Fall des Falsch-Interpretierens liegt der Fall wohl etwas anders. Da muss es ja bestimmte Eigenschaften des Erzählers geben, die ihn daran hindern, die korrekt berichteten Ereignisverläufe *so* zu einer Geschichte zusammenzufügen, dass wir uns als Leser und Leserinnen *nicht* dazu aufgefordert sehen, diese auf eine *andere* Weise zusammenzufügen. Als ein populäres Beispiel hierfür gilt die kurze Erzählung *The Tell-Tale-Heart* (*Das verräterische Herz*) von Edgar Allan Poe, bei dem der Wahnsinn des Ich-Erzählers gerade in seinem Versuch evident wird, ihn zu widerlegen.

Toni: Auch das *misinterpreting* muss also begründet werden, und es wird begründet in der Person des Erzählers, der zwar zum Verknüpfen von Ereignissen zu einer Geschichte in der Lage ist, aber nicht zu einer – in unseren Augen – korrekten Verknüpfung. Ein solcher Erzähler muss, scheint mir, zwar figural sein, nicht aber unbedingt homodiegetisch. Und die Erzähltechniken des Skaz wären ein Beispiel dafür, wie man das realisieren kann. Mit dem *misevaluating* hingegen kann ich erzähltechnisch nicht viel anfangen. Mir scheint, dieser Fall liegt in dem Roman *Die Wohlgesinnten* vor. Ich sehe aber nicht, wie sich das *misevaluating* auf der Ebene der Erzählung niederschlagen sollte. Und der Kategorie des *underevaluating* stehe ich vollends skeptisch gegenüber. Allerdings kann ich mir hier eine erzähltechnische Entsprechung vorstellen, nämlich die externe oder eine auf bloße Wahrnehmungsinhalte beschränkte interne Fokalisierung, kombiniert mit einem homodiegetischen Erzähler; nur hat das für mich gar nichts mit Unzuverlässigkeit zu tun, wenn es nicht in Kombination mit anderen Merkmalen auftritt.

Kim: Dann ist mir aber das *underinterpreting* ebenso unplausibel. Wenn ein Erzähler sehr wenig ›interpretiert‹, also in sehr geringem Maß das Geschehen in eine Geschichte übersetzt, dann ist das ja nicht unzuverlässig, sondern im Gegenteil eher besonders zuverlässig (weil er dann nichts ›Eigenes‹ in seine Erzählung einschreibt).

Toni: Auch in erzähltechnischer Hinsicht scheint mir der Fall des *underinterpreting* dem des *underevaluating* weitgehend analog. Beides lässt sich durch eine artifizielle Einschränkung des fokalen Feldes realisieren.

Kim: Dann bleibt also das *underreporting* übrig. Ich verstehe das *underreporting* so, dass zwar nichts Falsches erzählt wird, dass der Erzähler aber bewusst etwas weglässt, d.h. dass er uns Informationen vorenthält, die für das Verständnis der erzählten Geschichte relevant sind. Der Rezipient neigt dann dazu, das, was ihm vorenthalten wird, durch seine eigenen kognitiven Prozesse und sein eigenes Wissen zu ergänzen. Das ist der Punkt, auf dem der kognitivistische Ansatz der Narratologie insistiert. Das ist plausibel, insofern es ohnehin der Rezipient ist, der die Geschichte letztlich in seinem Kopf zusammensetzt.

Toni: Natürlich stimmt es, dass das Verstehen einer Geschichte eine Konstruktionsleistung des Rezipienten ist – aber eben in sehr unterschiedlichem Ausmaß. Beim Erzähler-Erzählen kann die nötige Konstruktionsanstrengung des Rezipienten minimal sein, beim artifiziellen Erzählen kann sie sehr hoch sein.

Kim: Der Anglist Ansgar Nünning, der für die Ausarbeitung des kognitiven Ansatzes in Bezug auf das unzuverlässige Erzählen in Deutschland wichtig gewesen ist, geht davon aus, dass bei der Beurteilung der Glaubwürdigkeit einer Erzählinstanz insbesondere das Weltwissen des Rezipienten eine Rolle spielt. Wir benötigen über den Text hinausgehendes Wissen, um zum Beispiel erkennen zu können, dass ein bestimmter Ich-Erzähler zum Typ des Schelms, des Verrückten, des Naiven oder des Clowns gehört und dass seine Ausführungen daher mit Vorsicht zu genießen sind. Das sind die vier Typen unzuverlässiger Erzähler, die der von Nünning herangezogene William Riggan im Titel eines einschlägigen Buches aufführt.[158] Irgendetwas von diesen vier Typen hat wohl jeder als Person profilierte Ich-Erzähler beigemischt, wie schon Stanzel festgestellt hat. Ob damit alle Typen abgedeckt sind, weiß ich allerdings nicht. Ein Psychopath wie Patrick Bateman in *American Psycho* von Brett Easton Ellis ist ja nicht eigentlich verrückt ...

Toni: Im Fall des *underreporting* spielen die kognitiven Operationen eine völlig andere Rolle: Wir werden als Rezipienten zwar ebenfalls mit unserem Weltwissen und unseren Schlussfolgerungen tätig, aber der Text ist so angelegt, das wir dabei fehlgehen. Und wenn wir im Nachhinein feststellen, dass wir fehlgegangen sind, dann erkennen wir – im Idealfall – zugleich, dass wir uns dabei an die eigene Nase fassen müssen. Diese Form der Unzuverlässigkeit (wenn wir dieses Phänomen überhaupt so nennen wollen) kann zwar mithilfe dieser vier Typen von Ich-Erzählern realisiert werden, muss es aber nicht – *underreporting* bezieht sich auf die Ebene der Informationsvergabe. Ohme verhandelt dieses Problem im Abschnitt »Die semantische Markierung«. Er geht dort zunächst von einem allgemeinen Begriff des Erzählens aus (also nicht nur des literarischen Erzählens) und stellt fest, dass das Erzählen »als Sprachhandlung« geglückt ist, wenn der »Kommunikationspartner« über das »vergangene Geschehen vollständig und korrekt informiert worden ist«[159]. Die Kategorien *Vollständigkeit* und *Korrektheit*, fungierten hier (sowohl für den figuralen als für den nicht-figuralen Erzähler) als

»unmarkierte Norm«, weshalb die »Abweichung von dieser Norm« als »semantische Markierung einzuführen« sei.[160]

Kim: Ich finde es nicht ganz einfach zu verstehen, was hier unter der ›semantischen Markierung‹ zu verstehen ist. Ist damit nur gemeint, dass es uns *auffällt*, wenn wir nicht vollständig und korrekt informiert worden sind? Das könnte ich nachvollziehen. Dann weiß ich aber nicht, an welcher Stelle sich die semantische Markierung befinden soll. Meist ist es ja bei der in diesem Sinne ›nicht geglückten‹ Erzählung so, dass einem *nach deren Ende* auffällt, dass die Information unvollständig ist.

Toni: Ja, das sehe ich auch als Problem. Aber schauen wir erst einmal weiter, wie Ohme argumentiert. Zunächst behandelt er den Fall *unvollständiger* Information. Natürlich schickt er vorweg, dass dieser Fall innerhalb der Literatur kein ›Verunglücken‹ des Erzählens ist, sondern ästhetisch gewollt. Im Übrigen gebe es implizite und explizite *Indikatoren* für Unvollständigkeit. Als impliziten Indikator bezeichnet er die signifikante Aussparung von Erzählerrede, welche dann als Zurückhalten von Information aufgefasst würde, wenn zuvor ein entsprechender Erwartungshorizont erzeugt wurde. Sein plakatives Beispiel: In dem Roman *The Remains of the Day* (1989, auf Deutsch *Was vom Tage übrig blieb*) von Kazuo Ishiguro ist der Ich-Erzähler ein Butler, der während einer einwöchigen Reise datierte Erinnerungsaufzeichnungen vornimmt, aber den fünften Tag dabei auslässt. Dieses Auslassen bewirkt eine signifikante Unvollständigkeit, die neben anderem vor allem zu einer indirekten Charakterisierung dieses Ich-Erzählers beiträgt.

Kim: Gut, das ist ein eindeutiger Fall. Aber soll man daraus schließen, dass immer dann, wenn der Rezipient Aufklärung über einen seiner Meinung nach zur erzählten Geschichte gehörigen Sachverhalt erwartet, dieser ihm jedoch vorenthalten wird, Unvollständigkeit vorliegt? Wenn ein Roman eine Ich-Erzählung ist und gleichzeitig im Wesentlichen extern fokalisiert, dann ist das *underreporting* bzw. die informationelle Unvollständigkeit doch gewissermaßen strukturell gegeben. Zum Beispiel in Adalbert Stifters *Nachsommer*, dem vielleicht besten Beispiel dafür, wird der Umstand, dass der Ich-Erzähler (dessen Name erst ganz am Ende des Romans enthüllt wird, was vielleicht kein *underreporting* im strengen Sinne ist, aber die extreme ›Informationspolitik‹ dieses Romans deutlich macht) eine junge Frau namens Natalie liebt, auch dann ausgespart, wenn er mit ihr zusammen ist. Das müsste doch ein eklatanter Fall von informationeller Unvollständigkeit sein, bei der man aber nicht angeben kann, an welcher *Stelle* sie auf eine markierte Weise fehlt.

Toni: Mir gefällt der Begriff der ›Informationspolitik‹. Der Unterschied zum Roman von Ishiguro besteht ja darin, dass die Informationen bei Stifter irgendwann nachgeliefert werden, in *Was vom Tage übrig blieb* hingegen nicht. Dadurch trifft der Begriff ›Informationspolitik‹ auf den *Nachsommer* irgendwie zu, auf den Roman von Ishiguro hingegen nicht, insofern das *underreporting* hier auf ganz andere Weise an der Person des Ich-Erzählers festgemacht wird als bei Stifter. Der Begriff ›Informationspolitik‹ verweist im Grunde auf nicht-figurale Erzähler, also insbesondere auf die Erzählfunktion. *Underreporting* ist auf dieser Ebene Teil der Erzählstrategie, die sich einer bestimmten Technik der Aussparung bedient. Es gibt auch Techniken des Nicht-Erzählens.

Kim: Ich denke, Ohme geht es nur um die informationelle Unvollständigkeit überhaupt und nicht um die Unvollständigkeit an einer bestimmten Stelle. Letztlich kann man doch Erzählstrategie überhaupt als ›Informationspolitik‹ auffassen: Im Erzählen wird permanent darüber entschieden, wann welche Information gegeben wird – und das hat mit Unzuverlässigkeit überhaupt nichts mehr zu tun.

Toni: Da hast du allerdings recht, und Ohme weist am Ende des Abschnitts zu diesem Thema explizit darauf hin, »dass der Zeitpunkt der Informationsvergabe unter dem Aspekt der Unvollständigkeit der Erzählerrede keine Rolle spielt«. Als Beispiele gibt er einen Roman von Agatha Christie und einen Roman von Thomas Glavinic: »Auch wenn sie ihr Wissen um die Täterschaft bis zum Ende des jeweiligen Textes zurückhalten, kann weder bei Dr. Sheppard in *The Murder of Roger Ackroyd* noch bei dem namenlosen figuralen Erzähler in *Der Kameramörder* von einer semantischen Markierung die Rede sein.«[161] Dass »das Fehlende nachgeliefert« werden kann, wie du sagst, muss man allerdings auf die *Information* einschränken: Es ist möglich, etwas Fehlendes (den Tathergang) zu rekonstruieren, aber das ist etwas anderes, als es *erzählbar* zu machen. Es ist zum Beispiel möglich, dass jemand eine Tat sozusagen *als ein anderer* begeht. Dann muss zumindest der Modus des Erzählens kategorial transformiert werden, wenn es erzählt werden soll. Es kann dann nicht heißen: Ich habe diese Tat begangen, sondern nur: Ich muss diese Tat begangen haben.

Kim: Das klingt ein wenig rätselhaft.

Toni: Das ist mir klar. Ich habe mal zufällig eine sehr merkwürdige, schon ältere Erzählung gelesen von einem jetzt nahezu vergessenen Autor, William Fryer Harvey; sie hieß, wenn ich mich recht entsinne, *Das Werkzeug*.[162] Es handelt sich um die homodiegetische Erzählung von jemandem, der in einer Irrenanstalt ist. Dieser Mann, ein ehemaliger Pfarrer, hat auf einer Wanderung in der Einöde einen fremden Mann erschlagen, diese Tat aber aus seinem Gedächtnis gelöscht; später kommt er wieder an den Tatort und entdeckt die Leiche, ohne sich zu erinnern, dass er selber die Tat begangen hat. Er hat einfach einen ganzen Tag aus seinem Leben gelöscht. Die Geschichte geht dann noch weiter, sie ist ziemlich vertrackt, weil der Mann dann später die Leiche vergräbt und dann auch dieses Vergraben der Leiche aus dem Gedächtnis löscht. Das alles wird in der ersten Person niemals erzählt werden können. Aber es kann alles rekonstruiert werden, die nötigen Informationen werden gegeben. Diese Erzählung stellt an *underreporting* alles in den Schatten, was ich sonst gelesen habe.[163]

Kim: Die Unterscheidung zwischen Erzählung und Rekonstruktion leuchtet mir ein. Aber sie bestätigt letztlich, dass auf der informationellen Ebene aus einer genretheoretischen Perspektive gilt: In einem Kriminalroman (bzw. Detektivroman) *erwarten* wir die Unvollständigkeit der Information bei gleichzeitiger Gewissheit, dass diese am Ende aufgehoben wird. Das Beispiel des Romans *The Murder of Roger Ackroyd* von Agatha Christie (aus dem Jahre 1926) ist ja einschlägig, ein Lieblingsbeispiel der Narratologen. Den Roman *Der Kameramörder* kenne ich nicht – ist dort auch der Ich-Erzähler der Täter?

Toni: Allerdings, und ein besonders schrecklicher dazu. Und einer, der seine Täterschaft erst im letzten Satz offenlegt. Der Roman ist von Thomas Glavinic, aus dem Jahre 2001, glaube ich. Der Ich-Erzähler und seine Lebensgefährtin haben ein befreundetes Paar übers Wochenende zu sich aufs Land eingeladen. In einer nahegelegenen Waldlichtung bekommt er drei Kinder, Geschwister, so um die zehn Jahre alt, in seine Gewalt, und zwingt sie völlig erbarmungslos mit Todesdrohungen dazu, Dinge zu tun, die letztlich den Tod von zweien von ihnen zur Folge haben. Das Ganze hält er mit der Kamera fest. Der ›Kameramörder‹ ist also ein Psychopath. Das bekommt man aber nicht mit, da er als Ich-Erzähler sehr schön geordnet und manierlich vom gemeinsamen Wochenende berichtet sowie von der gemeinsamen medialen Berichterstattung über diese Tat und die Suche nach dem Täter. Es ist interessant, sich zu fragen, nach welchen theoretischen Ansätzen das nun ein *unreliable narrator* ist. Seine Eigenschaft als Psychopath könnte ihn aufgrund des völligen Fehlens von Empathie bei gleichzeitigem Sadismus zumindest für die Rubrik *misevaluating* bzw. *underevaluating* qualifizieren, dies aber eigentlich unabhängig davon, dass er nun selbst der Täter ist. Umgekehrt ist das *underreporting* mit dieser Psychopathen-Eigenschaft nur sozusagen *formal* mit der Ausblendung der eigenen Täterschaft verknüpft, in etwa nach dem Motto: Wer so mitleidlos ist, kann auch die Geschichte seiner eigenen Überführung wie ein Unbeteiligter verschriftlichen. Der erste Satz des Romans lautet nämlich: »Ich wurde gebeten, alles aufzuschreiben.«[164] *Wer* ihn gebeten hat, bleibt unklar, und auch, welchen Status die ›Bitte‹ hat (auch das ist ein *underreporting*!).

Kim: Insofern der Fall ähnlich gelagert ist wie in *The Murder of Roger Ackroyd*, müsste man nach dem herkömmlichen Ansatz eben aufgrund dieses *underreportings* einen *unreliable narrator* (oder eine *unreliable narration*) postulieren. Ich glaube allerdings, dass der Kriminalroman von Agatha Christie vertrackter ist als die meisten Narratologen wahrhaben wollen, für die er als Beispiel herhalten muss. Es gibt einen schon etwas älteren Artikel von Jan Stühring, der genau die gegenteilige Auffassung von Ohme vertrat: Gerade an diesem Beispiel könne man sehen, dass es bereits ausreichend für den Tatbestand *unreliability* sei, wenn eine wesentliche Information *nicht* zu dem Zeitpunkt gegeben werde, zu dem sie eigentlich gegeben werden müsste. Das ist mir sehr plausibel.[165]

Toni: Wenn man so argumentiert wie Ohme – dass nur überhaupt die notwendigen Informationen gegeben werden müssen und der Zeitpunkt beliebig ist –, dann hat man jedenfalls all jene Texte und vor allem all jene Filme aus dem Phänomenbereich ausgeschlossen, in denen der Schluss mit einer Information aufwartet, die uns dazu zwingt, das Ganze noch einmal durchzugehen und im neuen Lichte zu sehen; man spricht in diesem Zusammenhang von *mindgame*-Filmen und von *twist endings*.[166] Viele dieser Filme werden in der inzwischen umfangreichen Literatur dazu dem unzuverlässigen Erzählen zugerechnet.[167] Dass das unzuverlässige Erzählen auch im Film eine so große Rolle spielt, wirft ein verändertes Licht auf die Frage, ob eine heterodiegetische Erzählung unzuverlässig sein kann. Denn in diesem Fall gibt es keinen figuralen (fiktiven) Erzähler, dem intradiegetisch bestimmte Eigenschaften und Motive zugeschrieben werden können, die wir dann für die ›Verstöße‹ gegen die Zuverlässigkeit verantwortlich machen. Im Film kann man die Unterscheidung zwischen heterodiegetisch und homodiegetisch ja nicht in der Weise treffen – irgendwie sind es ja immer die *Filmbilder*, die uns betrügen (wenn man von den *Voice-over*-Stimmen absieht).

Kim: Sobald die Erzählinstanz kein figuraler Erzähler ist, geht es immer darum, die Grenze zwischen dem *underreporting* und dem *misreporting* zu wahren oder mit ihr zu spielen. Ein heterodiegetischer nicht-figuraler Erzähler kann nicht an einer Stelle im Text eine Behauptung über die erzählte Welt aufstellen, die einer anderen Behauptung zweifelsfrei widerspricht. Wenn an einer Stelle von der Erzählinstanz gesagt wird, dass eine bestimmte Figur blond ist, dann kann sie nicht an einer anderen Stelle von derselben Erzählinstanz als schwarzhaarig bezeichnet werden. Es sei denn, es stellt sich heraus, dass sie nun eine Perücke trägt, sich die Haare gefärbt hat oder dass es sich um eine (phantastische) Welt handelt, in der solche Dinge möglich sind usw. Wenn all das nicht zutrifft, gibt es nur noch zwei Möglichkeiten: Es *soll* uns eine nicht-konsistente Welt präsentiert werden (aber auch dafür müsste es weitere Indizien geben!), oder der Autor (nicht: der Erzähler!) hat einfach einen Fehler gemacht. Dieses Problem haben wir ja schon einmal gestreift, als wir über den Erzähler gesprochen haben.

Toni: Hinsichtlich des Problems, ob eine heterodiegetische, nicht-figurale Erzählinstanz *misreporting* ›begehen‹ kann, ist ein weiteres beliebtes Beispiel der Erzähltheoretiker lehrreich, das Martinez und Scheffel in ihrer *Einführung in die Erzähltheorie* anführen und (wie ich finde) sehr gut beschreiben (bei ihnen heißt das *misreporting* »mimetisch unzuverlässiges Erzählen«). Es ist der Roman *Zwischen neun und neun* von Leo Perutz aus dem Jahr 1918, den man zugleich als den Prototyp für alle elaborierten *twist endings* in Literatur und Film bezeichnen kann. Der Roman beginnt – beinahe in der Manier eines Erzähler-Erzählens präsentierten – mit verschiedenen Szenen, in denen Leute mit dem plötzlichen Auftauchen eines sich merkwürdig gebärdenden jungen Mannes konfrontiert werden. Das alles ist deutlich durch eine extradiegetische Erzählinstanz nullfokalisiert erzählt, die allerdings im weiteren Fortgang zunehmend Züge interner Fokalisierung annimmt. Am Schluss erweist sich, dass die gesamte Romanhandlung, »die der Leser zunächst für unbezweifelbar wahr halten muß«, sich in Wahrheit im Kopf des (sterbenden) Protagonisten abgespielt hat, die »mimetischen Sätze« sich also als »intern fokalisierte Phantasievorstellungen in Dembas Bewußtsein« enthüllen. Und wie bei den »umdeutenden Film-Enden« stellen Martinez und Scheffel fest, dass bei »einer zweiten Lektüre des Romans [...] schon früher Signale der Unzuverlässigkeit erkennbar« sind.[168] Martinez und Scheffel fragen, warum wir als Rezipienten ganz selbstverständlich bereit sind, »am Ende von Perutz' Roman dasjenige Textverständnis über Bord zu werfen, das wir bis dahin, den gesamten Roman hindurch«, vorausgesetzt haben. Und ihre Antwort ist, dass wir so nur verfahren, weil wir überhaupt eine »*konsistente* erzählte Welt konstruieren« wollen: »Umfassende Konsistenz ist eine konstitutive logische Norm des fiktionalen Erzählens.«

Kim: Was ist denn eine »*konsistente* erzählte Welt«? Gehört auch eine konisistente Fantasievorstellung dazu? Auf der Ebene des Erzähldiskurses mutet uns dieser Roman jedenfalls eine fundamentale Inkonsistenz zu. Der Erzähldiskurs ändert hier seinen Status. Er ist am Anfang ein anderer als am Schluss, und er weiß, dass wir das ›schlucken‹ werden.[169] Dazu ließe sich noch vieles sagen. Aber wir sind eigentlich völlig vom Thema abgekommen. Wir waren ja eigentlich bei den impliziten informationellen Unvollständigkeiten bei Ohme, zu denen im Prinzip alle möglichen Ellipsen gehören. Wie verhält es sich denn mit den *expliziten* informationellen Unvollständigkeiten? Ich hoffe, die geben nicht auch wieder Anlass zu längeren Abschweifungen ...

Toni: Beispiele für explizite informationelle Unvollständigkeiten gibt Ohme nicht zuletzt aus zwei Erzählungen, über die wir schon gesprochen haben, *Die Sanfte* von Dostojewski und *Der Mantel* von Gogol. In letzterer findet sich etwa der folgende Passus:

> »Akaki wiegte sein Haupt und schmunzelte und setzte seinen Weg fort. Warum er wohl geschmunzelt hatte? Vielleicht, weil er da etwas gesehen, das ihm im Leben noch nicht begegnet war, von dem jedoch eine Ahnung jedem innewohnt. Oder hatte er wie viele Leute seines Schlags gedacht: Ei, ei, die Franzosen! Das muß man ihnen lassen, in diesen Dingen, nämlich, das ist wahr ... da haben sie was los. Vielleicht aber hatte er auch gar nichts Bestimmtes gedacht; man kann ja nicht in den Kopf eines Menschen eindringen und sehen, was er so denkt.«[170]

Ohme zitiert den letzten Satz dieses Passus (allerdings unter Verwendung einer anderen Übersetzung) und merkt an, dieser

Passus sei »bemerkenswert«, weil er mit dem Umstand konfligiere, dass der Erzähler an anderen Stellen in der Erzählung ohne Weiteres Zugang zu dessen Bewusstseinsinhalten habe; hier handle es sich um einen »Widerspruch der Perspektive«[171].

Kim: Na ja, im Grunde wird uns durch diese explizite informationelle Unvollständigkeit doch nur zu verstehen gegeben, dass das, was uns vorenthalten wird, auch unerheblich für den Fortgang der Geschichte ist. Irgendwie habe ich das Gefühl, dass das ein automatischer Effekt der expliziten Informationsvorenthaltung ist: Indem ein *personaler* Erzähler deutlich macht, dass er nicht alles sagt oder zu sagen vermag, gibt er zu verstehen, dass das, was er nicht zu sagen vermag, nicht relevant ist. Und außerdem scheint es mir, dass nur ein personaler Erzähler überhaupt etwas explizit weglassen kann, denn das Explizit-Weglassen ist kein Akt des Erzählens, sondern ein Akt des Sprechens ...

Toni: Ich glaube, dass das nicht auf alle personalen Erzähler zutrifft, sondern nur auf die personalen Erzähler, die nicht homodiegetisch (also in diesem Sinne nicht figural) sind. Denn diese haben ja kein mögliches Motiv, etwas unerzählt zu lassen, eine relevante Information vorzuenthalten; sie können höchstens eine Informationsvergabe der Spannung halber verzögern. Das ist einfach so, weil ein Erzähler, der in seiner eigenen Erzählung nicht als Figur auftaucht, eben *ausschließlich* als Erzähler infrage kommt.

Kim: Aber warum sollte ein homodiegetischer Erzähler eine relevante Information vorenthalten und *gleichzeitig* darauf hinweisen, dass er sie vorenthält? Natürlich kann es alle möglichen Gründe, Ursachen oder Motive geben, etwas wegzulassen – wie etwa der Erzähler in *The Murder of Roger Ackroyd* seine Täterschaft –, aber dann hat er eben automatisch keinen Grund mehr, dieses Weglassen *explizit* zu machen (denn das kann er eben *ausschließlich* als Erzähler wollen, nicht als Figur).

Toni: Aber du hast jetzt nur den Fall im Blick, dass es um das *Vorenthalten* von Informationen geht. Der häufigste Fall wird doch sein – und er ist es auch, auf den Ohme besonders eingeht –, dass der Erzähler die Information nicht *absichtlich* vorenthält, sondern Dinge auslässt, weil er sich nicht mehr oder nicht mehr verlässlich erinnern kann (oder auch, weil er nur über ein ungefähres und begrenztes Wissen verfügt usw.). Und in diesem Fall wird er ja gerade dann als gewissenhafter Erzähler dastehen, wenn er das explizit macht.

Kim: Du hast recht. Die unfreiwillige Unvollständigkeit kann jederzeit explizit gemacht werden. Aber die Sachlage ist hier auch eine ganz andere: Es handelt sich um eine intradiegetische Unvollständigkeit, die nur vorkommen kann, wenn der Erzähler auch eine Figur ist, da sie das Band zwischen dem erzählenden (dem sich erinnernden) Ich und dem erlebenden Ich betrifft (um es ein wenig altmodisch auszudrücken).

Toni: Lass uns aber noch etwas über den »Widerspruch der Perspektive« sagen, auf den Ohme zu sprechen kommt. Logisch gesehen kann ein heterodiegetischer Erzähler nicht das eine Mal die innersten Gedanken einer Figur kennen und das andere Mal vorgeben, er könne nicht »in den Kopf eines Menschen eindringen«. Er kann das höchstens unterlassen. Kann man nun sagen, dass diese Inkonsistenz einen unzuverlässigen Erzähler erzeugt? Ich würde sagen: Nein. Denn es ist eine Inkonsistenz auf der Ebene des Erzählens, nicht auf der Ebene der Diegese, und sie lenkt die Aufmerksamkeit natürlich auf die Regeln und Bedingungen des Erzählens selbst. Das wird an einer anderen Stelle von *Der Mantel* noch deutlicher, wenn der Erzähler in Bezug auf einen Schneider zunächst vermeldet: »Über diesen Schneider würde kein Wort zu verlieren sein; aber da es einmal Brauch ist, in einer Erzählung den Charakter jeder Person scharf zu umreißen, so hilft es nichts – auch Petrowisch muß dran glauben.« Und etwas später setzt er noch eins drauf, nachdem er erklärt hat, dass der Schneider verheiratet ist: »Da wir nun über seine Frau ein Wort haben fallen lassen, müssen wir von ihr einiges mehr erzählen, aber leider ist von ihr gar nichts bekannt, außer der Tatsache, daß sie Petrowitschs Frau war [...].«[172]

Kim: Das ist wirklich sehr lustig. Aber da kann man doch wirklich nicht sagen, dass irgendwie relevante Informationen nicht gegeben werden. Es wird doch nur deutlich gemacht, wie viele irrelevante Informationen weggelassen werden müssen, wenn man überhaupt eine Geschichte erzählen will (über die Notwendigkeit der Reduktion haben wir ja schon gesprochen, als wir Koschorkes ›elementare Operationen‹ durchgegangen sind). Lass uns aber mal zum Ende kommen. Wenn ich mich recht entsinne, hatte Ohme neben den semantischen Markierungen von Unvollständigkeit auch die semantischen Markierungen von Inkorrektheit (von Informationen) auf dem Programm. Was sagt er denn darüber?

Toni: Was die inkorrekten Informationen angeht, können wir uns kurz fassen. Natürlich läuft es am Ende darauf hinaus, dass der Maßstab für Inkorrektheit nur der Text selbst sein. Ich zitiere:

> »Die Behauptungen eines Erzählers, die nicht gegen einen Realitätsbegriff verstoßen, haben als korrekt zu gelten, solange vom Text selbst nicht das Gegenteil indiziert wird. Wie bereits beim Kriterium der Vollständigkeit muss die entsprechende Norm demnach im Text selbst verankert sein. Und wie dort kann die Indikation für die Inkorrektheit der Erzählerrede expliziter und impliziter Natur sein. Bei der expliziten Indikation sind, abhängig vom jeweiligen Träger der Information, zwei Varianten zu unterscheiden: Zum einen kann sich der Erzähler selbst korrigieren, zum anderen kann seine Darstellung der Ereignisse durch eine konkurrierende Darstellung einer Figur infrage gestellt werden.«[173]

Die Fälle expliziter Inkorrektheit der Erzählerrede setzen einen figuralen Erzähler voraus. Man kann einfach sagen, dass nur einem figuralen Erzähler ein *Grund* für die Inkorrektheit zugeordnet werden kann. Wir müssen, mit anderen Worten, *verstehen* können, warum der Erzähler inkorrekte Informationen gibt. Interessanter ist der Fall der impliziten Inkorrektheit, der auch bei nicht-figuralen Erzählern vorkommen könne. Die implizite Indikation liege »immer dann vor, wenn einzelne Sachverhalte im Widerspruch stehen zu Sachverhalten, die vom Erzähler bereits zuvor vermittelt worden sind«[174]. Ohmes Beispiel ist die berühmte Kurzerzählung *An Occurence at Owl Creek Bridge* von Ambrose Bierce von 1890.

Kim: Dieser Text muss freilich immer wieder für narrative Anomalien herhalten! Er ist ja eigentlich eine Art Vorläufer des Romans *Zwischen neun und neun* von Leo Perutz. Ein Mann soll (im amerikanischen Bürgerkrieg) an einer Brücke gehängt werden, scheinbar reißt der Strick, er kann fliehen, bis sich am Schluss herausstellt, dass sich das Reißen des Stricks und die Flucht nur in seinem Kopf abgespielt haben, als letzte Phantasmagorie des Sterbenden. Das Ganze wird von einem nicht-figuralen Erzähler ohne alle personenhaften Züge dargeboten, also eigentlich eben durch eine Erzähl*funktion* im Sinne Käte Hamburgers.

Toni: Ja, eigentlich brauchen wir darüber nicht mehr zu sprechen, weil wir schon anhand des Romans von Perutz festgestellt haben, dass es sich *nicht* um ein heterodiegetisches *misreporting* handelt, wenn sich im Nachhinein – mit dem letzten Satz – herausstellt, dass wir das Geschehen auf der falschen Ebene angesiedelt haben, weil wir dazu verleitet worden sind, es falsch zu verstehen. Ohme formuliert: »Durch den letzten Satz wird die gesamte vorausgehende Schilderung der Flucht dementiert und damit als unkorrekt ausgewiesen.«[175] Das stimmt einfach nicht.

Es handelt sich eben nicht um einen unmittelbaren Selbstwiderspruch der Erzählinstanz. Es gibt in diesem Text keine zwei Behauptungen, die auf derselben Ebene angesiedelt und gleichwohl miteinander unvereinbar wären. Denn dies würde die Erzählinstanz *als Instanz* außer Kraft setzen. Wenn es zum Beispiel von den die Exekution vornehmenden Soldaten hieße: »Sie sahen, wie der Strick riss«, dann wäre das ein manifester Widerspruch zum Schlusssatz, dem zufolge der Tote mit gebrochenem Hals sanft am Strick hin und her schwankt. Eine derartige Unkorrektheit, an der nicht zu rütteln wäre, wird vielmehr gerade vermieden. Jenseits dieses manifesten Widerspruchs ist alles möglich. Denn wir Leserinnen und Leser tun alles, was in unserer Macht steht, um dem Erzähler *als Instanz* die Stange zu halten.

10. Alterationen

Toni: Heute sprechen wir über *Alterationen*. Schon zweimal hast du diesen Begriff ins Feld geführt, der in der Narratologie nicht sehr verbreitet ist. Warum misst du diesem Begriff eine solche Bedeutung bei?

Kim: Es stimmt, dass dieser Begriff selten verwendet wird und ein auf den ersten Blick sehr spezielles Phänomen bezeichnet. Unser letztes Gespräch hat gezeigt, welch kompliziertes und heterogenes Terrain das Feld des sogenannten unzuverlässigen Erzählens ist. In gewisser Weise schließt die Alteration hier ganz gut an, denn sie gehört auch in diesen Phänomenbereich. Mit der Alteration ist immer auch eine Art erzählerischer Uneinheitlichkeit verbunden. Der erste Anlass für mein Interesse an diesem Begriff war, dass Gérard Genette, der ihn im *Discours du récit* eingeführt hat, im *Nouveau discours du récit* von 1984 erklärt, dass er seinen eigenen Beitrag zur Theorie der Perspektive weniger im Begriff der Fokalisierung sehe, sondern »eher in der Untersuchung der ›Alterationen‹ [...], die am dominanten Fokalisierungsmodus einer Erzählung vorgenommen werden«[176]. Bei Alterationen geht es also um Modulationen des Modus. Die Alteration kommt in zwei Formen vor, die Genette *Paralipse* und *Paralepse* nennt. Von der Paralipse habe ich schon einmal kurz gesprochen. Bei ihr handelt es sich um die »Zurückhaltung einer

Information, die der gewählte Typ« einer Fokalisierung »logisch impliziert«. Die Paralepse ist – auch wenn sie sich auf der Signifikantenebene nur minimal von der Paralipse unterscheidet – das Gegenteil: die Vergabe einer »Information, die die Logik des gewählten Typs überschreitet«[177].

Toni: Damit sind wir ja fast wieder beim Thema unseres letzten Gesprächs. Die Paralipse scheint mir – aus einer anderen Perspektive betrachtet (nämlich sozusagen aus der Perspektive der Perspektive ...) – dasselbe zu sein, was auf die Erzählstimme bezogen *underreporting* genannt wurde. Allerdings ist die fokale Inkonsistenz in Form der Paralepse sozusagen ein ›*overreporting*‹, aber kein *misreporting*. Lass uns aber einfach die Ausführungen von Genette zur Alteration genauer anschauen. Im *Discours du récit* gibt es einen so überschriebenen Abschnitt.

Kim: Genau das hatte ich vor. Und ich hoffe, dass wir mithilfe dieser Ausführungen auch weiteren Aufschluss über das bekommen, was du Erzähltechnik nennst, sowie über das, was ich hin und wieder als Übergänglichkeit bezeichnet habe. Genette beginnt den Abschnitt über die Alterationen mit der Bemerkung, dass die »Variationen des *point of view*, die im Laufe einer Erzählung vorgenommen werden«, sich als »Fokalisierungswechsel« auffassen lassen. Eine Erzählung sei nicht gehalten, die einmal gewählte Fokalisierung beizubehalten. Die Fokalisierung kann variabel sein und in einem Roman ist sie sogar in der Regel variabel.

Toni: Sobald man von der Nullfokalisierung als dem Normalfall ausgeht (weil die Nullfokalisierung erstens in einer ihrer Erscheinungsformen meinem ›Erzähler-Erzählen‹ entspricht und weil es bei ihr zweitens keine ›künstliche Einschränkung‹ des Feldes gibt), kann es dort eigentlich keine Alterationen geben, weil die Erzählinstanz flexibel (bzw. die Erzählfunktion fluktuierend) ist und die Informationen von vornherein in eigener Machtvollkommenheit gibt oder zurückhält. Am deutlichsten wird das bei den zwanglosen Prolepsen, die sich ein solches Erzählen gestatten kann.

Kim: So beschreibt es auch Genette bei seiner Einführung des Begriffs. Ich zitiere:

»Doch ein Fokalisierungswechsel, vor allem wenn er isoliert in einem kohärenten Kontext auftritt, lässt sich auch als momentaner Verstoß gegen den Code verstehen, der diesen Kontext beherrscht, ohne dass dies die Existenz des Codes in Frage stellen würde, ebenso wie ein momentaner Tonartwechsel oder eine wiederkehrende Dissonanz in einer klassischen Partitur als Modulation oder Alteration aufgefasst werden, ohne dass dies der Tonart des Ganzen Abbruch täte. Mit dem Doppelsinn des Wortes Modus spielend, das uns sowohl auf die Grammatik wie auf die Musik verweist, möchte ich daher diese isolierten Verstöße, solange die Kohärenz des Ganzen noch stark genug bleibt, um von einem dominanten Modus zu sprechen, Alterationen nennen.«[178]

Toni: Alterationen in Form von Paralipsen und Paralepsen gibt es also nur bei dem, was ich ›artifizielles Erzählen‹ nenne. Und zwar sind die Paralipsen auf die interne Fokalisierung bezogen und die Paralepsen auf die externe Fokalisierung.

Kim: Wenn du es jetzt so kategorisch sagst, bekomme ich wieder Zweifel, ob das beim nullfokalisierten Erzählen nicht auch möglich ist. In unserem letzten Gespräch haben wir doch den Fall diskutiert, den Ohme einen »Widerspruch der Perspektive«[179] genannt hat: Ein Erzähler, der vorher Zugang zum Bewusstsein einer Figur hatte, behauptet nun plötzlich, keinen Zugang mehr zu haben. Ist das nicht doch zumindest fast dasselbe?

Toni: Es geht zumindest in die Richtung, das stimmt, aber dort handelte es sich um ein explizites *underreporting*, also um ein *underreporting* als Sprechakt, während die Paralipse, scheint mir, schon deshalb nicht in diesem Sinne explizit sein kann, weil wir uns auf der Ebene des Modus und nicht auf der Ebene der Stimme bewegen. Trotzdem, wenn ich etwas darüber nachdenke, gibt es auch im nullfokalisierten Erzählen etwas Analoges. Ich musste gerade an die Erzählweise von Adalbert Stifter denken, die durch eine ganz eigentümliche Verstrebung von nullfokalisiertem, intern fokalisiertem und vor allem extern fokalisiertem Erzählen gekennzeichnet ist. Ein vorherrschendes Gefühl beim Lesen von Stifters Erzählungen ist, vereinfacht gesagt, dass ihre Vermittlungsinstanz sich *zurückhält*. Und dies kann man vielleicht auch mit dem Begriff der Alteration näher beschreiben. In *Abdias* beispielsweise (eine der schönsten Erzählungen aus den *Studien*) kann die Erzählinstanz streckenweise in das ›Innere der Figur‹ blicken. Am Ende aber, nach dem letzten Schicksalsschlag, der den alten Juden durch den Tod seiner einzigen Tochter Ditha ereilt, wird der Protagonist nur noch von außen erfasst. Es hat den Anschein, als sei das ›Innere‹ dieses Menschen allen anderen kategorisch verschlossen. Auf der letzten Seite heißt es:

»Dreißig Jahre nach dem Tode Dithas lebte Abdias noch. Wie lange nachher, weiß man nicht. In hohem Alter hatte er die schwarze Farbe verloren, und war wieder gebleicht worden, wie er in seiner Jugend gewesen war. Viele Menschen haben ihn auf der Bank seines Hauses sitzen gesehen.

Eines Tages saß er nicht mehr dort, die Sonne schien auf den leeren Platz, und auf seinen frischen Grabhügel, aus dem bereits Spitzen von Gräsern hervor sahen.

Wie alt er geworden war, wußte man nicht. Manche sagten, es seien weit über hundert Jahre gewesen.«[180]

Ich glaube, zunächst einmal ist das ein Verfahren, das im artifiziellen Erzählen recht weit verbreitet ist. Am Ende ›verlässt‹ die Erzählinstanz den Protagonisten, sie zoomt gewissermaßen zurück. Und dieses ›Verlassen‹ hat zwei Komponenten (die zumindest hier bei Stifter sehr klar unterschieden werden können), nämlich erstens ein extremes Summarisch-Werden des Erzählens, das einen Zeitraum von dreißig Jahren äußerst knapp zusammenfasst (was natürlich eine Dominanz des Narratorialen mit sich bringt), und zweitens eine Verabschiedung aus der ›Innenwelt der Figur‹, die nur noch von außen erfasst wird (es könnte ja auch so etwas da stehen wie zum Beispiel: »Er konnte den Tod seiner Tochter nicht verwinden, unaufhörlich kreisten seine Gedanken um die Frage, womit er das verdient hatte, was er hätte anders machen können ...«, oder so ähnlich).

Kim: Und dann wäre es ein schrecklich schlechtes und mit der Erzählweise Stifters völlig inkompatibles Ende gewesen. Das werden wohl die meisten intuitiv erfassen.

Toni: Im Prinzip ist es aber schon ein nicht untypisches Verfahren. Ich glaube auch, dass es nicht selten als Rückzug der nullfokalisierten Erzählinstanz realisiert wird. Das ist ja eigentlich paradox, da schließlich mit dem Rückzug von der Figur das Narratoriale dominiert. Man sieht hier wieder, dass die Nullfokalisierung zwei Pole hat, den Pol artifiziellen Erzählens und den Pol des Erzähler-Erzählens. Am Ende von *Abdias*, mündet das artifizielle Erzählen irgendwie in das Erzähler-Erzählen: Es wird der Anschein erweckt, als besitze der Erzähler nicht mehr das nötige Wissen über seine Figur, weil die Informationen über das Innenleben der nunmehr in sich verschlossenen Figur nicht mehr in den Besitz der Erzählinstanz gelangt sein können, als könne diese nur noch das referieren, was »man« weiß bzw. nicht weiß.

Kim: Und genau das wäre doch die Alteration auf dem Gebiet der Nullfokalisierung.

Toni: Sie geht dabei übrigens eine eigentümliche Verbindung mit der externen Fokalisierung ein. Die Passage ist recht komplex strukturiert, obwohl sie so einfach wirkt (das ist ja entscheidend für das Funktionieren von Erzähltechniken). Es wird ja gleichzeitig die perzeptive Perspektive der »Menschen« eingenommen, die *Abdias* »auf der Bank seines Hauses sitzen gesehen« haben (als gehörte auch die heterodiegetische Erzählinstanz zu diesen »Menschen«). Diese Perspektive ist sehr genau eingehalten. Die Menschen kommen nämlich offensichtlich nur sehr sporadisch an diesem Haus mit der Bank davor vorbei. Denn der Satz »Eines Tages saß er nicht mehr dort« bezieht sich nicht darauf, dass er *am Tag zuvor* noch dort gesessen hat, sondern darauf, dass die »Menschen«, die ihn *das letzte Mal*, als sie vorbeikamen, dort noch haben sitzen sehen, ihn nun nicht mehr sehen.

Kim: Woraus schließt du das?

Toni: Ganz einfach: Es ist ja von einem »frischen Grabhügel« die Rede, »aus dem bereits Spitzen von Gräsern hervor sahen«. Das heißt, *Abdias* ist schon eine ganze Weile tot. Die Distanz der Erzählinstanz zur Figur wird ja auch dadurch erhöht, dass sie nicht die Perspektive der näheren Zeugen einnimmt, also etwa die Perspektive der Diener oder die Perspektive derjenigen, die ihn begraben haben usw., sondern die der Außenstehenden, der Bewohner dieses österreichischen Tals.

Kim: Meinst du denn, dass das alles so kalkuliert ist?

Toni: Das ist natürlich immer eine schwierige Frage, aber bei Stifter ist sie besonders schwierig. Vielleicht kann man es so beschreiben, dass er eine Lösung für das von uns beschriebene Erzählproblem sucht und findet, aber ohne natürlich analytische Kategorien dafür zu haben und genau zu ›kalkulieren‹. Die Alteration wäre insofern zwar einerseits gewollt, hätte aber andererseits auch sozusagen unabsichtlich uneinheitliche Bestandteile. Das sage ich jetzt auch deswegen, weil mir eben, als ich die Stelle vorgelesen habe, noch eine andere Stelle etwas weiter oben auf derselben Seite ins Auge gesprungen ist. Ich lese sie ebenfalls vor:

»Abdias saß nach diesem Ereignisse auf dem Bänkchen vor seinem Hause, und sagte nichts, sondern schaute die Sonne an. Er saß viele Jahre, die Knechte besorgten auf Anordnung des Handelsfreundes, von dem wir öfter geredet haben, die Felder – aus Dithas Gliedern sproßten Blumen und Gras – eine Sonne nach der anderen verging, ein Sommer nach dem andern – und er wußte nicht, wie lange er gesessen, denn nach glaublichen Aussagen war er wahnsinnig geworden.«[181]

Ich finde, hier ist die Uneinheitlichkeit doch eklatant.

Kim: Allerdings. Zum einen wird ein auktoriales »wir« eingeschoben. Die Erzählinstanz macht damit unversehens sich selbst aufmerksam und verweist auf den Erzählakt selbst. Das wäre eher ein Hinweis auf Nicht-Kalkuliertheit. Zum anderen impliziert die apodiktische Wendung »er wußte nicht, wie lange er gesessen« ja eigentlich einen Zugang der Erzählinstanz zum Inneren des Protagonisten; aber dann passt der Anschluss, »denn nach glaublichen Aussagen war er wahnsinnig geworden« eigentlich nicht, da sich die Erzählinstanz hier auf eine lediglich »glaubliche« und also nicht sichere Informationsquelle bezieht, von der er abhängig zu sein behauptet. Ich denke, man kann hier sehr gut sehen, dass Alteration nicht selten entsteht, um ein erzählerisches Problem zu lösen. Die Lösungen sind in der Regel unauffällig, weil Fokalisierungen ohnehin ineinander übergehen.

Toni: Wir sollten aber jetzt endlich zu den Paralipsen und Paralepsen auf dem Feld der internen und externen Fokalisierung kommen, bzw. zu dem, was Genette dazu sagt.

Kim: Also, Genette schreibt, wie nicht anders zu erwarten, dass der »klassische Typ der Paralipse« darin bestehe, »im Code der internen Fokalisierung Handlungen oder Gedanken auszulassen, die für den Helden wichtig sind und die sowohl ihm wie dem Erzähler bekannt sein müssten, die der Erzähler dem Leser aber lieber vorenthält«[182]. Die gewählte Fokalisierung wird also gewissermaßen nach Maßgabe strategischer Erwägungen modifiziert, bleibt aber grundsätzlich erhalten. Alteration ist insofern eine Kategorie, die vor allem für Mikroanalysen wichtig ist. Allerdings ist das Beispiel, das Genette bringt, etwas anders geartet – es ist ein ›krasses Beispiel‹: In dem Roman *Armance* verschweige uns »Stendhal in all den Pseudomonologen des Helden dessen zentralen Gedanken, der ihn ohne Unterlass beschäftigt: seine Impotenz«[183]. Das zweite von ihm angeführte Beispiel ist auch nicht lediglich lokaler Natur: Es ist der sattsam bekannte Roman *The Murder of Roger Ackroyd*, in dem eben in der »Gedankenwelt« des homodiegetischen Erzählers die Erinnerung an den Mord einfach ausgelassen wird.[184] Solche großflächigen, den gesamten Text strukturierenden Manöver, könnte man einwenden, sind gerade keine *typischen* Alterationen. Aber dann gibt Genette noch einen Hinweis auf eine typische Einsatzmöglichkeit der Paralipse, der Lateralauslassung: »bekanntlich verbirgt uns der klassische Kriminalroman, obwohl er im Allgemeinen auf den Detektiv fokalisiert ist, fast immer einen Teil seiner Entdeckungen und Schlüsse, um uns am Ende umso besser zu überraschen«[185]. Dieses Phänomen haben wir ja schon einmal gestreift, als wir über die Perspektive gesprochen haben.

Toni: Und gibt Genette auch ein Beispiel dafür?

Kim: Das nicht, aber ich habe eins mitgebracht, das besonders eklatant ist. Und zwar *The long Goodbye*, ein später Roman (1954) von Raymond Chandler mit Philip Marlowe als Detektiv. Die zentrale Figur in diesem Roman ist ein mit dem Ich-Erzähler Philip Marlowe befreundeter Mann namens Terry Lennox, der sich suizidiert zu haben scheint, in Wahrheit aber untergetaucht ist und durch Gesichtsoperationen sein Aussehen verändert hat.

Ganz am Ende trifft Marlowe einen fein gekleideten Mexikaner, wobei es unter anderem heißt: »Er roch nach Parfüm, als er an mir vorbeiging. Auch seine Brauen sahen ganz schrecklich etepetete aus. Aber vermutlich war er gar nicht so etepetete, denn beide Seiten seines Gesichts zeigten Narben von Messerstichen.«[186] An anderer Stelle in dem nun stattfindenden längeren Zwiegespräch (über Terry Lennox und die Umstände seines Todes) heißt es etwa: »Er hob scharf den Kopf, aber die grüne Brille verfehlte ihre Wirkung auf mich.«[187] Im Wesentlichen besteht die ganze Passage aus einem in wörtlicher Rede wiedergegebenen Dialog, sodass sich die Frage nach der Fokalisierung durch die Erzählinstanz nicht stellt. Nur Stellen wie die zitierten erinnern daran, dass es sich um einen Erzähler handelt, der etwas über sein Gegenüber ›vermutet‹ und die nicht sichtbare ›Wirkung‹ einer Verhaltensweise dieses Gegenüber einzuschätzen vermag. Das sind Hinweise auf interne Fokalisierung. Aber es gibt keinerlei Hinweis darauf, dass der Ich-Erzähler weiß, dass er in Wahrheit nicht einem Mexikaner namens Maioranos gegenübersitzt, sondern Terry Lennox selbst, der ihn für seine eigenen Zwecke benutzt hat. Und genauer: Man weiß nicht, seit wann Philip Marlowe das weiß. Nicht nur die für unser Verständnis und für den Protagonisten entscheidende Information wird uns vorenthalten, sondern auch der Zeitpunkt, ab dem uns diese Information vorenthalten wird. Am Ende entlarvt Marlowe sein Gegenüber, und die beiden sprechen ohne Maskierung weiter.

Toni: Die Alteration besteht also in der Tat darin, dass dem Leser eine Information vorenthalten wird, die nicht nur wesentlich ist, sondern während dieses Gesprächs auch die Gedanken des Protagonisten beherrschen muss. Das grenzt genau genommen an Betrug. Aber es ist ein Betrug, der gewissermaßen den ganzen Roman lang vorbereitet worden ist. Denn die gesamte Erzählperspektive bei Chandler läuft ja so, dass wir zwar einerseits die sogenannte ›Mitsicht‹ mit dem Protagonisten haben, andererseits aber aus seinen Gedanken und Gefühlen weitgehend ausgeschlossen sind. Insofern ist auch das – wie du eben formuliert hast – ein eher ›großflächiges‹ Verfahren und keine lokale Alteration.

Kim: Ich sehe das ähnlich. Die Einschätzung von Alterationen scheint mir mit dem Befund zusammenzuhängen, den wir seinerzeit erhoben hatten, dass nämlich die interne und die externe Fokalisierung sozusagen ineinander umschlagen können. Ein bisschen ist es hier wie in *La Jalousie* von Robbe-Grillet: *Indem* die Wahrnehmungen in Form einer ›Mitsicht‹ mit dem Detektiv (den man ja auch ›private eye‹ nennt) textualisiert werden, lassen sich seine Gedanken und Gefühle umso besser verbergen. Insofern ist die interne Fokalisierung strukturell gesehen eine Art Einladung zur Alteration, bei der die Darstellung von der informationellen Ebene auf die visuelle Ebene verschoben wird. Jedenfalls teilweise.

Toni: Und wie ist es mit dem Gegenstück, der *Paralepse*? Können wir bei der externen Fokalisierung, in die ein Zuviel an Information eingebaut wird, Entsprechendes finden? Aber zunächst, was gibt Genette denn hier für Beispiele?

Kim: Das ist interessant. Genette verwendet eigentlich die Beispiele für die externe Fokalisierung, allen voran den Beginn von Balzacs *Peau de Chagrin*, also die Szene, in der ein unbekannter junger Mann ins Spielcasino stürzt usw. In dieser dominant extern fokalisierten Passage entdeckt Genette jetzt aber Aussagen wie »der junge Mann *begriff* seinen Ruin nicht« oder »er *affektierte* das Benehmen eines Engländers«. Genette kommentiert, dass solche Aussagen »mit der bislang durchgehaltenen klaren Parteinahme für die Außensicht kontrastieren und einen stufenweisen Übergang zur internen Fokalisierung einleiten«[188].

Toni: Man kann das natürlich – erzähltechnisch – als stufenweisen Übergang – also wieder ›Übergänglichkeit‹ – zu einer anderen als der externen Fokalisierung auffassen. Zunächst einmal ist es aber – eben als Alteration – ein Regelverstoß. Und ich würde sagen, dass einem so etwas auch unabsichtlich *unterlaufen* kann, und zwar eben deshalb, weil die externe Fokalisierung eine artifizielle Einschränkung darstellt, die von der Sprache selbst unterlaufen wird. Denn in der sprachlichen Darstellung geht der neutrale Bericht tendenziell in eine Interpretation über.

Kim: Genau das betont auch Genette. Man dürfe »die von einer fokalisierten Erzählung gegebene Information nicht mit der Interpretation verwechseln, die der Leser ihr geben soll«[189]. Wenn es in einer Erzählung in einem entsprechenden Kontext heißt »Stoffel stand der Schweiß auf der Stirn«, dann ist das zwar extern fokalisiert, aber man kann daraus *schließen*, dass Stoffel Angst hat. Externe Fokalisierung ist in hohem Maße ein Spiel mit Indizien. Eine Alteration liegt dann vor, wenn die Interpretation bereits in der Wortwahl liegt. Ich muss das Beispiel nur leicht modifizieren: »Stoffel stand der Angstschweiß auf der Stirn« – und schon habe ich den Pfad der Tugend externer Fokalisierung verlassen.

Toni: ›Streng extern fokalisiert‹ ist insofern ebenso schwer durchzuhalten wie ›streng intern fokalisiert‹. Und es steht ja nirgendwo geschrieben, dass ›streng extern fokalisiert‹ etwas Besseres ist als ›tendenziell extern fokalisiert‹. Die Folge ist, dass man sich darüber streiten kann, ob etwas noch als extern fokalisiert durchgeht. Hier ein Beispiel aus meiner eigenen Feder:

»Stoffel öffnete die Wohnungstür, zögerte einen Moment und kehrte dann noch einmal um. Er holte sich einen dunkelblauen Schal von der Garderobe, den er sich sorgfältig umlegte. Dann betrachtete er sich eine Weile im neben der Garderobe stehenden Spiegel. Schließlich wandte er sich mit einer energischen Bewegung wieder zur Tür und verließ die Wohnung. Draußen ging er zunächst in Richtung Bahnhof, um dann in die zweite Straße rechts abzubiegen. Als er nach zwanzig Minuten am Kriegerdenkmal ankam, blieb er stehen. Es war niemand zu sehen.«

Würdest du jetzt sagen, dass das streng extern fokalisiert ist? Oder sind da schon Alterationen drin?

Kim: Also für meine Ansprüche reicht es. Aber ich verstehe natürlich, was du meinst. Es gibt sozusagen Ansätze zur Alteration: Ist die Zuschreibung von »Zögern« nicht auch ein Rekurs auf eine subjektive Befindlichkeit? Ist es nicht schon eine Interpretation, wenn der Schal »sorgfältig« umgelegt wird oder wenn eine Bewegung »energisch« vollführt wird? Noch einmal pointiert formuliert: Fokalisierungen werden in der Regel nicht regelgerecht eingehalten. Es wird nur ein ungefähres Verfahren angegeben, das nicht rein technisch aufgefasst wird, weil die Fokalisierung im Reich der Sprache immer etwas zwischen der Ebene der Informationsvergabe und der visuellen bzw. perzeptiven Ebene ist. Gehört es eigentlich zur Erzähltechnik, das Technische nicht rein technisch auszufassen?

Toni: Auf jeden Fall! Das mediale Pendant ist bei der externen Fokalisierung ja die Filmkamera, die das Geschehen von außen aufzeichnet usw. Aber das, was die Filmkamera aufzeichnet, rezipieren wir ja nicht rein technisch, sondern immer schon mithilfe unserer vielfältigen kognitiven Operationen.

Kim: Ich würde dir gerne noch eine Textstelle vorlegen. Die folgende Passage ist aus dem ersten Kapitel eines sehr besonderen historischen Romans, nämlich *Witiko* von Adalbert Stifter aus dem Jahre 1867. Es ist nicht ganz der Anfang: Der »Reiter« ist zunächst mit einem unbestimmten Artikel in der Landschaft situiert und eingeführt worden, sodass er hier mit dem bestimmten Artikel bezeichnet werden kann:

»Der Reiter ritt, da er bei diesen Häusern angekommen war, auf dem schmalen Weglein gegen das Wirtshaus, dort hielt er an, und stieg ab. Er führte sein Pferd zu einem der Pflöcke, nahm ihm die Gebißstangen aus dem Munde, zog eine Halfter aus der Satteltasche, und band es mit derselben an den Pflock. Da dies geschehen war, nahm er Wollappen von der Größe starker Männerhände aus dem Sattel, und strich mit den Lappen wechselnd die Seiten und andere Teile des Tieres. Als er damit fertig war, und die Lappen ausgeschüttelt hatte, leitete er noch seine bloße flache Hand an den Weichen und dem Rücken des Tieres hin, welches ihn dabei anblickte. Dann breitete er den Mantel über dasselbe. Als er diesen auseinander gefaltet hatte, sah man, daß er ein sehr einfaches kunstloses Stück Stoff von grober Wolle und grauer Farbe sei. Dem Pferde gab er weder Nahrung noch Getränke, sondern ließ es stehen, und ging zu einem der steinernen Tische, an dem niemand war, und setzte sich vor demselben nieder.«

Toni: *Witiko* steht in der Tat einzigartig da in der Erzählliteratur des 19. Jahrhunderts. Was du vorgelesen hast, ist ja nun wirklich sehr streng extern fokalisiert. Zu Beginn eines Erzähltextes ist das ein typisches Verfahren (Genette weist ja darauf hin), aber in *Witiko* ist dieses Verfahren bis zum Schluss durchgehalten (oder genauer: Wir müssten die tausend Seiten durchgehen, um zu schauen, wo sich Alterationen finden ...). Das Methodische an diesem Erzählverfahren sieht man hier besonders an der Stelle, wo das »sah man« eingefügt ist, das sich nicht auf einen konkreten figuralen Zeugen der Vorgänge bezieht: Erst wenn der Stoff auseinandergefaltet wird, kann ›man‹ etwas über seine Beschaffenheit aussagen.

Kim: Ich wollte allerdings an diesem klinisch reinen Beispiel eigentlich auch einen Ansatz zur Alteration aufzeigen. Und zwar, wenn es heißt, dass der Reiter – der, weil sein Name noch von keiner Figur ausgesprochen wurde, auch von der Erzählinstanz noch nicht beim Namen genannt werden kann – seinem Pferd »weder Nahrung noch Getränke« gibt. Das Nicht-Geben von etwas kann man aber nicht von außen sehen. Der Blick, der hier von außen auf das Geschehen geworfen wird, ist eben auch hier kein bloß ›technischer‹ Blick, sondern einer, der mit Erwartungen, Wissen und Normen behaftet ist: Man würde erwarten, dass der Reiter sein Pferd zunächst versorgt, aber er tut es nicht usw. Die Erzählinstanz macht damit einen Befund explizit, zu dem ein Leser oder eine Leserin auch von sich aus kommen könnte (wie dieser Befund zu *deuten* ist, ist noch einmal eine ganz andere Frage).

Toni: Das ist eine schöne Beobachtung, die mir entgangen war. Es wäre sicherlich lohnend, nach weiteren Beispielen zu fahnden, in denen auf diese Weise auf dem Wege der Negation etwas in ein extern fokalisiertes Erzählen gebracht wird, was nicht zu sehen ist.

Kim: Ich habe noch ein zweites Beispiel, eine mehr oder weniger beliebige Stelle aus dem *Malteser Falken* von Dashiell Hammett, weil dieser Roman (und überhaupt die Erzählungen und Romane Hammetts) häufig – und zu Recht – als Beispiel für dominant externe Fokalisierung gebraucht wird. Aber auch hier kann man genauer hinschauen, um die Modulationen in der Erzählweise zu entdecken; die Stelle findet sich zu Beginn des neunten Kapitels, »Brigid«. Der Detektiv Sam Spade und die rätselhafte Brigid O'Shaughnessy befinden sich zu zweit in einer Wohnung:

»Spade kehrte ins Wohnzimmer zurück und setzte sich auf ein Ende des Sofas, die Ellenbogen auf die Knie, die Wangen in die Hände gestützt, den Blick zu Boden gerichtet und nicht auf Brigid O'Shaughnessy, die ihn aus dem Sessel matt anlächelte. Seine Augen waren grimmig. Die Falten über seiner Nase zwischen den Augenbrauen hatten sich tief eingegraben. Seine Nasenflügel blähten sich bei jedem Atemzug.

Als Brigid O'Shaughnessy merkte, daß er nicht zu ihr aufblicken würde, hörte sie zu lächeln auf und betrachtete ihn mit wachsender Unruhe.

Heiße Wut rötete ihm plötzlich die Wangen, und er begann mit grober, heiserer Stimme zu sprechen. [...]«[190]

Toni: Gut, hier sind die ›Übertretungen‹ der strengen externen Fokalisierung leicht zu benennen. Weil wir vorhin die Stifter-Stelle hatten, fällt mir als Erstes gleich auf, dass es auch hier eine an sich nicht sichtbare Negation gibt (Spade schaut *nicht* auf Brigid), womit, wie man sagen könnte, das ›Thema‹ dieser Passage eingeführt wird. Natürlich haben das ›matte‹ Lächeln und die ›grimmigen‹ Augen auch eine interpretatorische Komponente, aber die interaktionelle Ebene wird fortgeführt, wenn Brigid O'Shaughnessy ›merkt‹, dass Spade nicht zu ihr aufblicken wird. Es werden Kausalbeziehungen hergestellt, die natürlich immer über das Sichtbare hinausgehen: *Weil* Sam Spade nicht zu Brigid O'Shaughnessy aufblickt, hört diese auf zu lächeln und wird unruhig. Dieses Unruhigwerden wird gar nicht mehr über sichtbare Zeichen vermittelt (wie zuvor die Gemütsverfassung von Spade), sondern direkt von der Erzählinstanz ausgesagt (wie nachher auch die ›heiße Wut‹ von Spade). Da der zu Boden blickende Spade diese Veränderung nicht mitbekommen kann, geht die Szene natürlich über seine Perspektive (und seinen Wissensstand) hinaus. Es handelt sich tatsächlich um filmisches Erzählen. Man kann sich die Kameraeinstellung, in der dies vermittelt werden könnte, ohne Schwierigkeiten vorstellen. *In summa* denke ich, man kann an dieser Stelle sehen, dass die Erzählinstanz zum Vermitteln von interaktionellen Gefügen eigentlich über die strenge externe Fokalisierung hinausgehen *muss*.

Kim: Dem habe ich eigentlich nichts hinzuzufügen. Man kann sich allerdings noch fragen, was bei dieser Textpassage bei der Ersetzungsprobe herauskäme, die Genette (im Anschluss an Barthes) als Kriterium für *interne* Fokalisierung empfiehlt. Da zeigt sich nämlich etwas auf den ersten Blick recht Seltsames, was aber auf den zweiten Blick gar nicht so erstaunlich ist. Man kann – natürlich allein auf diese Passage bezogen! – die dritte Person nur dann widerspruchsfrei durch die erste Person ersetzen, wenn man Brigid O'Shaughnessy zur Ich-Erzählerin macht! Mit Sam Spade geht es nicht, weil er ja innerhalb dieser Szene etwas nicht mitbekommt. Mit Brigid O'Shaughnessy hingegen geht es ganz problemlos, weil sie erstens Sam Spade beobachtet und weil zweitens ihre eigenen Veränderungen nicht ›von außen‹ erzählt werden: »Als ich merkte, daß er nicht zu mir aufblicken würde, hörte ich zu lächeln auf und betrachtete ihn mit wachsender Unruhe.« – Das hört sich ganz passabel an.

Toni: Das ist wirklich eine interessante Beobachtung. Sie zeigt einmal mehr, wie intrikat das Verhältnis von interner und externer Fokalisierung ist – vor allem dann, wenn mehr als eine Figur im Raum ist (die Narratologen scheinen mir tendenziell davon auszugehen, dass es jeweils völlig klar sei, auf welche Figur sich die Fokalisierung innerhalb einer Erzählpassage bezieht). Über das Verhältnis von erster und dritter Erzählperson in Bezug auf Alterationen haben wir übrigens noch gar nicht gesprochen. Ich bin irgendwie davon ausgegangen, dass diese Frage – weil zum *Modus* gehörig – unabhängig vom Unterschied zwischen hetero- und homodiegetischem Erzählen ist. Aber jetzt bin ich eigentlich anderer Meinung: Beim homodiegetischen Erzählen scheint es doch so etwas wie ein ›Verbot‹ der Alteration zu geben, wenn man so sagen darf.

Kim: Darauf wollte ich auch noch zu sprechen kommen. Denn Genette schließt an seinen Abschnitt über die Alterationen einen deutlich längeren, mit »Polymodalität« überschriebenen Abschnitt an, der sich mit Paralipsen und Paralepsen bei Proust beschäftigt. Und dabei spielt nun der Umstand, dass die *Recherche* ein homodiegetischer Roman ist, eine entscheidende Rolle. Er beginnt mit der Feststellung, dass die Ich-Erzählung keine Vorentscheidung bezüglich der Fokalisierung darstellt: Alle drei Fokalisierungstypen sind in der homodiegetischen Erzählung möglich.

Toni: Vielleicht haben wir das in unseren bisherigen Gesprächen noch nicht so explizit gesagt – aber das ist ja selbstverständlich. Es ist ja sozusagen die Geschäftsgrundlage der kategorialen Trennung von Modus und Stimme ...

Kim: In der Tat. Gleichwohl hat der »autobiografische Erzähler« eine spezifische Eingrenzung bei der Fokalisierung zu »respektieren«. Sie ist gegeben »durch seinen gegenwärtigen Informationsstand als Erzähler«, aber nicht »durch seinen vergangenen Informationsstand als Held«[191]. Denn der Ich-Erzähler

> »*kann*, wenn er es wünscht, diese zweite Fokalisierungsform wählen, ist aber keineswegs dazu verpflichtet, und man könnte diese Wahl, sollte er sie treffen, ebensogut als eine Paralipse betrachten, da der Erzähler, um es bei den Informationen bewenden zu lassen, über die der Held im Augenblick der Handlung verfügte, all die späteren unterdrücken muss, die oft ganz wesentlich sind«[192].

Das Phänomen ist ja ganz trivial und schon auf kleinstem Raum zu betrachten. Beispiel: »Ich sah Chantal an. Sie verbarg ihre Hände hinter dem Rücken. Sicher hielt sie dort das Geschenk von Trude verborgen, das sie mir nachträglich zum Geburtstag überreichen sollte.« Das ist intern auf den Ich-Erzähler – nennen wir ihn Stoffel – fokalisiert. Aber ich kann stattdessen auch sagen: »Als ich Chantal ansah, wiegte ich mich noch in der Vorstellung, in ihren hinter dem Rücken verborgenen Händen hielte sie das nachträgliche Geburtstagsgeschenk von Trude.« Dann habe ich späteres Erzählerwissen in die Darstellung des Vorgangs eingebaut. Das ist die Form der Nullfokalisierung, welche der homodiegetischen Erzählung zugänglich ist: Der Erzähler weiß (zum Zeitpunkt des Erzählens) mehr als die Figur (»im Augenblick der Handlung«). Ob man das als Paralipse bezeichnen soll, ist eine andere Frage und in gewisser Weise eine Geschmackssache, würde ich sagen.

Toni: Von einer Paralipse zu sprechen, wenn über die gesamte Erzählung hinweg relevantes Erzählerwissen auf eine unauffällige Weise ausgeblendet bleibt, halte ich für unpassend. Ich finde, es müsste irgendwie spürbar sein, dass uns relevantes Erzählerwissen vorenthalten wird, und dafür wäre meines Erachtens die Voraussetzung, dass uns die Erzählerstimme selbst präsent ist. Aber wie dem auch sei. Was ist jetzt mit »Polymodalität« bei Proust gemeint? Die *Recherche* ist ja auf jeden Fall dominant intern fokalisiert auf das Ich als Figur.

Kim: Sicher. Aber unterhalb dieser Grundregel geschieht so viel, dass Genette (wie häufig, wenn es um Proust geht) darin schwelgen kann. Man kann sagen: Es gibt verschiedene erzählerische Verfahren, welche die Feldbegrenzung einer intern fokalisierten homodiegetischen Erzählung unterwandern. Zum Beispiel gibt es immer wieder Aussagen über das Seelenleben anderer Figuren, zu welchem der Ich-Erzähler ja keinen Zugang haben kann. Es werden etwa die Gedanken anderer Figuren geschildert, diese aber mit »modalisierenden Wendungen (*vielleicht*, *wahrscheinlich*, *als ob*, *wie es scheint*)« versehen, die es – wie Genette sagt – »dem Erzähler erlauben, hypothetisch zu sagen, was er nicht behaupten könnte, ohne die interne Fokalisierung zu verlassen«[193].

Toni: Das ist eine Erzähltechnik, auf die ich noch gar nicht gekommen bin. Oder genauer: Ich habe schon einmal darüber nachgedacht, in welcher Weise hypothetisches Erzählen, das narrative Entfalten von Vermutungen *als* Vermutungen, ein Verfahren ist, das im *faktualen* Erzählen zum Einsatz kommt. Denn im Grunde verliert ja hypothetisches Erzählen in diesem Sinne den assertorischen Charakter und kann deshalb nicht mehr als fiktional eingestuft werden. Aber das ist natürlich ein ganz anderes Thema. Das hypothetische Erzählen der Gedankengänge dritter Figuren bei Proust ist ja von vornherein fiktional.

Kim: Ein weiteres Mittel liegt auf der Hand. Verschiedentlich schiebt der Ich-Erzähler – etwa mittels gewisser typischer Wendungen – späteres Erzählerwissen in seine Darstellung ein. Die einfachste dieser Wendungen lautet »*später erfuhr ich* ...«. Auf diese Weise wird die »Darlegung von Fakten« durch den Erzähler eingeleitet, »die dem Helden noch unbekannt sind, von denen ersterer aber meint, ihre Erwähnung nicht aufschieben zu können, bis letzterer von ihnen Kenntnis erlangt hat«. Die wahre Begeisterung Genettes speist sich aber daraus, dass es bei diesem ja ›legalen‹ Mittel nicht bleibt. Es kommt bei Proust nämlich auch vor, dass »uns die Erzählung im Verlauf einer Szene, in der der Held selbst zugegen ist, unmittelbar und ohne erkennbaren Umweg die Gedanken einer anderen Figur mitteilt«; in solchen Fällen liege eine »unaufhebbare Paralepse vor, die auch beim besten Willen nicht auf den Informationsfundus des Erzählers zurückführbar ist«. Genette behauptet daher, dass Proust verschiedentlich »die Fiktion des autobiographischen Erzählers und die dazugehörige Fokalisierung offenkundig vergisst oder vernachlässigt [...], um seine Erzählung in einem dritten Modus abzufassen, bei dem es sich augenscheinlich um die Nullfokalisierung handelt, d.h. um die Allwissenheit des klassischen Romanciers«[194].

Toni: Nullfokalisierung ist hier natürlich in einem anderen Sinne gebraucht als von uns eben: nämlich als wirkliche, unbegrenzte Nullfokalisierung, nicht als ein Mehr-Wissen des Ich-Erzählers in Bezug auf das Ich-als-Figur. Und es ist bezeichnend, dass hier die auktoriale Kategorie des »Romanciers« ins Spiel gebracht werden *muss*, um der Inkonsistenz gewissermaßen einen Rückraum zu geben. Das ist auf eine schöne Weise politisch inkorrekt, wenn ich so sagen darf. Der Romancier kommt als allwissende Instanz genau in dem Moment ins Spiel, in dem ihm unterstellt wird, gewissermaßen den Überblick verloren zu haben, was er ›darf‹ und was nicht.

Kim: Ja, es findet sozusagen eine Überhöhung der Alteration statt. Das Resultat davon tauft Genette »Polymodalität«. Hier noch einmal zum Abschluss ein Zitat, und dann sind wir, denke ich, für heute an einem würdigen Schlusspunkt angelangt:

»Doch diese fast unvorstellbare Koexistenz mag uns zudem als Emblem für die gesamte narrative Praxis von Proust dienen, der bedenkenlos und scheinbar völlig unbekümmert drei Fokalisierungsmodi zugleich einsetzt und nach Belieben aus dem Bewusstsein seines Helden in das des Erzählers hinüberwechselt, aber auch abwechselnd in das der verschiedenen Figuren schlüpft. Diese dreifache narrative Position lässt sich auf gar keinen Fall mit der einfachen Allwissenheit im klassischen Roman vergleichen, da sie nicht nur [...] den Bedingungen für eine realistische Illusion hohnspricht: Sie überschreitet auch ein ›Gesetz des Geistes‹, dem zufolge man nicht gleichzeitig innen und außen sein kann [...].«[195]

11. Narrative Darstellung von Bewusstseinsprozessen

Toni: Ich habe mir gedacht, dass wir heute darüber sprechen, wie Bewusstseinsprozesse narrativ dargestellt werden. Die »erlebte Rede« möchte ich dabei aber vorerst ausklammern. Mir ist natürlich klar, dass die erlebte Rede sozusagen der Königsweg ist, um Bewusstseinsprozesse zu narrativieren, ich würde aber zunächst gerne Beispiele für andere Möglichkeiten mit dir zusammen anschauen.[196] Die erlebte Rede ist ja eine Erzähltechnik, von der man ungefähr sagen kann, dass sie zu Beginn des 19. Jahrhunderts entwickelt worden ist. Schauen wir uns also zunächst einmal einen früher entstandenen Textausschnitt an, der aber bereits von dem Wunsch getragen ist, Bewusstseinsvorgänge möglichst genau zu narrativieren. Ich nehme eine Stelle aus dem *Anton Reiser* von Karl Philipp Moritz von 1785/86 – erstens, weil es sich nach dem Untertitel um einen »Psychologischen Roman« handelt, und zweitens, weil er, zumal in dieser Zeit, ziemlich einzigartig in der Darstellung von Bewusstseinsvorgängen ist. Der Held – Anton Reiser – ist hier am Vortag im betrunkenen Zustand erwischt worden:

»Ohngeachtet nun Reisern diese Folgen ahndeten, und er höchst traurig darüber war, empfand er doch am andern Tage, da er ins Chor kam und seine Mitschüler über sein blasses und verwirrtes Ansehn, das er noch von dem gestrigen Rausche hatte, lachten, eine Art von sonderbarem

Stolz, gleichsam als ob er durch das gestrige Betrinken eine gewisse *Bravour* bezeigt hätte, daß er sogar *affektierte*, als ob sein Taumel noch fortdauerte, um dadurch *Aufmerksamkeit* auf sich zu erregen. –

Denn die Aufmerksamkeit der übrigen auf ihn, die diesmal mehr mit einer gewissen *Art von Beifall* als mit Spott verknüpft war, schmeichelte ihm. – Auch betrachteten ihn die andern so, wie man einen zu betrachten pflegt, der in demselben Fall ist, worin man selbst einmal war – denn der Präfektus war fast immer betrunken – dies geheime Vergnügen, welches Reiser empfand, da es ihm zu gelingen schien, sich *durch das Schlechte bemerkt* zu machen, ist wohl die gefährlichste Klippe der Verführung, woran die meisten jungen Leute zu scheitern pflegen.«[197]

Kim: Ich bin erstaunt darüber, dass derartige Einsichten in psychische Mechanismen einfach so in einem Roman des 18. Jahrhunderts formuliert werden. Ich weiß nicht, wann die Psychologie *als Wissenschaft* zu der Erkenntnis gelangt ist, dass man auch diejenige Aufmerksamkeit genießen kann, die einem durch ein Fehlverhalten (einen Regelbruch) zuteil wird. Jetzt steht es natürlich in jedem Erziehungsratgeber.

Toni: Aber das kann dich doch nicht verwundern! Es ist doch klar, dass in der Literatur (und später im Film) ein Wissen artikuliert wird, das in den ›Wissenschaften vom Menschen‹ – wenn überhaupt – erst viel später eingeholt wird. Und dann auch eher in – wenn ich so sagen darf – trivialisierter Form. Denn bei näherem Hinsehen ist der »Fall Anton Reiser« (in Bezug auf die zitierte Stelle) ja schon mehr und anderes als die von dir formulierte pädagogisch-psychologische Einsicht. Von letzterer her gesprochen: Es müssen ja erst einmal die Bedingungen formuliert werden, unter denen das, was hier im Roman erzählt wird, als konkreter Anwendungsfall dieser Einsicht aufgefasst werden kann. Es geht hier ja zum Beispiel zunächst einmal nicht um die Aufmerksamkeit von Erziehungspersonen, sondern um die der Mitschüler. Es geht auch nicht um kindliche Regelverstöße, sondern um Männlichkeitsrituale (wenn ich das mal so verkürzt sagen darf). Das allgemeine Phänomen wird aber im Text direkt benannt und durch Kursivdruck ›nachdrücklich‹ hervorgehoben: sich »*durch das Schlechte bemerkt*« machen.

Kim: Man könnte sich fragen, worin die Funktion der Psychologie als Wissenschaft besteht, wenn die Literatur (die sich, wie bei Karl Philipp Moritz, als Form der »Erfahrungsseelenkunde« versteht[198]) bereits über das psychologische Wissen verfügt. Ich kenne die Antwort natürlich: Sie muss die Dinge ›beweisen‹. Es lohnt sich aber schon, sich klarzumachen, dass sie damit kein neues Wissen erzeugt, sondern bestehendem Wissen einen anderen Status verleiht.

Toni: Politisch gesprochen: Indem die empirische Psychologie bereits artikulierte Einsichten durch sogenannte ›Studien‹ zu bestätigen vermag, verwandelt sie ein ›Wissen von unten‹ in ein ›Wissen von oben‹, in ein *Regierungswissen*. Die Literaturwissenschaft als Disziplin kann ihre Berechtigung nach meiner Überzeugung nur daraus ziehen, dass es ihr gelingt, am konkreten Objekt (am einzelnen Text) ein Allgemeines aufzuweisen oder vor Augen zu führen, das ich zugleich als eine Art Einspruch gegen das Regierungswissen auffassen möchte.

Kim: Das leuchtet mir nicht ganz ein. Wenn das ›Wissen von unten‹ theoretisch in das ›Wissen von oben‹ überführt werden kann, dann ist es doch gar kein substanziell anderes Wissen und keineswegs ein ›Einspruch‹, jedenfalls nicht unbedingt. Man könnte es boshaft auch als ein Regierungswissen *in spe* bezeichnen.

Toni: Bei so manchem ›Wissen von unten‹ will ich das gar nicht abstreiten. Und in gewisser Weise gibt es kein Wissen, das nicht als Regierungswissen genutzt werden kann. Es kommt aber weniger auf den Wissensinhalt an als auf den *Status*. Die Frage ist, wie man sich – politisch handelnd – auf ein Wissen berufen kann. Und die Regierung kann sich nicht auf ein Wissen berufen, das zum Beispiel im *Anton Reiser* artikuliert ist. Das ist ja klar. Das Wissen, das wir zum Beispiel der zitierten *Anton-Reiser*-Stelle entnehmen können, bleibt ja auf diesen konkreten, singulären Fall bezogen; und in dieser Partikularität bleibt es etwas, was *zu denken* gibt.

Kim: Mir fällt hier eine bekannte Stelle aus einem Brief von Franz Kafka an Milena Jesenska ein, in der dieser davon berichtet, in einem Roman mit dem Titel *Marie Donadieu* gelesen und sich darüber geärgert zu haben. Er schreibt sinngemäß, dass bei einer Verführungsszene zwischen den Protagonisten das Studentenzimmer, in dem sie stattfindet, sich schließlich zum Hörsaal der psychologischen Fakultät erweitere, die den Leser sozusagen mit dem psychologischen Wissen beglückt, das der Autor bei dieser Gelegenheit loswerden kann.[199] Mir scheint doch, diese Seite gibt es auch ...

Toni: Gewiss. Diese Kumpanei gibt es, und vielleicht ist sie sogar herrschend. Mich ficht sie aber nicht an. Aber lass uns zu unserem eigentlichen Thema zurückkommen, von dem wir uns allerdings nur scheinbar weit entfernt haben. Tatsächlich ging es mir bei meinem Vorschlag für unser heutiges Thema genau darum, solche Fragen erzähltheoretisch und erzähltechnisch zu beleuchten, bevor wir uns beim nächsten Mal auf die ›erlebte Rede‹ stürzen. Die Kafka-Bemerkung passt da sehr gut. Es geht darum, wer sozusagen noch ›diskursiv mitmischt‹, wenn Bewusstseinsprozesse narrativ dargestellt werden, und wie das Erzählproblem, das mit dem psychologischen Interesse an diesen Bewusstseinsprozessen auftaucht, technisch gelöst wird. Deswegen sollten wir uns das *Anton-Reiser*-Zitat jetzt etwas genauer anschauen.

Kim: Die erste Bemerkung, die man machen muss, ist ja, dass hier eindeutig *summarisch* und nicht *szenisch* erzählt wird. Es wird zwar eine Szene aufgerufen – Anton Reiser kommt am nächsten Morgen in bedenklichem Zustand in die Chorklasse –, aber mehr auch nicht. Es werden keine einzelnen Mitschüler, keine konkreten Blicke genannt, keine Sprechakte oder gar Dialoge zitiert usw. Die Szene wird von vornherein zusammengefasst, und zwar, wie ich sagen würde, in etwa so, wie sie jemand auch später erinnern und wiedergeben könnte.

Toni: Wie meinst du das?

Kim: Nun, wenn ich mir vorstelle, dass jemand in der Jugendzeit das erlebt, was Anton Reiser zum Beispiel an dieser Stelle im Roman erlebt hat, und wenn er dann Jahre später, wenn er sich daran macht, seine Jugendgeschichte aufzuschreiben, zu erinnern versucht, so werden ihm doch vermutlich weniger die einzelnen Mitschüler, die konkreten Blicke, die genauen Sprechakte und die Dialoge in Erinnerung kommen als eben die gesamte Situation und die eigenen Empfindungen dabei. Natürlich könnten einem auch Einzelheiten vor Augen stehen bzw. ›wieder hochkommen‹, aber das jedenfalls nicht in Form einer geschlossenen Darstellung, sondern bruchstückhaft.

Toni: Da gebe ich dir recht. Wenn du so argumentierst, unterschiebst du dem Roman allerdings die Logik einer autobiografischen Erzählung (und damit, wenn ich das richtig sehe, zumindest in bestimmter Weise auch die Logik des Erzähler-Erzählens). Und auf einer bestimmten Ebene stimmt das ja auch. Es heißt zwar »Roman«, aber dahinter verbirgt sich ja eingestandenermaßen ziemlich genau die Biografie des Autors.[200] Und deswegen ist es umso wichtiger, sich klarzumachen, dass dieser Roman einen *heterodiegetischen* Erzähler hat. Wir sollen *Anton Reiser* sozusagen nicht als Ergebnis einer Erinnerungsanstrengung auffassen, denn der Roman ist nicht zuletzt ein Mittel, um sich von der Figur zu distanzieren, sie analytisch zu betrachten. Dass es sich aber sehr wohl um eine Erinnerungsanstrengung handelt, dafür ist beispielsweise die Erzählweise der zitierten Passage ein Beleg.

Kim: Ja, das ist der Eindruck, der sich aufdrängt: Die Vorgänge im Inneren von Anton Reiser werden nicht eigentlich dargestellt, sondern analysiert bzw. in der Darstellung analysiert. Der Anteil des Narratorialen ist sehr hoch. Das schlägt sich nicht nur im analytischen Zugriff mit der dazugehörigen ›ideologischen‹ Bewertung, sondern auch in der Syntax und in der Lexik nieder – obwohl, bei der Lexik bin ich mir nicht ganz sicher. Die typografisch hervorgehobenen Worte haben einen unklaren Status: »*Bravour*«, »*affektierte*«, »*Aufmerksamkeit*«, »*Art von Beifall*«, »*das Schlechte bemerkt*« – das sind zunächst natürlich wegen ihrer *Wichtigkeit* kursiv gesetzte Worte; aber stammen sie aus dem Wortschatz des Erzählers oder der Figur?

Toni: Ja, das ist interessant. Das kann man wohl nur beantworten, wenn man den gesamten Roman *daraufhin* untersucht. Intuitiv würde ich denken, es sind Schlüsselworte, mit denen der Erzähler *und* die Figur etwas anfangen können. Der Vollständigkeit halber – weil du mehr das Nicht-Szenische der Passage hervorgehoben hast – möchte ich noch hinzufügen: Es wird eben auch kein Versuch gemacht, das, was in Anton Reiser vorgeht, in einzelnen Bewusstseinsakten auszubuchstabieren. Die zeitliche Abfolge des Geschehens spielt nur eine untergeordnete Rolle. Auch das gehört zur narratorialen Dominanz (die beinahe vom Narrativen ins Explikative umschlägt). Daraus folgt eben vor allem, dass unklar bleibt, welche *Form* die Gedanken und Gefühle Anton Reisers in dieser Situation angenommen haben. Ich würde gerne noch eine zweite Stelle aus dem *Anton Reiser* vorlesen, aus dem dritten Teil. Anton ist schon etwas älter, im Chor singt er aber immer noch:

»Manchmal quälte er sich stundenlang, zu versuchen, *ob es möglich sei, ohne Worte zu denken.* – Und dann stieß ihm der Begriff vom Dasein als die Grenze alles menschlichen Denkens auf – da wurde ihm alles dunkel und öde – da blickte er zuweilen auf die kurze Dauer seiner Existenz, und der Gedanke oder vielmehr *Ungedanke* vom Nichtsein erschütterte seine Seele – es war ihm unerklärlich, daß er jetzt wirklich sei und doch einmal nicht gewesen sein sollte – so irrte er ohne Stütze und ohne Führer in den Tiefen der Metaphysik umher. –

Manchmal, wenn er itzt im Chore sang und, statt daß seine Mitschüler sich miteinander unterredeten, einsam vor sich weg ging und diese dann hinter ihm sagten: ›Da geht der Melancholikus!‹ so dachte er über die Natur des Schalles nach und suchte zu erforschen, was sich dabei mit Worten nicht ausdrücken ließ. – Dies trat nun in die Stelle seiner vorigen romantischen Träume, womit er sich sonst so manche trübe Stunde verphantasiert hatte, wenn er an einem traurigen Wintertage in Schnee und Regen im Chore sang. –«[201]

Kim: Das ist eine großartige Stelle. Hier wird das Verhältnis von Sprache und Denken zum Gegenstand des sprachlich dargestellten Denkens.

Toni: Man hat ja immer das Gefühl, dass die Erzählung von Bewusstseinsvorgängen tendenziell auch eine Behauptung über das Verhältnis von Sprache und Denken impliziert. Wir haben dieses Problem bereits einmal gestreift, als wir über Wolf Schmid gesprochen haben, der behauptet, »dass der Held, der ein Geschehen wahrnimmt, seinen Eindruck in einer Rede artikuliert, und sei es auch nur in einer inneren«[202]. Bei Genette heißt es in dem Abschnitt, in dem er über die »Erzählung von Worten« (im Gegensatz zur »Erzählung von Ereignissen«) spricht, dass die »Dreiteilung« in die *berichtete*, *narrativisierte* und die *transponierte* Rede »nicht nur für das tatsächlich gesprochene Wort« gelte, »sondern ebenso sehr für die ›innere Rede‹, eine Unterscheidung, die im Übrigen zur Bedeutungslosigkeit herabsinkt, wenn es sich um ein Selbstgespräch handelt«[203]. Ganz zufriedenstellen kann mich diese Auskunft nicht. Mir ist schon klar, dass Genette nur auf der Ebene der sprachlichen Mittel des Erzählens argumentiert, aber gleichwohl haben wir doch immer das Gefühl, dass je nachdem, in welcher Weise die Versprachlichung von Gedanken und Gefühlen in einem Text vorgenommen wird, ein anderes Bild des Verhältnisses von Sprache und Denken entsteht.

Kim: Ich würde sagen: Der *Protagonist* Anton Reiser ist in dieses Problem involviert, er grübelt darüber nach; aber der Roman *Anton Reiser* lässt sich nicht auf dieses Problem ein, indem er die Gedanken nicht in der Form einer ›inneren Rede‹ (etwa eines Selbstgesprächs) wiedergibt, sondern eben wiederum in jener narrativierten (oder narratorialen) Art und Weise unseres ersten Beispiels: Die Darstellung ist summarisch und distanziert.

Toni: Nur weil die Darstellung so ist, wie sie ist, kann sie sich dieser Frage annehmen, ohne sich dem Verdacht eines performativen Selbstwiderspruches auszusetzen. Zweierlei möchte ich aber noch ansprechen. Zum einen haben wir wieder die Hervorhebungen einzelner Worte bzw. hier einzelner Halbsätze. In meiner *Anton-Reiser*-Ausgabe sind sie kursiv gedruckt, in der Erstausgabe (man kann sie sich im *Deutschen Textarchiv* im Internet jederzeit anschauen) handelt es sich um einen moderaten, nicht sonderlich auffälligen Fettdruck: »*ob es möglich sei, ohne Wort zu denken*«, das Wort »*Ungedanke*« und »*sich mit Worten nicht ausdrücken*«. Man könnte hier durchaus die These weiterverfolgen, dass diese hervorgehobenen sprachlichen Elemente eine Art Schnittmenge von Erzählertext und Figurentext (bzw. bei Schmid: Personentext) darstellen. Hier würde ich allerdings eine gewisse Dominanz des Figurentexts diagnostizieren wollen. Für mein Empfinden sind das irgendwie Sprachfetzen, die Anton Reiser durch den Kopf gehen. Mich berührt das ganz eigentümlich – es sind Sprachfetzen, aus denen sich nichts Sicheres über das Verhältnis von Sprechen und Denken schließen lässt.

Kim: Ich glaube, ich verstehe, was du meinst. Es ist eben ein Denken »ohne Stütze und ohne Führer«. Aber was ist der zweite Punkt, den du noch ansprechen wolltest?

Toni: Der zweite Punkt führt uns auf ein Gebiet, das wir schon mehrfach gestreift haben und noch genauer erörtern wollten (jedenfalls möchte ich das). Ist dir aufgefallen, dass beide Absätze unseres Zitats mit dem Wort »manchmal« anfangen? Ob das etwas ungeschickt wirkt oder nicht, sei dahingestellt, auf jeden Fall ist es symptomatisch: Es wird etwas *einmal* erzählt, was sich mehrfach ereignet hat. Nicht nur, dass sich Anton Reiser »stundenlang« mit der Frage quält, *»ob es möglich sei, ohne Worte zu denken«* (was ja an und für sich schon ein beträchtliches Wiederholungspotenzial bildet), das geschieht auch noch mehrfach! Und im zweiten Absatz ist es nicht anders: Sogar der wörtlich zitierte Satz der Mitschüler »Da geht der Melancholikus!« wird nicht *einmal* ausgesprochen, sondern immer wieder! Es handelt sich also um einen glasklaren Fall von *iterativem Erzählen*. Was mich in diesem Zusammenhang interessiert, ist, was das für ein Licht auf die dargestellten Bewusstseinsvorgänge wirft.

Kim: Das Merkwürdige ist, dass mir das wieder gar nicht aufgefallen ist. Iteratives Erzählen spielt auf eine unauffällige Art eine viel größere Rolle, als auch Narratologen glauben. Um aber auf deine Frage zu sprechen zu kommen: Es ist ja auf jeden Fall so, dass ein iteratives Erzählen unmöglich wäre, wenn der Modus nicht so distanziert wäre. Natürlich denkt Anton Reiser nicht jedes Mal stundenlang dasselbe (und vermutlich rufen die Mitschüler auch nicht jedes Mal gleichlautend: »Da geht der Melancholikus!«). Aber in der ergebnisorientierten Analyse im Erzählakt kann von den Unterschieden bei den verschiedenen Malen des Grübelns über dieses Thema abgesehen werden. Jedes Mal ist das Ergebnis das gleiche – dass es nämlich kein Ergebnis gibt. Es werden eben keine *Ereignisse* erzählt, die die Geschichte nach vorne bringen, sondern *Denkstrukturen*, die zirkulär sind. Und intuitiv finde ich das – um noch einmal auf diesen Punkt zurückzukommen – sehr passend für einen psychologischen Roman, der eigentlich eine Biografie ist.

Toni: Ich würde gerne nach dieser narratorial dominierten Form der Darstellung von Bewusstseinsprozessen auf das Gegenstück zu sprechen kommen, nämlich die völlig von der Figur dominierte Darstellung von Bewusstseinsprozessen, also auf Formen des inneren Monologs.

Kim: Davon bin ich nicht so begeistert. Meines Erachtens ist das so ein Standardthema, bei dem immer wieder dasselbe gesagt und an denselben Beispielen durchgekaut wird. Aber das liegt irgendwie an der Sache selbst. Ich finde, in gewisser Weise ist der innere Monolog ein unfruchtbares literarisches Verfahren von begrenzter Bedeutung. Wenn Arthur Schnitzler es um 1900 in *Leutnant Gustl* und sehr viel später noch einmal in *Fräulein Else* anwendet, dann hat das ein wenig den Charakter eines ausgestellten Kunststückes. Der innere Monolog ist nicht nur etwas höchst Artifizielles, ich weiß auch gar nicht, ob ich ihn als eine ›Erzähltechnik‹ bezeichnen würde.

Toni: Ich will dir da gar nicht widersprechen. Beim *Anton Reiser* haben wir uns zwei Passagen zur narratorialen Darstellung von Bewusstseinsvorgängen angeschaut. Es gibt eigentlich keinen Grund, weshalb man beim inneren Monolog nicht genauso verfahren sollte. Warum soll man sich auf Texte kaprizieren, die *vollständig* in dieser Form verfasst sind? Denn in solchen Texten treten ganz andere Schwierigkeiten auf, die zum Beispiel damit zusammenhängen, dass man mit diesem Darstellungsverfahren nicht ohne Weiteres eine Geschichte erzählen kann, in der außer einer »Erzählung von Worten« auch eine »Erzählung von Ereignissen« vorkommen muss. Wenn man aber nur nach Stellen innerhalb eines Romans (oder einer Erzählung) sucht, die als innere Monologe daherkommen, dann wird man auch zu anderen Zeiten fündig und nicht erst am Ende des 19. Jahrhunderts.

Kim: In einem der wenigen Bücher, die den Begriff »Erzähltechnik« wirklich im Titel führen, *Aspekte erzählender Prosa. Eine Einführung in Erzähltechnik und Romantheorie* von Jochen Vogt – es stammt ursprünglich aus den 1970er Jahren, wird aber immer wieder neu aufgelegt und erweitert –, gibt es im Kapitel »Innerer Monolog und ›stream of consciousness‹« auch Beispiele für innere Monologe aus früheren Zeiten. Pointiert gesagt: Dieses Mittel stand auch Karl Philipp Moritz zur Verfügung (und ich weiß gar nicht – vielleicht kommt so etwas im *Anton Reiser* ja auch vor). Denn ein Beispiel von Vogt ist die folgende Stelle aus Goethes *Wilhelm Meisters Lehrjahren*:

»Bedachte nun Wilhelm, wie wenig er bisher für das Kind getan hatte, wie wenig er zu tun fähig sei, so entstand eine Unruhe in ihm, die sein ganzes Glück aufzuwiegen imstande war. ›Sind wir Männer denn‹, sagte er zu sich, ›so selbstisch geboren, daß wir unmöglich für ein Wesen außer uns Sorge tragen können? Bin ich mit dem Knaben nicht eben auf dem Wege, auf dem ich mit Mignon war? Ich zog das liebe Kind an, seine Gegenwart ergötzte mich, und dabei hab ich es aufs grausamste vernachlässigt. Was tat ich zu seiner Bildung, nach der es so sehr strebte? Nichts! Ich überließ es sich selbst und allen Zufälligkeiten, denen es in einer ungebildeten Gesellschaft nur ausgesetzt sein konnte; und dann für diesen Knaben, der dir so merkwürdig war, ehe er dir so wert sein konnte, hat dich denn dein Herz geheißen, auch nur jemals das geringste für ihn zu tun? Es ist nicht mehr Zeit, daß du deine eigenen Jahre und die Jahre anderer vergeudest; nimm dich zusammen, und denke, was du für dich und die guten Geschöpfe zu tun hast, welche Natur und Neigung so fest an dich knüpfte.‹

Eigentlich war dieses Selbstgespräch nur eine Einleitung, sich zu bekennen, daß er schon gedacht, gesorgt, gesucht und gewählt hatte; er konnte nicht länger zögern, sich es selbst zu gestehen.«[204]

Toni: Als Erstes würde ich hier natürlich sagen: Das ist ein Theatermonolog, das liegt ja klar auf der Hand. Theatermonologe werden ja vor allem deshalb laut gesprochen, weil sie von den Zuschauerinnen und Zuschauern gehört werden sollen. Ihrer Logik nach sind sie Selbstgespräche wie dieser Monolog auch. Das Selbstgespräch ist auch in die Anführungsstriche gesetzt, mit denen man wörtliche Rede einrahmt.

Kim: Das stimmt nur für diese Ausgabe! Ich habe in der Erstausgabe nachgeschaut – auch die steht im *Deutschen Textarchiv* – und dort gibt es keinerlei Anführungsstriche. Das ändert natürlich nichts an deinem Argument, es spricht nur für das ›Theorem der Übergänglichkeit‹, wenn ich es mal so nennen darf.

Toni: Jedenfalls versucht Goethe an dieser Stelle nicht wirklich, das Spezifische von Bewusstseinsprozessen wiederzugeben, sondern unterwirft sie einer sprachlich artikulierten, genauer: *rhetorischen* Form. Der Monolog *fasst* sozusagen die Gedanken und Gefühle, die Wilhelm zu dieser Sache hat, auf konzise Weise *zusammen*. In ganz anderer Weise als im *Anton Reiser* die *narratoriale* Darstellung ist auch dieser Monolog ›summarisch‹ (man könnte sagen: ›schein-szenisch‹). In diesem Zusammenhang ist auch die Fortsetzung interessant: »Eigentlich war dieses Selbstgespräch nur eine Einleitung, sich zu bekennen, daß er schon gedacht, gesorgt, gesucht und gewählt hatte [...].« Ich denke, dieses »Selbstgespräch« bekommt dadurch, dass von ihm nachträglich gesagt wird, es sei eine »Einleitung« zu etwas, einen etwas anderen Status. Zum einen enthält es dann eben das Entscheidende, das ›Bekenntnis‹, nicht. Und zum anderen betrifft das ›Bekenntnis‹ wiederum etwas, was auch nicht im Monolog vorkommt, nämlich dass er seine Entscheidung (oder seine Wahl) schon getroffen hat. Es hat den Anschein, als werde der Monolog ›in Rücksicht auf Darstellbarkeit‹ sozusagen von allem *gereinigt*, was seine durchgearbeitete Rhetorizität gefährden könnte.

Kim: Das leuchtet mir sehr ein. Bei Vogt[205] wird auch die Rhetorizität dieses *soliloquy* betont, aber von dieser eigentümlichen ›Reinigung‹ steht dort nichts.

Toni: Und deswegen würde ich sagen, dass das Problem der adäquaten Darstellung von Bewusstseinsvorgängen durch solche Selbstgespräche gar nicht wahrgenommen bzw. in Angriff genommen wird. Es ist übrigens auch bezeichnend, dass die konkrete Situation, in welcher Wilhelm Meisters Selbstgespräch stattfindet, gar nicht ausgeführt ist; das Selbstgespräch findet gewissermaßen im luftleeren Raum (des Textes) statt. Welche Beispiele bringt Vogt denn noch?

Kim: Ja, in der Tat: Eine Passage aus Dostojewskis Roman *Schuld und Sühne* – bzw. in der neueren Übersetzung *Verbrechen und Strafe*. Bei Vogt wird noch die alte Übersetzung zitiert, ich habe aber die neue mitgebracht.

Toni: Dostojewski liegt natürlich überhaupt nahe, wenn es um Beispiele für Erzähltechniken geht. Ich glaube, bei ihm kommen alle regulären Erzähltechniken vor (und irreguläre noch dazu).

Kim: Also, es ist eine Stelle im Rahmen der berühmten Auseinandersetzungen des Helden Raskolnikow mit Porfirij Petrowitsch, dem Staatsanwalt, der in ihm (wie später deutlich wird) schon früh den Mörder sieht, aber stets freundlich bleibt:

»Porfirij Petrowitsch ging hinaus, um Tee zu bestellen. Wie im Wirbel jagten sich die Gedanken in Raskolnikows Kopf. Er war aufs äußerste gereizt.

›Das schönste ist, daß sie nicht einmal Versteck spielen und überhaupt keine Umstände machen. Wie kommt er dazu, wenn er mich überhaupt nicht kennt, mit Nikodim Fomitsch über mich zu sprechen? Also wollen sie es nicht einmal verheimlichen, daß sie hinter mir her sind wie eine Meute Hunde? Sie speien mir offen ins Gesicht!‹ Er zitterte vor Wut. ›Dann schlagt doch zu und spielt nicht Katz und Maus! Das sind doch keine Manieren, Porfirij Petrowitsch, das werde ich mir nicht bieten lassen! ... Vielleicht werde ich aufstehen und euch die ganze Wahrheit an den Kopf werfen; dann werdet ihr sehen, wie tief ich euch verachte! ...‹ Das Atmen fiel ihm schwer. ›Aber wie, wenn ich mir das alles nur einbilde? Wie, wenn es nur eine Fata Morgana ist, wenn ich mich täusche, wenn ich aus Mangel an Erfahrung in Rage geraten bin und meine ekelhafte Rolle nicht durchhalte? Vielleicht ist überhaupt keine Absicht dabei? Alle Worte, die sie sprechen, sind gewöhnlich, aber etwas steckt dahinter ... Alles das könnte jederzeit gesagt werden, aber da ist etwas mehr ... Warum hat er einfach gesagt *›sie‹*? Warum hat Samjotow hinzugefügt *›sogar scharfsinnig‹*? Warum sprechen sie in diesem Ton? Ja ... dieser Ton ... Rasumichin saß die ganze Zeit dabei! Warum fällt ihm nichts auf? Aber diesem Einfaltspinsel fällt ja nie etwas auf! Ich habe wieder Fieber ... Hat Porfirij mir vorhin zugezwinkert oder nicht? Unsinn, Unsinn; warum sollte er mir zuzwinkern? Wollen sie eigentlich meine Nerven reizen, oder wollen sie mich zum besten halten?‹«

So geht es noch eine ganze Weile weiter, und zum Ende dieses veritablen inneren Monologs heißt es: »Das alles schoß ihm blitzartig durch den Kopf.«[206]

Toni: Ja, das ist ein veritabler innerer Monolog – und etwas völlig anderes als das, was uns im *Wilhelm Meister* präsentiert wird. Natürlich kann man einwenden, dass der Monolog durch Anführungszeichen von den Regiebemerkungen abgetrennt ist, was nach der offiziellen Doktrin des ›inneren Monologs‹ nicht der Fall sein soll, aber das ist letztlich zweitrangig (und außerdem weiß ich nicht, wie diese Zeichensetzung im russischen Original realisiert ist). Entscheidend ist das offenkundige Interesse Dostojewskis, die Bewusstseinsvorgänge in ihrer Formlosigkeit und Inkohärenz als reine nicht verlautbarte *›Personenrede‹* (bzw. Figurenrede) darzustellen. Aber das heißt eben: nicht mehr als ›Personen*rede*‹, denn das, was Raskolnikoff hier ›äußert‹, ist ja gerade keine Rede, die an jemanden *gerichtet* wäre.

Kim: Ja, der ›ontologische Status‹ des inneren Monologs ist zwar einerseits völlig klar, andererseits aber auch immer ein wenig rätselhaft. Die Worte sind fiktionsintern an niemanden gerichtet, tatsächlich aber – vom Modell literarischer Kommunikation aus gesehen – sind sie natürlich vom Autor so ›gemacht‹, dass wir als Leser sie nachvollziehen können. Ich finde übrigens, dass diese Rücksichtnahme auf Nachvollziehbarkeit in Raskolnikows innerem Monolog doch noch recht ausgeprägt ist. Trotz allem werden ja im Wesentlichen wohlformulierte und nicht einmal ganz kurze Sätze geboten. Auch ist der Monologisierende ja nicht irgendwie ›ideenflüchtig‹, vielmehr ist die ›Einheit‹ seiner Gedanken durch die Fixierung auf das Thema gegeben, das Raskolnikow in diesen ›Verhören‹ (so richtige Verhöre sind es ja nicht) mit dem Staatsanwalt umtreibt.

Toni: Wenn man von den Erzähl*techniken* aus argumentiert, sind wir hier beim Kern der Sache. Raskolnikow befindet sich in diesem Verhör mit Porfirij Petrowitsch (der mir übrigens immer sehr sympathisch war); dieser geht kurz raus und lässt den Protagonisten in einer sehr spezifischen Situation zurück: Er kann nichts *tun*, muss aber *denken*, und zwar muss er sehr fokussiert und obsessiv denken. Er ist vollauf damit beschäftigt, den bisherigen Verlauf des Gesprächs zu deuten. Daher gibt es keinen Anlass, mit den Gedanken abzuschweifen oder sich durch Eindrücke ablenken zu lassen. Daher auch die nochmalige Betonung der ›Blitzartigkeit‹ dieser Gedanken durch die Erzählinstanz am Ende. Das Bewusstsein Raskolnikows zerfasert und zerfleddert nicht, sondern ist ganz und gar auf seinen eigenen Fall fixiert. Es herrscht eine selbstrefenzielle Bezugnahme der Bewusstseinsvorgänge aufeinander. Das jeweils nächste Glied der Gedankenkette ergibt sich daher aus dem vorangegangenen Glied, nicht aus einer Wahrnehmung der Welt, die irgendwie störend dazwischentritt. Genau das, würde ich sagen, sind die Bedingungen, unter denen die (vermeintlich) unmittelbare Textualisierung von Bewusstseinsprozessen *angebracht* ist. Das heißt, sie wird als eine *Erzähltechnik* verwendet, die nicht dazu da ist, als solche *aufzufallen*, sondern unauffällig zu *funktionieren.*

Kim: Deswegen sollte man sich, wenn es um die Erzähl*techniken* geht, nicht auf Texte wie *Leutnant Gustl* von Arthur Schnitzler kaprizieren, die von vorne bis hinten im inneren Monolog gehalten sind, weil bei denen eher die sehr auffällige Demonstration eines *Verfahrens* im Vordergrund steht. Und auffällig ist es nicht nur, weil der gesamte Text ein innerer Monolog ist, sondern weil – damit natürlich zusammenhängend – auch Situationen im inneren Monolog wiedergegeben werden müssen, die eben nicht sonderlich gut als Bewusstseinsprozesse darstellbar sind, nämlich die Handlungselemente und die Wahrnehmungen.

Toni: Ja, man sollte sich nicht auf die bekannten ›Einschnitte‹ 1800/1900 fixieren. Die erzähltechnischen Mittel zur Darstellung von Bewusstseinsvorgängen entwickeln sich auf verschlungenen Wegen und vielfache Weisen über das ›lange 19. Jahrhundert‹ hinweg (wenn ich diesen vielstrapazierten Begriff in den Mund nehmen darf). Dostojewskis Roman ist aus den 1860er Jahren. Wahrscheinlich kann man weitere Passagen von etwa dieser Art aus der Literatur der zweiten Hälfte des 19. Jahrhunderts zusammentragen. Die Entwicklung eines ›nicht-rhetorischen‹, ›nicht-theatralen‹ inneren Monologs erscheint dann als gleichsam natürliche Fortentwicklung der übrigen Methoden zur Darstellung von Bewusstseinsvorgängen. Mir war es allerdings – etwas widersprüchlich – darum zu tun, darüber hinaus das Artifizielle dieser Technik als solcher zu betonen.

Kim: Nach deiner Auffassung sind ja alle Erzähltechniken artifiziell. Und der innere Monolog ist es in ausgezeichneter Weise, weil er sozusagen jede Beziehung zum Erzähler-Erzählen aufgekündigt hat. Wenn man den inneren Monolog als eine Erzähltechnik bezeichnen möchte, so ist es eigentlich eine, die jenseits des Erzählens ist. Denn hier wird ja nicht erzählt, sondern stumm gesprochen. Und ich verstehe jetzt auch, wie du die beiden Formen der Darstellung von Bewusstseinsvorgängen, über die wir heute gesprochen haben, als Pole auffassen kannst, die auf entgegengesetzte Weise nicht mehr erzählerisch sind. Die analytische Darstellung überschreitet das Erzählerische, wie wir anhand der Stellen aus dem *Anton Reiser* gesehen haben, hin auf einen deskriptiv-explikativen Diskurs. Im inneren Monolog hingegen wird die darstellende Sprachfunktion des Erzählens durch die expressive Sprachfunktion ersetzt.

Toni: Man kann diese Gegenüberstellung noch auf andere Aspekte ausweiten. Interessant ist vor allem der zeitliche Aspekt: Die analytische Darstellung ist *per se* summarisch und damit raffend, während der innere Monolog *per se* zeitdehnend ist.
Kim: Das stimmt wohl in diesem Fall. Vogt spricht aus Anlass des Raskolnikow-Monologs von der »zeit*dehnenden* Wirkung dieser Schreibweise«[207]. Aber ist das immer so?

Toni: Bei Dostojewski selbst wird ja indirekt betont, dass das Ganze ›in Wirklichkeit‹ viel schneller ablief als in der sprachlichen Repräsentation. Im Allgemeinen kann man schneller denken als die sprachliche Repräsentation dieses Denkens rezipieren – bzw., dass das so sei, gehört zu unserem Erfahrungswissen, das wir darüber hinaus durch die Literatur und durch andere Medien vermittelt bekommen. Deswegen akzeptieren wir ja auch Texte wie *An Occurance at Owl Creek Bridge*, wo sich ja die gesamte Fluchtgeschichte als Fantasie eines Sterbenden erweist;

und bei *Zwischen neun und neun* soll sogar ein ganzer Roman daraus bestehen ... Aber dieser Topos von der Geschwindigkeit des Denkens im Verhältnis zu seiner sprachlichen Repräsentation ist in unserem Zusammenhang vielleicht nicht einmal das zentrale Argument. Entscheidend ist doch eher, dass sich der innere Monolog vor allem dort als Erzähltechnik anbietet, wo sich das Subjekt in einem besonders drängenden Zustand befindet, wie es hier, bei Raskolnikow, auf mustergültige Weise der Fall ist. Der innere Monolog, würde ich sagen, ist tendenziell der Darstellung einer verdichteten Zeit gewidmet.

Kim: Das klingt plausibel, gilt aber doch wohl nur für eine bestimmte Unterabteilung. Oder jedenfalls gibt es ja auch die inneren Monologe, die mehr in Richtung *stream of consciousness* gehen, wo ein Subjekt also umgekehrt in einen Schlaf oder einen Halbschlaf gleitet, wie – am berühmtesten – Molly Bloom am Schluss des *Ulysses* von James Joyce.

Toni: Da hast du wieder recht. Aber das sind vielleicht auch nicht die Texte, in denen der innere Monolog als Erzähltechnik (im weiteren Sinne) auf eine unauffällige Weise funktioniert, weil er in eine Erzählung *integriert* werden kann. Hinsichtlich der Zeitdarstellung ist mir auch noch etwas anderes wichtig. Wir hatten ja gesagt, dass die analytisch-deskriptive Darstellung zum iterativen Erzählen tendiert; diese Iterativität ist nun im ›inneren Monolog‹ allerdings kategorisch ausgeschlossen. Alles, was im inneren Monolog steht, ist ja als ein singuläres Gedanken-Ereignis aufzufassen, das sich zu einem bestimmten Zeitpunkt zugetragen hat. Es gibt eben keine Instanz, die etwas – zum Beispiel mehrere Ereignisse der gleichen Art – zusammenfasst.

12. Erlebte Rede

Toni: Ich beginne mit einer Behauptung: Die sogenannte erlebte Rede steht im Zentrum aller modernen Erzähltechniken, sie ist eine Art ›Ankerpunkt‹.

Kim: Ich habe schon in unseren letzten Gesprächen bemerkt, dass du dieses Thema sehr mit Bedeutung befrachtest. Ich könnte ja sagen: Die erlebte Rede ist doch eine ganz einfache Sache, die wir im Rahmen unseres Gesprächs über die Textinterferenz bereits definiert haben: Wenn sich alle Merkmale des betreffenden Textausschnitts – außer *Personalform* und *Tempus* – nach der Figur richten, dann handelt es sich um erlebte Rede. Ich glaube, ich nehme für unser heutiges Gespräch den Standpunkt ein, dass die erlebte Rede deutlich überbewertet wird. Du magst mich eines Besseren belehren und deine Behauptung vom ›Ankerpunkt‹-Charakter der erlebten Rede plausibilisieren.

Toni: Das dürfte mir nicht schwerfallen, wenn ich Schritt für Schritt vorgehe. Schauen wir uns zunächst eine Textstelle bei Jane Austen an, in deren Romanen die erlebte Rede (bzw. wie der englische Terminus heißt: die *free indirect speech*) zum ersten Male systematisch zur Anwendung kommt. In ihrem Roman *Emma* (von 1815) beispielsweise denkt die Titelheldin, die sich mit mäßigem Erfolg als Ehestifterin versucht, über ihren unglücklich verliebten Schützling Harriet nach:

»Hätte sie nur Harriet alle ihre Eindrücke darüber mitteilen können! Sie hatte sie zur Liebe überredet; aber ach! Man konnte sie ihr nicht so leicht wieder ausreden. Der Zauber einer Sache, welche die Leere in Harriets Geist ausfüllte, war nicht durch einfaches Zureden zu vertreiben. Er konnte höchstens von etwas anderem überlagert werden, das war klar, selbst ein Robert Martin wäre dazu geeignet; aber sie befürchtete, daß sonst nichts sie zu kurieren imstande wäre. Harriet gehörte zu den Menschen, die erst einmal verliebt, es immer sein würden. Jetzt war das arme Mädchen durch das Wiederauftauchen Mr. Eltons schlimm dran, sie erspähte ihn dauernd irgendwo. Während Emma ihn nur einmal gesehen hatte, war Harriet ihm bestimmt *gerade* begegnet, oder hatte ihn *gerade* verpasst, *gerade* seine Stimme gehört, oder seine Schulter erspäht, es hatte sich *gerade* etwas ereignet, was dazu geeignet war, ihn in ihrer Erinnerung zu bewahren.«[208]

Diese Passage wird man kaum irgendwie merkwürdig, schwierig oder sperrig finden. Dass es sich hier um erlebte Rede nach allen Regeln der Kunst handelt, kann man leicht mithilfe der Merkmalsliste von Wolf Schmid erkennen. Zunächst einmal bezieht sich die *Perzeption* selbstverständlich auf die Figur Emma – die Erzählung übernimmt ihr Thema; auch die *ideologische Perspektive* ist die Emmas, was an wertenden Ausdrücken wie »schlimm dran« oder das »arme Mädchen« deutlich wird. Das *Zeigesystem* ist ebenfalls das der Figur – das »Jetzt« bezieht sich auf die Figur, nicht auf die Erzählinstanz; dass die Figur auch die *Sprachfunktion* dominiert, machen schon die Ausrufezeichen zu Beginn der Passage evident. Bei der *Lexik* und der *Syntax* verhält es sich allerdings weniger eindeutig. Ich würde jedoch sagen, die etwas umgangssprachliche Wendung »zu kurieren imstande« verweist schon auf die Figur, und was die Syntax angeht, so ist sie nicht so elaboriert, dass man sie nun der Erzählinstanz zuschreiben müsste. Allein die *Personalform* (dritte Person) und das *Tempus* (Präteritum) verweisen auf die Erzählinstanz.

Kim: Die Schwierigkeit der Zuordnung von Lexik und Syntax – bis zu einem gewissen Grade auch der ideologischen Merkmale – hängt wohl damit zusammen, dass die Protagonistin aus ähnlichen Verhältnissen mit einem ähnlichen Wertesystem stammt wie die Autorin (bzw.: die Erzählerin). Abgesehen davon ist klar: Es sind Gedankengänge – Bewusstseinsprozesse – der Figur, die hier erzählt werden. Und zwar, ohne dass das explizit gekennzeichnet würde durch entsprechende *inquit*-Formeln (›dachte sie‹, ›sagte sie zu sich‹, ›überlegte sie‹) und damit durch eine Erzähltechnik, die zwar neuartig sein mag, aber – zumindest für unsere Ohren – unauffällig eingesetzt wird.

Toni: Schauen wir uns aber die folgende Stelle noch einmal genauer an: »Er konnte höchstens von etwas anderem überlagert werden, das war klar, selbst ein Robert Martin wäre dazu geeignet; aber sie befürchtete, daß sonst nichts sie zu kurieren imstande wäre. Harriet gehörte zu den Menschen, die erst einmal verliebt, es immer sein würden.« Hier scheint doch die erlebte Rede in etwas anderes überzugehen. Jedenfalls fragt es sich, ob der Einschub »das war klar« ein Gedanke der Figur ist oder die Klassifizierung eines Gedankengangs der Figur durch die Erzählinstanz. Und das »sie befürchtete« ist doch wohl als eine von der Erzählinstanz eingesetzte *inquit*-Formel zu bewerten.

Kim: Das zeigt doch nur, dass die erlebte Rede ein flexibles Mittel ist, das mit anderen erzählerischen Mitteln der Bewusstseinsdarstellung bestens harmoniert.

Toni: Damit benennst du ein Merkmal, das du im Laufe unserer Gespräche selber mehrmals betont hat, nämlich das der *Übergänglichkeit*, das auf verschiedenen Ebenen des Erzählens eine entscheidende Rolle spielt. Diese Übergänglichkeit hängt damit zusammen, dass es bei der erlebten Rede – anders als bei der indirekten Rede oder dem Gedankenbericht – kein sprachliches

Kriterium gibt, anhand dessen man sie identifizieren kann. Der Satz »Harriet gehörte zu den Menschen, die erst einmal verliebt, es immer sein würden«, könnte ebenso gut der Erzählinstanz zugeordnet werden wie der Figur – in diesem Falle neigen wir dazu, ihn der Figur zuzuordnen, weil er von erlebter Rede gerahmt ist. Dieses Fehlen linguistischer Kriterien hat zu einem nicht geringen Teil dazu beigetragen, dass die ›erlebte Rede‹ seit über hundert Jahren (seit sie zu Beginn des 20. Jahrhunderts identifiziert und definiert worden ist) immer wieder thematisiert wird, und zwar sowohl von Literaturwissenschaftlern als auch von Linguisten.[209]

Kim: Dein Hinweis auf die Übergänglichkeit überzeugt mich natürlich. Die Zuordnungsproblematik wird ja auch bei Vogt thematisiert, der sich auf eine klassische Untersuchung von Roy Pascal bezieht.[210] Die »Abgrenzung zwischen Erzählerbericht und erlebter Rede« sei schwierig und bisweilen nicht möglich.[211] Das »eigentümliche *Fluktuieren* erlebter Rede zwischen verschiedenen grammatischen Formen und Ausdrucksqualitäten« mache sie jedoch »besonders geeignet, subjektive, flüchtige, in sich widersprüchliche, affektiv betonte Zustände, Phasen und Reflexe der Psyche einzufangen und dem Leser zu vermitteln«[212]. Der Begriff des *Fluktuierens* (den ja auch Käte Hamburger zur Kennzeichnung der ›Erzählfunktion‹ verwendet) zielt wohl in etwa auf das, was wir ›Übergänglichkeit‹ genannt haben. Aber vielleicht sollten wir uns jetzt noch ein paar mehr Beispiele anschauen, um die mögliche Bandbreite dieser Erzähltechnik zu konkretisieren.

Toni: Vorher möchte ich noch auf eine Besonderheit in der Passage aus Jane Austens *Emma* hinweisen. Im letzten Drittel geschieht ja noch etwas Neues. Wenn es heißt: »Während Emma ihn nur einmal gesehen hatte, war Harriet ihm bestimmt *gerade* begegnet, oder hatte ihn *gerade* verpasst, *gerade* seine Stimme gehört, oder seine Schulter erspäht, es hatte sich *gerade* etwas ereignet, was dazu geeignet war, ihn in ihrer Erinnerung zu bewahren«, dann ist das ja weiterhin eine auf Emma bezogene erlebte Rede, zugleich aber nistet sich in dieser ›Rede‹ ein Partikel einer *anderen* Rede ein, nämlich von Harriet selbst, die offenbar immerfort das Wort »gerade« verwendet, das hier deswegen viermal auftaucht und zudem hervorgehoben wird. Ich finde das deswegen interessant und wichtig, weil es deutlich macht, dass die erlebte Rede nicht nur eine *Dual Voice* sein muss (wie der Titel des Buches von Roy Pascal ja lautet), sondern dass sie sozusagen offen dafür ist, sich noch andere Diskurse, andere Reden einzuverleiben oder weiterzugeben. Die erlebte Rede muss weder ›eigene‹ Rede des Subjekts noch Rede der erzählenden Instanz sein.

Kim: Ja, das ist plausibel, und es macht diese Erzähltechnik noch uneindeutiger.

Toni: Dieser Punkt spielt auch bei meinem nächsten Beispiel eine Rolle – die ›erlebte Rede‹ einer anderen Emma, der Emma Bovary. Auch der Roman *Madame Bovary* von Gustave Flaubert (1857) ist ein *locus classicus*. Emma, die nach ihrer Heirat mit dem langweiligen Charles in der Provinz verzweifelt, wünscht sich nach Paris:

»Paris, unermeßlicher als der Ozean, schimmerte vor den Augen Emmas in goldenem Licht. Das vielfältige Leben, das sich in diesem Durcheinander abspielte, war aber dennoch deutlich gegliedert, in klare Bilder eingeteilt. Emma sah nur deren zwei oder drei, die alle anderen verdeckten und für sich allein die ganze Menschheit darstellten. Die Welt der Gesandten bewegte sich auf glänzenden Parkettböden, in Salons voller Spiegel und um ovale Tische, auf denen Samt- und Goldfransen lagen. Da gab es Roben mit Schleppen, große Geheimnisse und Ängste, die sich hinter einem Lächeln verbargen. Dann gab es die Gesellschaft der Herzoginnen: Hier war man bleich; man stand um vier Uhr auf; die Frauen, diese armen Engel! Trugen englische Spitzen an ihren Unterröcken, und die Männer, Talente, die man wegen scheinbarer Oberflächlichkeit verkannte, ritten zum Vergnügen Pferde zuschanden, verbrachten die Sommersaison in Baden-Baden und heirateten schließlich um die vierzig herum reiche Erbinnen. [...].«[213]

Kim: Die ersten Zeilen sind hier ein Erzählerbericht, und zwar bis zu »darstellten«. Sie dienen, wenn man es funktional denkt, dazu, das Folgende als fantastisches Gespinst im Kopf der Protagonistin lesbar zu machen. Anders als bei Jane Austen (oder zumindest eindeutiger als bei ihr) gibt es dabei allerdings verschiedene Ironiesignale, welche die Distanz zwischen der Erzählinstanz und der Protagonistin zum Ausdruck bringen: »Hier war man bleich; man stand um vier Uhr auf« – das ist schon sehr ironisch, und man kommt nicht in Versuchung, diese Art des Diskurses der Erzählinstanz zuzuschlagen. Aber, wenn ich diese Passage jetzt Revue passieren lasse, kommt es mir ein wenig komisch vor, das überhaupt als ›erlebte Rede‹ zu bezeichnen. Meine Zweifel rühren nicht daher, dass in dem Gedankengebräu von Emma sozusagen ›fremdes Material‹ verarbeitet wird (diesen Aspekt hast du durch deine Nachbemerkung zum ersten Beispiel übrigens schön vorbereitet). Vielmehr hat man irgendwie das Gefühl, hier werde gar nicht ein *bestimmter* Bewusstseinsvorgang wiedergegeben, der zu einem bestimmten Zeitpunkt abgelaufen ist. Der Leser bzw. die Leserin soll sich nicht vorstellen, dass Emma diese Gespinste *einmal* im Kopf herumgewirbelt sind, sondern dass ›derlei‹ immer wieder geschah.

Toni: Genau. Auch hier gibt es eine iterative Struktur. Der Absatz vor der von mir zitierten Stelle informiert zunächst darüber, dass Emma zwei einschlägige Zeitschriften abonniert hat, dass sie dann diese Zeitschriften und alles Mögliche an Literatur liest und sich daraus etwas zusammenspinnt. Aus dem Zusammenhang wird klar, dass die zitierte Passage (die übrigens noch weitergeht und dann auch mit narratorialen Elementen durchsetzt ist) iterativ zu verstehen ist.

Kim: Ich gebe zu: Dass die erlebte Rede auch in dieser Weise transformiert werden kann, schwächt meine Behauptung, dass sie letztlich ›eine einfache Sache‹ ist, doch beträchtlich. Ich hätte gerne auch einmal ein Beispiel aus der deutschsprachigen Literatur.

Toni: Ein Jahr vor *Madame Bovary* erschien in Deutschland der Roman *Zwischen Himmel und Erde* von Otto Ludwig. Das ist ein erstaunliches Buch. Man kann es dem sogenannten poetischen Realismus zuordnen (zumal Otto Ludwig derjenige war, der diese Epochenbezeichnung erfunden hat), aber es hat erzähltechnisch so einiges zu bieten. Es geht – stark verkürzt – um ein Brüderpaar und eine Frau dazwischen. Der eine der Brüder, Fritz Nettenmair, hat zu wenig Gewissen, der andere Bruder, Apollonius Nettenmair, hat zu viel. Der erstere verliert die Frau, der andere bekommt sie nicht. Das Ganze erinnert in seiner schwülen Dramatik an einen Western mit klassischem *showdown* (in einem Kirchturm; der Titel des Romans kommt daher, dass es sich um eine Dachdeckerfamilie handelt). Hier eine von vielen Stellen, die von der erlebten Rede geprägt sind.

»Fritz Nettenmair hörte nur die Zumutung des Bruders. Er sollte ihn zu ihr führen! Er sollte ihn *jetzt* zu ihr führen! Wußte Apollonius schon von ihrem Zustand und wollte ihn benutzen? Es bedurfte der Frage nicht; wenn sie sich jetzt nur sahen, mußten sie sich verstehen. Dann war es da, wovon er wußte, es mußte kommen, und doch Verzweiflungsanstrengungen machte, ihm das Kommen zu wehren. Sie durften jetzt nicht einander gegenüberstehen; sie durften sich jetzt nicht sehen, bis er eine neue Scheidemauer zwischen sie gebaut. Woraus? Darauf zu sinnen war jetzt nicht Muße. Einen Vorwand mußte er haben, den Gang zu ihr zu verhindern, Zeit, den Vorwand zu finden. Und nur um die Zeit zu gewinnen, lachte er [...].«[214]

Kim: Da herrscht allerdings eine sehr aufgeladene – ›psychologische‹ – Stimmung, ganz anders als ich es von den eher gemäßigten Breitengraden des poetischen Realismus gewöhnt bin. Und dem entspricht die spezifische Verwendung der erlebten Rede. Man hat das Gefühl, das Ganze ist nach dem narratorialen Intro kurz davor, in einen inneren Monolog zu kippen, bevor es am Schluss wieder eine narratoriale Distanznahme gibt. Das liegt meines Erachtens an der Sprachfunktion. Die Ausdrucksfunktion dominiert hier, wie man schon an den Frage- und Ausrufezeichen erkennen kann, aber auch an den drängenden Wortwiederholungen.

Toni: Interessanterweise hat es trotz dieser Intensität den Anschein, dass sich die Lexik und die Syntax nicht unbedingt nach der Figur richten. Dafür ist die Passage doch zu wohlgeordnet und elaboriert.

Kim: Aber auf jeden Fall handelt es sich – wenn auch stilisiert – um die Darstellung von einmaligen Bewusstseinsvorgängen zu einem ganz bestimmten Zeitpunkt. Ich finde übrigens, dass auch die ideologischen Merkmale nicht eindeutig sind. Du hast ja gesagt, dass dieser Fritz Nettenmair zu wenig Gewissen hat; er ist also ›der Böse‹. An dieser Stelle wird das aber nicht deutlich. Es bleibt alles im Rahmen von Erwägungen zur Zweck-Mittel-Relation, und die Lexik ist neutral.

Toni: Wenn man das Buch liest (oft wird es als Roman bezeichnet, aber die eigentliche Gattungsbezeichnung ist »Erzählung«), ist die Wertung offensichtlich. Gleichwohl ist die Passage schon charakteristisch dafür, dass die Erzählung versucht, den Leser bzw. die Leserin (obwohl es der schwererfallen wird) die Gedankenwelt von Fritz Nettenmair nachvollziehbar zu machen. Ganz unoriginell möchte ich jetzt noch Kafka zum Beispiel nehmen. Wir haben uns ja schon über den Beginn des *Schloss*-Romans gebeugt und das merkwürdige Verhältnis zwischen interner und externer Fokalisierung bei Kafka gewürdigt. Es liegt in der Linie von Kafkas sogenanntem ›einsinnigen Erzählen‹, wie es Friedrich Beißner etwas vereinfachend genannt hat, dass die erlebte Rede bei ihm eine entscheidende Rolle spielt. In Kafkas Romanen lässt sich (bis auf wenige Ausnahmen) bekanntlich keine Erzählinstanz isolieren, von der aus ein gleichsam ›objektivierender Blick‹ auf den Protagonisten möglich wäre. Franz Stanzel subsumiert Kafkas Romane daher unter die Kategorie der personalen Erzählsituation (personale ES), die er als eine Art Ausdehnung der erlebten Rede (ER) auffasst. Bevor ich etwas aus dem *Proceß*-Roman zum Besten gebe, zitiere ich noch eine Passage, in der sich Stanzel über das Verhältnis von erlebter Rede und personaler Erzählsituation auslässt:

»Nimmt ER in einer Erzählung an Umfang so zu, daß durch sie die eindeutig auktorialen Äußerungen mehr oder weniger ganz verdrängt werden, dann stellt sich in dieser Erzählung eine personale ES ein. Die personale ES kann auch als eine auf einen längeren Erzähltext ausgedehnte ER verstanden werden. Es empfiehlt sich aber, für eine solche ausgedehnte ER den Begriff personale ES zu verwenden, weil damit zum Ausdruck gebracht wird, daß durch die Ausdehnung der ER auf einen längeren Erzähltext eine neue Orientierungslage für den Leser entsteht. Da hier die Präsenz des auktorialen Erzählers in der Vorstellung nicht mehr aufgerufen wird, versetzt sich der Leser ganz in das Hier und Jetzt der Figur, die an der jeweiligen Stelle als personales Medium oder Reflektorfigur fungiert. Damit hört, genau genommen, auch ER auf, Ausdruck einer ›dual voice‹ zu sein, da die auktoriale Stimme so gut wie nicht mehr hörbar ist.«[215]

Kim: Da sind nun aber verschiedene Begriffe drin, die wir bisher eher umgangen haben. »Reflektorfigur«, »personale Erzählsituation« – solche Begriffe sind nicht so ganz einfach mit unseren bisher präferierten Kategorien zu verrechnen.

Toni: Das ist mir schon klar. Ich möchte damit vor allem zweierlei deutlich machen. Erstens wollte ich auch von dieser Seite noch einmal zeigen, dass die erlebte Rede ein sehr umfassendes Phänomen ist: Ein Erzähltext, der sich sozusagen an eine Figur ›kettet‹ und damit eine personale Erzählsituation hervorbringt, lässt sich Stanzel zufolge als *Verallgemeinerung* von erlebter Rede auffassen. Das gilt für Romane der sogenannten Weltliteratur nicht weniger als für Unterhaltungsliteratur. Und zweitens finde ich es – damit zusammenhängend – wichtig zu betonen, dass sich Kafkas Erzählen keineswegs neuer technischer Mittel bedient, sondern dass er aus den ihm zur Verfügung stehenden technischen Mitteln radikale Konsequenzen zieht. Gerade deshalb ist sein Werk nicht nur singulär, sondern auch paradigmatisch. Hier ist eine Passage aus dem ersten Kapitel, in dem Josef K. bekanntlich verhaftet wird:

»K. achtete auf diese Reden kaum, das Verfügungsrecht über seine Sachen, das er vielleicht noch besaß, schätzte er nicht hoch ein, viel wichtiger war es ihm, Klarheit über seine Lage zu bekommen; in Gegenwart dieser Leute konnte er aber nicht einmal nachdenken, immer wieder stieß der Bauch des zweiten Wächters – es konnten ja nur Wächter sein – förmlich freundschaftlich an ihn, sah er aber auf, dann erblickte er ein zu diesem dicken Körper gar nicht passendes trockenes, knochiges Gesicht mit starker, seitlich gedrehter Nase, das sich über ihn hinweg mit dem anderen Wächter verständigte. Was waren denn das für Menschen? Wovon sprachen sie? Welcher Behörde gehörten sie an? K. lebte doch in einem Rechtsstaat, überall herrschte Friede, alle Gesetze bestanden aufrecht, wer wagte, ihn in seiner Wohnung zu überfallen? Er neigte stets dazu, alles möglichst leicht zu nehmen, das Schlimmste erst beim Eintritt des Schlimmsten zu glauben, keine Vorsorge für die Zukunft zu treffen, selbst wenn alles drohte. Hier schien ihm das aber nicht richtig, man konnte zwar das Ganze als Spaß ansehen, als einen groben Spaß, den ihm aus unbekannten Gründen, vielleicht weil heute sein dreißigster Geburtstag war, die Kollegen in der Bank veranstaltet hatten, es war natürlich möglich, vielleicht brauchte er nur auf irgendeine Weise den Wächtern ins

Gesicht zu lachen, und sie würden mitlachen, vielleicht waren es Dienstmänner von der Straßenecke, sie sahen ihnen nicht unähnlich – trotzdem war er diesmal, förmlich schon seit dem ersten Anblick des Wächters Franz, entschlossen, nicht den geringsten Vorteil, den er vielleicht gegenüber diesen Leuten besaß, aus der Hand zu geben.«[216]

Am Anfang dieses Abschnittes herrscht zwar interne Fokalisierung, aber noch keine erlebte Rede. Diese beginnt manifest mit dem Einschub: »es konnten ja nur Wächter sein«. Dass ihn der »Bauch des zweiten Wächters« anstößt, könnte auch Erzählerbericht sein; aber das Wort »Wächter« erweist sich dann sogleich als eine Wortwahl, die *nicht* auf die Erzählinstanz zurückgeht, sondern sich der Interpretation der Figur verdankt. Also ist auch diese Mitteilung schon von der erlebten Rede kontaminiert, obwohl sie natürlich (bis zum Ende dieses ersten Satzes) an und für sich keine erlebte Rede ist, da sie von *Wahrnehmungen* des Protagonisten handelt. Interessanterweise wird das Ganze übrigens durch ein »immer wieder« eingeleitet, was darauf hindeutet, dass alles Folgende wieder iterativ zu verstehen ist (aber das nur am Rande). Mit den folgenden, für Kafka nicht untypischen Fragesätzen – beginnend mit: »Was waren denn das für Menschen?« – sind wir bei der eindeutigen erlebten Rede angelangt.

Kim: Hier möchte ich mich einschalten, weil mir beim letzten dieser Fragesätze etwas aufgefallen ist. Warum steht da: »K. lebte doch in einem Rechtsstaat [...]« und nicht »*Er* lebte doch in einem Rechtsstaat [...]«? Diese Selbstbenennung passt doch nicht zur erlebten Rede; man redet sich ja nicht selbst mit Namen an. Dadurch entsteht doch irgendwie der Eindruck, dass sich die Erzählinstanz sozusagen zusammen mit K. über diese seltsame Verhaftung wundert.

Toni: Du hast recht. Diese Namensnennung ist symptomatisch dafür, dass wir uns in einer Situation befinden, in der die Erzählinstanz und die Figur miteinander verwechselt werden können *und* in der sich die Erzählinstanz sozusagen selbst mit der Figur verwechseln kann. Nehmen wir in diesem Zusammenhang auch die Fortsetzung: »Er neigte stets dazu, alles möglichst leicht zu nehmen, das Schlimmste erst beim Eintritt des Schlimmsten zu glauben, keine Vorsorge für die Zukunft zu treffen, selbst wenn alles drohte. Hier schien ihm das aber nicht richtig [...].« Das kann ebenso ein Kommentar der Erzählinstanz sein, die Auskunft über eine charakterliche Besonderheit von Josef K. gibt, oder es kann – dann als erlebte Rede – ein Gedanke von Josef K. sein, der sich selbst so einschätzt. Der Witz der erlebten Rede besteht sozusagen darin, dass sich das prinzipiell nicht unterscheiden lässt. Man kann nun einwenden, es sei letztlich egal, wem man diesen Gedanken zuordnet, und deswegen solle man auf die Zuordnung überhaupt verzichten. Aber mit dieser Argumentation hat man wiederum etwas sehr Implikationsreiches vorausgesetzt – dass nämlich die Figur und die Erzählinstanz einander gewissermaßen sehr *ähnlich* sind. Die Gedanken Josef K.s, welche die Situation zu erfassen versuchen, sind dann zugleich die Gedanken der Erzählinstanz, welche mittels des Mediums der Figur die Situation erkunden.

Kim: Streng genommen weicht das doch den Begriff der Diegese selbst auf. Im einen Fall, wenn es sich um einen Gedanken der Erzählinstanz handelt, gehört dieser Gedanke nicht zur Diegese; hingegen dann, wenn er ein von der Erzählinstanz in erlebter Rede wiedergegebener Gedanke von Josef K. ist, gehört er zur Diegese. Das ist auf eine gänzlich unauffällige Weise sehr merkwürdig. Meine probehalber aufgestellte Behauptung, die erlebte Rede sei im Grunde eine einfache Sache, lasse ich hiermit endgültig fahren. Ich sehe auch, dass diese strukturelle Dominanz der erlebten Rede jeden festen Standpunkt förmlich aufsaugt.

Toni: Ich würde gerne noch einen anderen Aspekt der erlebten Rede ansprechen. Üblicherweise sind die Beispiele für erlebte Rede aus heterodiegetischen Erzähltexten genommen, und dann ist die Personalform die der Erzählinstanz. Aber in der homodiegetischen Erzählung kann es ebenfalls erlebte Rede geben, und dann fällt eben die Personalform der Erzählinstanz mit derjenigen der Figur zusammen. Die erlebte Rede wird dann sozusagen noch unscheinbarer. Hier ein Beispiel aus einem meiner Lieblingsromane, *Hunger* von Knut Hamsun aus dem Jahre 1890. Das ist ein Ich-Roman, in dem die ganze Bandbreite möglicher Bewusstseinszustände eines namenlosen Ich durchlaufen wird, das mehr oder weniger hungernd durch die Straßen von Kristiania (das ist das heutige Oslo) streift. Hier eine – mehr oder weniger beliebige – Stelle:

»War es nun nicht auch, um zum Teufel zu fahren, daß meine Widerstände kein Ende nehmen wollten! Mit langen wütenden Schritten, den Rockkragen brutal in den Nacken heraufgeschlagen und die Hände in die Hosentaschen geballt, ging ich und schimpfte während des ganzen Weges auf meinen unglücklichen Stern. Seit sieben, acht Monaten nicht eine einzige wirklich sorgenfreie Stunde, keine einzige kurze Woche das nötigste Essen – und nun zwang die Not mich abermals auf die Knie. Bei alledem war ich tätig gewesen und mitten in allem Elend ehrlich geblieben, ehrlich, hehe, bis zum alleräußersten! Gott bewahre mich, wie närrisch war ich gewesen! Und ich erzählte mir selbst, wie ich sogar ein schlechtes Gewissen gehabt hatte, als ich einmal Hans Paulis Decke versetzen wollte. Ich lachte höhnisch über meine zarte Rechtschaffenheit, spuckte verächtlich auf die Straße und fand kein Wort, das stark genug war, mich wegen meiner eigenen Dummheit zum Narren zu halten. Das sollte jetzt nur sein! Fände ich in diesem Augenblick den Sparpfennig eines Schulmädchens auf der Straße, den einzigen Ör einer armen Witwe, ich würde ihn aufheben und in die Tasche stecken, ihn mit bestem Gewissen stehlen und danach die ganze Nacht wie ein Stein schlafen. Nicht umsonst hatte ich für nichts und wieder nichts so unsäglich viel gelitten, meine Geduld war zu Ende, ich war zu allem bereit, was es auch sein mochte.«[217]

Kim: Voraussetzung des Ganzen ist auch hier, dass der Standort der Erzählinstanz völlig ausgeblendet ist. Es gibt eine restlose Fokussierung (und Fokalisierung) auf das ›erlebende Ich‹. Allein die Möglichkeit, das Präteritum (und die zu ihm gehörigen Tempusformen wie das Plusquamperfekt) zu verwenden, bleibt erhalten und weist darauf hin, dass hier eine vergangene Epoche zur Darstellung kommt. Und eben deswegen können alle Formen der Bewusstseinsdarstellung zur Anwendung kommen, ohne dass es zu Unklarheiten kommt. Die erlebte Rede ist ja nur eine von ihnen. Zum Beispiel, wenn es heißt: »Das sollte jetzt nur sein! Fände ich in diesem Augenblick den Sparpfennig eines Schulmädchens auf der Straße, den einzigen Ör einer armen Witwe, ich würde ihn aufheben und in die Tasche stecken« – dann ist das ganz klar erlebte Rede. Es gibt aber auch Bewusstseinsbericht, Psycho-Narration sozusagen; hier zum Beispiel fasst die Erzählinstanz zusammen: »Und ich erzählte mir selbst, wie ich sogar ein schlechtes Gewissen gehabt hatte, als ich einmal Hans Paulis Decke versetzen wollte.« Der Ausruf davor ist übrigens auch interessant: »Gott bewahre mich, wie närrisch war ich gewesen!« Der zweite Teil ist erlebte Rede, aber der erste scheint ja – wegen des Präsens – ein direktes Zitat zu sein. Andererseits kann man einen Ausruf wie »Gott bewahre mich« gar nicht in erlebte Rede transformieren. Die Passage hat eine sogartige Wirkung, der man sich kaum entziehen kann. Der ganze Roman ist so. Das, was ich Übergänglichkeit nenne, haben wir hier in Reinform. Bei der erlebten Rede kann man sich nicht ganz sicher sein, ob es sich um erlebte Gedankenrede handelt (welche immer auch die Frage nach dem Verhältnis von Denken und Sprechen aufwirft, wie wir festgestellt haben) oder um erlebte gesprochene Rede. In *Hunger* ist das Denken des »Ich« tendenziell nahe am Sprechen. Das ist auch in dieser Passage so. Dieses Ich erzählt sich selbst etwas, es lacht höhnisch, spuckt auf die Straße, sucht nach starken Worten. Das liegt daran, dass es sozusagen *outriert* ist, dass es keine Distanz zu sich hat, weil es sich permanent in einer Art Ausnahmezustand befindet.

Toni: Trotzdem gibt es auch in dieser monologischen Passage Stellen, bei denen es – genau besehen – unklar ist, ob es sich um einen Erzählbericht handelt oder um einen Gedanken des Subjekts, das nun doch eine vorübergehende Distanz zu sich einnimmt. Zum Beispiel hier: »Seit sieben, acht Monaten nicht eine einzige wirklich sorgenfreie Stunde, keine einzige kurze Woche das nötigste Essen – und nun zwang die Not mich abermals auf die Knie.« Ich habe gesagt, es ist *genau besehen* unklar, weil das ganz unauffällig bleibt und auch unerheblich ist. Denn die Erzählinstanz entfernt sich bei dem, was sie hinzufügen mag, in keiner Weise von dem, was dem Subjekt als eigener Gedanke in seiner Lage zugetraut werden kann. Die spezifische ›Sprachlichkeit‹ der erlebten Rede in diesem Roman, die du sehr richtig festgestellt hast, setzt sich ja auch gleich im Anschluss durch, wenn es heißt: »Bei alledem war ich tätig gewesen und mitten in allem Elend ehrlich geblieben, ehrlich, hehe, bis zum alleräußersten!« Das hört sich zunächst an wie die Aussage der Erzählinstanz, bis dann das »hehe« dazwischentritt und deutlich macht, dass sich das Subjekt hier selber etwas ›vorerzählt‹. Dieses »hehe« (das öfter im Roman vorkommt) ist, wie das »Gott bewahre mich« ein direkt zitierter Splitter eines inneren (oder sogar äußeren) Monologs. Es ist wirklich wahr, diese Passage (bzw. dieser Roman) macht sehr anschaulich, welche Funktion der ›Übergänglichkeit‹ zukommt. Abschließend möchte ich noch ein weiteres Beispiel für erlebte Rede in der ersten Person geben. Es ist mir eingefallen, weil wir ja schon bei unseren Überlegungen zur internen Fokalisierung im Rahmen des von Roland Barthes vorgeschlagenen *rewriting* auf Kafkas *Schloss* gekommen sind. Hier noch einmal eine recht unscheinbare Stelle aus diesem Roman; K. begleitet den Boten Barnabas in dem Glauben, dieser gehe ins Schloss (in Wahrheit geht er zu sich nach Hause).

»Da blieb Barnabas stehn. Wo waren sie? Gieng es nicht mehr weiter? Würde Barnabas K. verabschieden? Es würde ihm nicht gelingen. K. hielt Barnabas Arm fest, daß es ihn selbst fast schmerzte. Oder sollte das Unglaubliche geschehen sein und sie waren schon im Schloß oder vor seinen Toren? Aber sie waren ja soweit es K. wußte gar nicht gestiegen. Oder hatte ihn Barnabas einen so unmerklich ansteigenden Weg geführt?«[218]

Kim: Das ist fast durchgehend erlebte Rede (bis auf den ersten Satz und den Einschub, dass K. den Arm des Barnabas festhält). Das Zitat stammt sicherlich noch aus dem Abschnitt des Romans, den Kafka zunächst in der ersten Person verfasste. Ursprünglich stand er also in erlebter Rede mit erster Person.

Toni: Genau: Mithilfe des Apparatbands der kritischen Kafka-Ausgabe kann man das rekonstruieren:

»Da blieb Barnabas stehn. Wo waren wir? Gieng es nicht mehr weiter? Würde Barnabas mich verabschieden? Es würde ihm nicht gelingen. Ich hielt seinen Arm fest, daß es mich fast schmerzte. Oder sollte das Unglaubliche geschehen sein und wir waren schon im Schloß oder vor seinen Toren? Aber wir waren meines Wissens gar nicht gestiegen. Oder hatte mich Barnabas einen so unmerklich ansteigenden Weg geführt?«[219]

Das ist nun erlebte Rede in der ersten Person. Kafka musste fast nichts ändern, um die Umschrift von der ersten in die dritte Person vorzunehmen.

Kim: Das ist schon richtig. Aber was willst du damit zeigen? Die eigentliche ›Leistung‹ Kafkas besteht in seinen besonderen Restriktionen bei der Verwendung der ersten Erzählperson. Er verwendet die erste Erzählerperson schon wie die dritte, und deshalb kann er sie später einfach durch die dritte ersetzen. Das haben wir ja, als wir über die interne Fokalisierung sprachen, bereits festgestellt.

Toni: Ich wollte eigentlich auch gar nichts mehr zeigen. Mir lag nur etwas an dem Beispiel.[220]

13. Analepsen

Kim: Über die Kategorie *Zeit*, wie Genette sie definiert – mit den Unterabteilungen *Dauer*, *Ordnung* und *Frequenz* –, haben wir bis jetzt noch recht wenig gesprochen, auch wenn indirekt verschiedentlich davon die Rede war.

Toni: Wir sollten uns die Kategorie Zeit anhand der Analepsen erschließen. Der naheliegende Grund ist, dass Analepsen *erzähltechnisch* gesehen den größten Stellenwert haben. Dass sie wichtiger sind als die Prolepsen – also das Springen in die Zukunft –, ist ja unmittelbar evident. In die Zukunft vorausgreifen kann eigentlich nur ein nullfokalisierter Erzähler. Die Analepse hingegen ist ein Rückgriff in die Vergangenheit, die jedem von uns jederzeit möglich ist und im Erzählen einen großen Raum einnimmt. Was die Kategorie der *Dauer* betrifft, so sind natürlich die Formen der Dehnung und der Raffung, des summarischen Erzählens erzähltechnisch ebenfalls von großer Bedeutung. Auf dieser Ebene werfen sie aber keine besonderen Probleme auf. Ich möchte allerdings gar nicht unbedingt über Analepsen im Allgemeinen sprechen, sondern über einen bestimmten Aspekt, der mit der Bewusstseinsdarstellung und der erlebten Rede zusammenhängt.

Kim: Ich ahne, dass es dir auf Analepsen ankommt, die auf die Vorgänge im Bewusstsein der Figur zurückzuführen sind – also inbesondere Erinnerungen – und nicht auf Umstellungen der

Chronologie, die durch die Erzählinstanz vorgenommen werden.

Toni: Im Prinzip hast du recht; aber lass uns das zunächst klären. Die Unterscheidung, die du gerade verwendet hast, liegt ja nahe. Ich benenne diesen Unterschied als *figurale* Analepse versus *narratoriale* Analepse. Bei Genette kommt diese Unterscheidung aber eigentlich nicht vor, insofern er die Kategorie Zeit unabhängig von der Kategorie Modus betrachtet. In seinem *Discours du récit* spielt die Kategorie Zeit ja eine sehr große Rolle, ihre Besprechung nimmt deutlich mehr Raum ein als die der beiden anderen Kategorien zusammen, was natürlich damit zusammenhängt, dass es sich ja auch um eine Untersuchung zu Prousts *Auf der Suche nach der verlorenen Zeit* handelt. In den *Elementen der Narratologie* von Wolf Schmid hingegen spielt die Kategorie der Zeit eine ganz untergeordnete Rolle. Etwas genauer: Zwischen der narrativen Ebene der *Geschichte* und der narrativen Ebene der *Erzählung* kann nach Schmid die Reihenfolge der Ereignisse umgestellt werden. Schmid spricht von der möglichen »Permutation der Episoden gegen die natürliche, chronologische Reihenfolge, die Ersetzung des *ordo naturalis* durch einen *ordo artificialis*«[221].

Kim: Damit kann ja offensichtlich nur das gemeint sein, was du eben *narratoriale Analepse* genannt hast.

Toni: Das sehe ich genauso. Silke Lahn und Jan Christoph Meister verwenden in ihrer *Einführung in die Erzähltextanalyse* den Ansatz von Wolf Schmid und schreiben unter der Überschrift »Ordo naturalis vs. ordo artificialis«, man spreche von einer Analepse, wenn »der Erzähler nachholend berichtet, was sich vorher ereignet hat«[222]. Aber dann bringen sie als einziges Beispiel das folgende, nämlich die ersten Sätze von Alfred Döblins *Berlin Alexanderplatz*:

»Er stand vor dem Tor des Tegeler Gefängnisses und war frei. Gestern hatte er noch hinten auf den Äckern Kartoffeln geharkt mit den andern, in Sträflingskleidung, jetzt ging er im gelben Sommermantel, sie harkten hinten, er war frei.«

Anhand dieses Beispiels führen sie dann den Unterschied zwischen figuraler und narratorialer Analepse ein:

»Allem Anschein nach ist es nicht der Erzähler, sondern Biberkopf selbst, der sich an den vorigen Tag erinnert, denn ›gestern‹ verweist auf die Perspektive der Figur. Diese Analepse ist demnach *figural motiviert.* Die Erinnerung selbst ist damit zum chronologisch korrekten Zeitpunkt des Erinnerns wiedergegeben; so gesehen folgt eine figural motivierte Analepse durchaus dem *ordo naturalis.* Analepsen können auch vom Erzähler, also *narratorial motiviert* sein. In diesen Fällen liegt ohne Einschränkung der *ordo artificialis* vor.«[223]

Kim: Die Argumentation leuchtet an sich völlig ein. Andererseits ist ihr Beispiel für die Analepse eine Textstelle, die nach Schmid überhaupt keine Analepse wäre, weil es für ihn nur narratoriale Analepsen gibt! Und bringen sie dann nicht wenigstens auch noch ein Beispiel für eine ›echte‹ narratorial motivierte Analepse nach allen Regeln der Kunst (des *ordo artificialis*)?

Toni: Nein, dafür geben sie kein Beispiel. Ich kann eines geben: »Stoffel zog seine Schuhe an, die Trude ohne sein Wissen am Tag zuvor gründlich geputzt hatte.« Hier steuert die Erzählinstanz ein zeitlich früheres Ereignis bei, von dem die Figur gar keine Kenntnis hat. Narratorial wären aber auch alle analeptischen Einschübe, bei denen davon auszugehen ist, dass die Figur im betreffenden Moment nicht an das frühere Ereignis denkt. Erzähltechnisch sind solche eindeutig narratorialen Analepsen wohl entweder sehr kurze Einschübe oder sie sind im Gegenteil recht umfangreich, wenn etwa die Erzählung – meist explizit oder zumindest markiert – zurückspringt und eine Episode eingeschoben wird, die sich zu einem früheren Zeitpunkt abgespielt hat. Übrigens lehnen sich Lahn/Meister im weiteren Verlauf des Abschnitts über die Anachronien an die rein formale Ausdifferenzierung von Genette an (wobei Prolepsen und Analepsen gleichbehandelt werden). Sie unterscheiden also zwischen der *Reichweite* und dem *Umfang* der Analepsen (wie weit gehen sie in der Zeit zurück und welchen Zeitraum decken sie ab?), zwischen *internen* und *externen* Analepsen (ob sie innerhalb der von der ›Basiserzählung‹ abgedeckten Zeit angesiedelt sind oder außerhalb) sowie zwischen *kompletiven* und *partiellen* Analepsen (solchen, die bis an den Zeitraum der Basiserzählung heranreichen, und solchen, die eine Lücke lassen). Das ist alles ganz gut und schön, erfolgt aber unabhängig von der Unterscheidung figural/narratorial.

Kim: Und wie verfährt Genette selbst? Bei ihm gibt es diese Unterscheidung doch nicht, wie du gesagt hast.

Toni: Genette geht sehr formal vor. Zunächst erklärt er:

> »Die temporale Ordnung einer Erzählung zu studieren heißt die Anordnung der Ereignisse oder zeitlichen Segmente im narrativen Diskurs mit der Abfolge derselben Ereignisse oder zeitlichen Segmente in der Geschichte zu vergleichen, insofern sie sich explizit an der Erzählung ablesen oder durch den einen oder anderen indirekten Hinweis erschließen lässt.«[224]

Es werden also mehr oder weniger mechanisch zwei Reihenfolgen verglichen, ganz gleich, welchen Status die betreffenden Ereignisse haben (ob sie zum Beispiel erinnert sind, gemutmaßt, objektiv gegeben usw.). Für die Darstellung verwendet Genette eine Notation mit Buchstaben für die Reihenfolge im Text und Ziffern für die zeitliche Lokalisierung. Ein Beispiel ist ein Satz aus *Jean Santeuil* von Marcel Proust (der Vorstufe zur *Recherche*):

»Manchmal, wenn er an dem Kossichefschen Haus vorbeikam, erinnerte er sich an die Regentage, an denen er seine Kinderfrau veranlaßt hatte, mit ihm dorthin zu pilgern. Doch er dachte an jene Zeit ohne die Melancholie, die er einst geglaubt hatte eines Tages in dem Gefühl verspüren zu müssen, daß er Marie nicht mehr liebte. Denn diese Melancholie, ja, alles, was er im voraus hineinprojiziert hatte in seine künftige Gleichgültigkeit, war nur seine Liebe gewesen. Diese Liebe jedoch existierte nicht mehr.«[225]

Genette findet nun bei seiner Mikroanalyse neun Textsegmente, die alternierend zwischen zwei Zeiten (einst – jetzt) oszillieren, sodass sich die folgende Reihe ergibt: »A2-B1-C2-D1-E2-F1-G2-H1-I2«. Der unterschiedliche Status der Segmente wird dann in einem zweiten Schritt berücksichtigt. Zum Beispiel ist das Segment B (die Regentage von früher) dem Segment A (dem Vorbeikommen am Kossichefschen Haus) *subordiniert*. Um diese Abhängigkeitsverhältnisse bzw. Hierarchiestufen darzustellen, arbeitet Genette mit Klammern, und die Formel sieht dann schließlich so aus: »A2 [B1] C1 [D1 (E2) F1 (G2) H1] I2«[226].

Kim: Das kann man aber jetzt auf die Schnelle nicht nachvollziehen ...

Toni: Das ist auch nicht nötig. Es geht nur um das Prinzip. Jedenfalls kommt Genette zu dem Ergebnis, schon dieses kleine Stückchen Text biete »im Kleinen ein sehr variationsreiches Muster der verschiedenen möglichen Temporalbeziehungen: subjektive und objektive Retrospektiven, subjektive und objektive Antizipationen, einfache Rückkehr zu der einen oder anderen der beiden Positionen«[227]. Und mit der Differenzierung zwischen subjektiven und objektiven Retrospektiven hat er ja die Unterscheidung zwischen figuralen und narratorialen Analepsen praktisch vorgenommen. Die erste, von A ausgehende Retrospektion, dass sich das Subjekt an B erinnert, ist eine *subjektive*; bei der zweiten hingegen, die von C nach D geht, ist die Erzählinstanz der Ausgangspunkt, denn »es ist offensichtlich der Erzähler, der die Abwesenheit von Melancholie erwähnt«; also handelt es sich hier um eine *objektive* Retrospektion.[228]

Kim: Ich verstehe. Aber warum spricht Genette hier von *Retrospektion* und nicht von *Analepse*?

Toni: Weil er an dieser Stelle von den Anachronien im Allgemeinen spricht und die Begriffe Analepse und Prolepse noch gar nicht eingeführt hat. Bevor er das tut, erklärt er, dass »die Unterscheidung zwischen subjektiven und objektiven Anachronien nicht zur Zeitordnung gehört«, sondern (wie ich bereits angedeutet habe) zum Modus, und er wolle diese Differenz darum »vorerst ausschalten«. Deswegen kommt also der Unterschied zwischen figuralen und narratorialen Analepsen bei Genette an dieser Stelle nicht vor. Und genauer sagt er sogar, er wolle den Terminus Analepse einführen, um den mit »psychologischen Konnotationen« behafteten Begriff der Retrospektion zu ersetzen.[229]

Kim: Gut. Insofern haben wir jetzt festgestellt, dass der Aspekt der Analepse, der dich besonders interessiert und der mir irgendwie das Verhältnis von figuraler zu narratorialer Analepse zu betreffen scheint, zumindest von den klassischen Ansätzen der Narratologie nicht sonderlich vertieft wurde.

Toni: Ja, mir geht es um das eigentümliche Verhältnis von narratorialer und figuraler Analepse. Ich würde behaupten: Das Beispiel funktioniert nur deshalb inklusive narratorialer Analepse auf so kleinem Raum, weil die narratoriale Analepse mit einer figuralen Analepse verwoben oder vermischt ist. Der Leser (bzw. die Leserin) merkt ja wahrscheinlich gar nicht, dass es sich einmal um eine subjektive und einmal um eine objektive Retrospektive handelt. Und das ist gerade der Punkt, auf den es mir in erzähltechnischer Hinsicht ankommt und der mir erzähltheoretisch bedeutsam zu sein scheint. Ich möchte, um das typische Funktionieren von Analepsen zu dokumentieren, zunächst einmal einen Romanbeginn vorstellen, der durchaus konventionell ist und gleichwohl (oder deshalb) mit allen erzähltechnischen Wassern gewaschen – den Beginn des Romans *Unterleuten* von Juli Zeh aus dem Jahre 2016:

»›Das Tier hat uns in der Hand. Das ist noch schlimmer als Hitze und Gestank.‹ Jule schaute auf. ›Ich halte das nicht mehr aus.‹

›Es bringt nichts, sich aufzuregen, Liebes.‹ Gerhard bemühte sich, seiner Stimme einen sicheren Klang zu geben. Je hysterischer Jule wurde, desto fester klammerte er sich an die Vernunft. ›Wenn man jemanden hasst, stört einen alles, was diese Person tut.‹

›Du meinst, ich soll versuchen, das Tier zu lieben? Und dann wäre es in Ordnung, dass es unser Leben zerstört?‹

›Ich meine, dass du dich nicht reinsteigern sollst. Durch die Aufregung schadest du nur dir selbst, und ...‹

Er kämpfte auf verlorenem Posten. Jule war in sich zusammengesunken und hatte zu weinen begonnen, so dass ihm nichts übrig blieb, als sich neben sie zu setzen und ihr einen Arm um die Schultern zu legen. Auf dem Schoß hielt sie die kleine Sophie, die sich in ihren Armen wand und unentwegt quengelte. Das Baby fand keine Ruhe und wachte auch nachts ständig auf, was bei der Hitze im Haus kein Wunder war. Dass Jule die Kleine ständig an die Brust presste, machte die Sache nicht besser. Seit die Feuer brannten, raubten sie sich gegenseitig den letzten Nerv.«[230]

Ich muss vielleicht noch vorwegschicken, dass der Roman in Kapitel unterteilt ist, die jeweils nach der Figur benannt sind, aus deren Perspektive das jeweilige Kapitel erzählt wird. In diesem Fall heißt das Kapitel »Fließ«, weil der »Gerhard«, der im Zitat genannt wird, mit Nachnamen »Fließ« heißt. Für unseren Zusammenhang ist der Roman vor allem im Hinblick auf die Frage interessant, wie Erzählen ›aus der Perspektive einer Figur‹ eigentlich zu verstehen ist.

Kim: Hier haben wir einen Fall von *in medias res* vor uns (also einen artifziellen Erzählbeginn). Wir wohnen – strukturell unterinformiert – einem direkt wiedergegebenen Dialog bei, ohne zu wissen, wer die Dialogpartner sind und wovon sie sprechen. So wird es wohl in den *creative writing schools* in aller Welt gelehrt. Die Analepse gehört notgedrungen zum typischen Repertoire solcher Erzählanfänge. Bei Eberhard Lämmert in den *Bauformen des Erzählens* wird das als ›aufbauende Rückwendung‹ bezeichnet.[231]

Toni: Vollkommen richtig, und mich interessiert nun, wie solche ›aufbauenden Rückwendungen‹ konkret funktionieren. Im Übrigen kommen sie – vor allem in der Erzählliteratur, die ihre Erzähltechniken unauffällig einsetzt – keineswegs nur am Anfang eines Romans oder einer Erzählung vor, sondern können tendenziell bei jedem Kapitelanfang verwendet werden. Oder genauer: nach jeder Ellipse. Die aufbauenden Rückwendungen bei Romanbeginn sind – wie auch in meinem Beispiel – selbstredend externe Analepsen; spätere Auffüllungen von (zum Beispiel durch einen neuen Kapiteleinsatz entstandenen) Ellipsen hingegen sind interne Analepsen.

Kim: Gut, und was ist nun das Besondere an deinem Beispiel?

Toni: Es geht nicht darum, dass das Beispiel etwas Besonderes ist. Ich will ja etwas Typisches zeigen. Zunächst gibt es also diesen Dialog, unterbrochen durch narrative Einschübe, in welchen die Dialogisierenden in ihrem Verhalten ein wenig näher bestimmt werden. Dann kommt ein Abschnitt, der mit dem Satz beginnt: »Er kämpfte auf verlorenem Posten.« Hier weiß man übrigens nicht, ob das erlebte Rede ist (Gerhard *denkt*, dass er auf verlorenem Posten ist) oder Erzählbericht, also ›Psycho-Narration‹ (die Erzählinstanz *stellt fest*, dass Gerhard auf verlorenem Posten ist oder sich auf verlorenem Posten *fühlt*). Nach diesem Satz geht die

Erzählung nun in ein unauffälliges, aber eigentlich bemerkenswertes *Plusquamperfekt* über: »Jule war in sich zusammengesunken und hatte zu weinen begonnen, so dass ihm nichts übrig blieb [...]«, usw. Gerhards Reaktion auf dieses Zusammengesunkensein wird dann wieder im Präteritum erzählt.

Kim: Auf jeden Fall kann der Satz im Plusquamperfekt keine erlebte Rede sein. Außerdem handelt es sich wohl um eine erste interne Analepse von außerordentlich geringer Reichweite und entsprechend geringem Umfang, die man wohl als kompletiv bezeichnen darf.

Toni: Genau. Mir geht es natürlich nicht um eine genaue Analyse dieser Textstelle, sondern um Einsichten in die allgemeine Funktionsweise von Erzähltechniken. Deswegen sagte ich ja, dass dies ein *typisches* Phänomen ist, das außerdem Einsichten bietet in das Verfahren des (artifiziellen) Erzählens überhaupt. Ich werde versuchen, das mit weiteren Beispielen zu erhärten. Aber schon hier müsste sich ja jemand, der diese Szene verfilmt, entscheiden, ab wann er Jule weinen (und übrigens auch das Baby quengeln) lassen möchte. Die verbale Erzählung kann – im Gegensatz zum Film, der in dieser Hinsicht zur Synchronizität *verdammt* ist – beides trennen – *auch beim szenischen Erzählen*. Man ist erstaunt, wie häufig das vorkommt.

Kim: Ich bin gespannt auf die Beispiele.

Toni: Ich nehme – einmal mehr – einige Stellen aus Kafkas *Schloss*-Roman. Im 14. Kapitel hält Frieda ihrem Geliebten K. im Schulhaus eine längere Ansprache, in der sie ihm sein strategisches und liebloses Verhalten vorwirft. Sie endet mit dem Vorwurf an K., dass »du kein anderes Gefühl für mich hast als das des Besitzers«. Daraufhin heißt es im Text: »Gespannt, mit zusammengezogenem Mund hatte K. zugehört, das Holz unter ihm war ins Rollen gekommen, er war fast auf den Boden geglitten, er hatte es nicht beachtet, erst jetzt stand er auf [...].«[232] Auch hier verfällt das Erzählen ins Plusquamperfekt, um in einer notwendigerweise narratorialen Analepse nachträglich zu berichten, was sich zuvor, während der Ansprache Friedas in derselben, szenisch wiedergegebenen Situation, ereignet hat.

Kim: Ja, das ist interessant. Nach den für das Erzählen im *Schloss*-Roman geltenden impliziten Regeln (wie sie freilich nur nachträglich postuliert werden können) dürfte es solche narratorialen Analepsen eigentlich nicht geben. Hätte Kafka das Geschehen in der Auseinandersetzung mit Frieda genau wiedergeben wollen, hätte er deren Ansprache unterbrechen und mitteilen müssen, dass in *diesem* Moment der Holzstoß ins Rollen gekommen ist. Eine solche Unterbrechung hätte freilich die Eigenlogik, man könnte auch sagen die *Autarkie* von Friedas Ansprache zersetzt. Statt sich aus sich selbst zu entwickeln, wäre sie durch diese Unterbrechung auf die umgebende Situation bezogen worden.

Toni: Erzähltechnisch ließe sich diese Ungleichzeitigkeit dadurch rechtfertigen, dass es ja heißt, K. habe das unter ihm ins Rollen kommende Holz in diesem Moment eben »nicht beachtet«, sodass er gewissermaßen tatsächlich erst nachträglich dieses Vorfalls gewahr wurde. Die nachträgliche Mitteilung der in der Situation nicht bewusst wahrgenommenen Störung hätte dann gerade umgekehrt die Funktion, die angestrengte Aufmerksamkeit des Protagonisten für die Ansprache seiner Geliebten hervorzuheben. Im Hinblick auf die Vorstellungsaktivität eines ›impliziten Lesers‹ bleibt diese Lösung allerdings notwendig problematisch: Soll er sich eine *gestörte* oder eine *ungestörte* Redesituation vorstellen? Soll er sich überhaupt etwas vorstellen?

Kim: Ich würde sagen: Er stellt sich, wenn er sich etwas vorstellt (und wenn das eine sinnvolle Kategorie ist, was wir hier zum

Glück nicht zu untersuchen brauchen), erst eine ungestörte und dann eine gestörte Redesitution vor.

Toni: Hier eine zweite Stelle für diese Ungleichzeitigkeit. Das 6. Kapitel schildert K.s zweites Gespräch mit der Wirtin, die in einem fensterlosen Verschlag hinter ihrer Küche im Bett liegt. Zu Beginn dieser Unterredung werden alle übrigen Personen – vor allem die beiden Gehilfen K.s – aus Verschlag und Küche gewiesen. Gleichwohl heißt es dann nach kurzer Zeit in einem Einschub: »K. konnte nicht genau zuhören, er wurde durch Klirren von Glas abgelenkt.«[233] Er findet die Störer: Es sind die Gehilfen, die immerfort ans Küchenfenster tippen und nun von ihm verscheucht werden. Danach beginnt der lange Hauptteil der scheinbar ungestörten Unterredung, die von der Wirtin schließlich mit der Aufforderung an K. beendet wird, ihr den Rock zu reichen. Und dann heißt es:

> »Ohne Rücksicht auf K. zog sie sich den Rock an und eilte in die Küche. Schon seit längerer Zeit hörte man Unruhe von der Wirtsstube her. An das Guckfenster war geklopft worden. Die Gehilfen hatten es einmal aufgestoßen und hereingerufen, daß sie Hunger hätten. Auch andere Gesichter waren dann dort erschienen. Sogar einen leisen aber mehrstimmigen Gesang hörte man.«[234]

Kim: So langsam sehe ich ein, dass es sich wirklich um ein ganz eigentümliches Verfahren handelt: Erst gibt die Erzählung also in aller Ruhe die offenbar unabgelenkten Reden und Gegenreden zwischen K. und der Wirtin wieder, und nachträglich stellt sich heraus, dass dabei ein wahres Störfeuer stattgefunden hat, von dem nun wiederum nachträglich unter Zuhilfenahme des Plusquamperfekts in einer internen Analepse berichtet wird. Es wirkt fast so, als wolle der Roman mit seinen nachgeschobenen Mitteilungen der ersten erzählten Version der Situation eine unerzählte zweite Version an die Seite stellen, die mit ihr nicht vereinbar ist, sie aber auch nicht außer Kraft setzt. Ich würde aber schon sagen, dass Kafka eine sehr spezielle Art hat, dieses erzähltechnische Verfahren zu verwenden. Du wolltest doch anhand des Romananfangs von *Unterleuten* strukturelle Zweideutigkeiten zwischen subjektiver und objektiver Retrospektive bzw. zwischen figuraler und narratorialer Analepse nachweisen. Diese Sache mit dem Plusquamperfekt ist ja eindeutig narratorial, wie wir festgestellt haben.

Toni: Natürlich, du hast recht. Bei Kafka hat die Verwendung dieses Verfahrens gewissermaßen methodischen Charakter, aber es ist noch sehr die Frage, ob diese Asynchronizität im szenischen Erzählen nicht weiter verbreitet ist, als man annimmt – etwa an so unscheinbaren Stellen wie der in *Unterleuten*. Aber ich kehre jetzt zum Beginn von *Unterleuten* zurück, um die besagte Zweideutigkeit zu explizieren. Im weiteren Verlauf dieses intern auf Gerhard fokalisierten Kapitels alterniert die Erzählung immer wieder zwischen der Gegenwart der Figuren und Reminiszenzen aus der Vergangenheit. Man kann sich nun die Frage vorlegen, ob es sich um figurale oder um narratoriale Analepsen handelt.

Kim: Dafür müsste es doch besonders zwei Kriterien geben. Ob angedeutet wird, dass sich hier jemand erinnert, und ob das Erzählte nach Art von etwas Erinnertem präsentiert wird.

Toni: Das sollte man denken, ja. Nehmen wird das erstbeste Beispiel. Das ist der unmittelbare Anschluss an das längere Zitat, das ich eben vorgelesen habe:

»Mit einem Hemdzipfel trocknete sich Gerhard das Gesicht. Die Haut spannte über den Knochen. In letzter Zeit vermied er den Blick in den Spiegel. Jule sah erschöpft aus, aber sein eigener Anblick war verheerend. Das lag an den zwei Jahrzehnten, die er ihr voraushatte, und an der Hagerkeit, die ihm jede Anstrengung scharf ins Gesicht schnitt.«

Der erste Satz berichtet einfach, was Gerhard in der Zeit der Basisnarration tut; der zweite Satz verbalisiert eine Körperempfindung, die er dabei hat; der dritte Satz scheint mir schon nicht mehr ganz eindeutig: Ist das erlebte Rede – *denkt* Gerhard daran, dass er in der letzten Zeit den Blick in den Spiegel vermeidet? Oder ist das eine Zusatzinformation der Erzählinstanz? Auch die folgenden Sätze sind in beide Richtungen lesbar.

Kim: Man kann natürlich auch hier wieder sagen: Das ist doch ziemlich egal. Nur jemand wie du macht sich darüber Gedanken, der Leser und die Leserin machen sie sich bestimmt nicht.

Toni: Das bestreite ich gar nicht. Im Gegenteil. Ich will nur zeigen, dass das erzähltechnisch sozusagen routinierte Erzählen, wie es heute *state of the art* ist, *mithilfe* solcher verdeckt bleibenden Uneindeutigkeiten operiert (um eine Bewertung geht es mir dabei erst einmal nicht). Kommen wir aber jetzt zur eigentlichen Analepse. Der nächste Absatz beginnt:

»Als Jule vor fünf Jahren zum ersten Mal in einem seiner Seminare an der Humboldt-Universität aufgetaucht war, hatte er bei ihrem Anblick spontan ›Willkommen!‹ gesagt und nicht nur die Lehrveranstaltung, sondern gleich sein ganzes Leben gemeint. Ruhig hatte Jule zwischen den anderen Studenten gesessen, rothaarig, hellhäutig und wie von Licht umgeben, was außer ihm niemand zu bemerken schien. Ihre offenen Haare und das fließende Kleid schienen von Woodstock zu erzählen und weckten in Gerhard die Sehnsucht nach einer Epoche, die er verpasst hatte. Statt mit Blumen im Haar auf Sommerwiesen zu liegen, hatte er als junger Mensch in kommunistischen Arbeitskreisen gesessen und sich Sorgen um den Zustand der Welt gemacht. Die Frauen in seiner Umgebung waren nicht halb nackt und auf LSD, sondern steckten in dunklen Rollkragenpullovern, trugen Brillen und rauchten Kette, während sie über den Kapitalismus in seiner gegenwärtigen Endphase diskutierten. Vor der Kulisse dieser Erinnerung erschien Jule als Abgesandte aus einer anderen Welt.«[235]

Kim: Also die Funktion, dass man auf diese Weise in die Vorgeschichte von Figuren eingeführt wird, ist ja ohnehin klar. Klassischerweise hat man das mit einem narratorialen Rückgriff gemacht. Und hier ist es im Grunde genauso. Das Erzählte wird nicht wie etwas Erinnertes präsentiert, auch wenn eine subjektive Reminiszenz als Ausgangspunkt suggeriert wird. Vollends deutlich wird das am Schluss des Zitats. Da ist ja *expressis verbis* von »Erinnerung« die Rede: »Vor der Kulisse dieser Erinnerung erschien Jule als Abgesandte aus einer anderen Welt.« Technisch gesehen handelt es sich schließlich ab »als junger Mensch« um eine weitere Analepse. Als die Studentin Jule bei ihm im Seminar auftauchte, hatte Gerhard eine subjektive Reminiszenz – seine eigene Studentenzeit kam ihm in den Sinn. Und *diese* Erinnerung ist am Schluss des Absatzes gemeint, also eine ›Erinnerung zweiten Grades‹, wenn man so will. Dass diese ›Erinnerung zweiten Grades‹ auch noch als »Kulisse« bezeichnet wird, finde ich übrigens etwas deplatziert. Eine solche Erinnerung zweiten Grades ist höchst unplausibel, so funktionieren Erinnerungen nicht.

Toni: Ist die Literatur gezwungen oder gehalten, die Erinnerungstätigkeit so zu modellieren, wie sie ›in der Wirklichkeit‹ funktioniert? Auch die subjektiven Reminiszenzen im Film – die Rückblenden – sind ja nicht so gebaut wie tatsächliche Erinnerungen.

Kim: Aber dort ist das doch eine Frage der filmischen Konvention: Wir erwarten, dass die Erinnerungs-Rückblenden im Film – jedenfalls meistens – ebenso ›narrativ‹ sind wie der Rest des Films. In *Unterleuten* ist das aber anders; es gibt keine entsprechende Konvention.

Toni: Ich würde eher zur umgekehrten Behauptung neigen, dass es beim reibungslos funktionierenden Erzählen (wovon wir hier ein Beispiel haben) sozusagen zu einer Konvention geworden ist, die Frage danach, ob es sich um eine figurale oder um eine narratoriale Analepse handelt, gar nicht aufkommen zu lassen. Und das geht natürlich nur bei einer Erzählperspektive, in welcher sich die Erzählinstanz nie weit von der Figur entfernt.

Kim: Ich beginne zu verstehen, worauf du hinauswillst, muss aber noch einmal auf meine Beobachtung zurückkommen, denn letztlich passt die genau zu deinem Befund. Die Analepse beginnt in unserem Beispiel wie eine subjektive Reminiszenz, verselbständigt sich dann aber. Man könnte vielleicht sagen: *Weil* die Erzählinstanz immer nahe an der Figur bleibt, gibt es sozusagen kein hartes Umschalten auf eine narratoriale Analepse, sondern die figurale Analepse zu Beginn gleitet dann unmerklich in eine narratoriale Richtung, wobei freilich das Mitgeteilte regelmäßig an den Wissensstand der Figur gebunden bleibt (also etwas ist, was die Figur sagen oder erinnern *könnte*). Die Erinnerungsakte stünden also nicht zuletzt im Dienste der ›Übergänglichkeit‹. Das würde allerdings heißen, dass es jeweils danach einen eher harten Schnitt zurück auf die Ebene der Basiserzählung gibt.

Toni: Ich denke, deine Beschreibung trifft es sehr gut. Ob diese Analepsen mit einem harten Schnitt enden müssen, wäre empirisch zu überprüfen. Ich möchte aber noch einmal betonen, dass dieser Befund die Kategorie der Diegese als solche betrifft, ganz entsprechend wie bei der erlebten Rede. Man kann weder sagen, dass diese Analepsen *als Erinnerungsakte* zur Diegese gehören, noch dass sie *nicht* dazugehören. Ich möchte dir noch einen anderen Romananfang präsentieren, der mir in seiner ›analeptischen‹ Gestaltung sowohl bemerkenswert als auch paradigmatisch zu sein scheint. Der Roman heißt *Der Zug aus Venedig* (*Le train de Venise*) und ist von Georges Simenon, aus dem Jahr 1965.

Kim: Simenon ist ja ein Erfolgsschriftsteller *par excellence*, seine Romane sollen eine Gesamtauflage von 500 Millionen Exemplaren haben. Viele kennen ihn ja nur als denjenigen, der Kommissar Maigret erfunden hat.

Toni: Er hat aber auch über hundert ›normale‹ Romane geschrieben. Und nicht wenige Schriftstellerkollegen haben sich mit Lobpreisungen überschlagen, was das Werk Simenons angeht. Ich glaube, das liegt daran, dass seine Bücher einen letztlich rätselhaften Gipfelpunkt erzähltechnischer Perfektion darstellen. Die vollkommene Nutzung der erzähltechnischen Möglichkeiten besteht in ihrer Unauffälligkeit, in einer unauffälligen Übergänglichkeit von Erzählinstanz und Figur. Hier der Romananfang:

»Warum wurde das ganze Bild von seiner Tochter beherrscht? Das irritierte ihn irgendwie – oder vielmehr fiel es ihm eigentlich erst richtig auf, nachdem der Zug abgefahren war. Es war allerdings nur ein flüchtiger Eindruck, der in der rhythmischen Bewegung des Wagens entstand und sofort von der draußen vorbeiziehenden Landschaft überdeckt wurde.

Warum Josée und nicht seine Frau oder sein kleiner Sohn, wo sie doch alle drei in der erdrückenden Hitze versammelt waren?

Vielleicht, weil seine Tochter auf einem Bahnhof äußerlich mehr aus dem Rahmen fiel? Sie war zwölf Jahre alt, hochaufgeschossen und schlank, Arme und Beine waren noch mager, und ihr blondes Haar hatte vom Baden im Meer und von der Sonne am Strand einen silbernen Schimmer bekommen.

Beim Verlassen der Pension hatte Dominique zu ihr gesagt: ›Du wirst doch deinen Vater nicht im Badeanzug zum Bahnhof begleiten?‹

›Warum denn nicht? Im *Motoscafo* gibt's jede Menge von Leuten im Badeanzug. Außerdem hält es direkt vor dem Bahnhof. Hinterher gehen wir ja sowieso gleich schwimmen, oder?‹

Dominique trug Shorts und eine gestreifte Bluse, durch die man das Muster ihres Büstenhalters sah. Sie hatte sie in einer engen, belebten Straße gekauft, deren Name ihm entfallen war, dicht bei einem Kanal.

Die Brüste seiner Tochter begannen sich zu runden – war es das, was ihn irritierte?

Das alles war unscharf wie das Morgenlicht, wie dieser flirrende, heiße, fast greifbare Dunst zwischen Wasser und Himmel.

Es steckte ihm noch in den Gliedern, im Kopf, dieses Vibrieren des Schiffes, das sie vom Lido gebracht hatte, dieses gleichmäßige Dahingleiten auf den langen, glatten Wellen, diese ruckartigen Stöße bei jeder Begegnung mit einem andern Schiff.

Plötzlich der Blick auf Venedig im Morgenlicht, bei bereits einsetzender Hitze, die Türme, die Kuppeln, die Paläste, San Marco und der Canal Grande, die Gondeln und die Glocken, die an diesem Sonntag von allen Kirchen, allen Campaniles läuteten.

›Darf ich mir ein Eis kaufen, Papa?‹

›Um acht Uhr morgens?‹

›Ich auch?‹ fragte der Junge, der erst sechs Jahre alt war. Er hieß Louis, wurde aber seit jeher Bib genannt, weil er als Kleinkind damit seinen Wunsch nach der Flasche artikuliert hatte.

Bib war unter dem karierten Hemd ebenfalls im Badeanzug. Beide Kinder hatten flache Gondolierehüte mit glatter Krempe auf, Josée mit rotem und ihr Bruder mit blauem Band.

Vielleicht mochte Calmar im Grunde keine Ortswechsel, und nun fühlte er sich schon seit zwei Wochen fremd, entwurzelt, ohne jeden festen Halt. Nicht er sondern seine Frau hatte den Urlaub in Venedig verbringen wollen, und die Kinder waren natürlich auf ihrer Seite.

Abreisen, Abschiede konnte er auch nicht ausstehen. Er verharrte aufrecht vor dem heruntergelassenen Fenster eines Abteils, das nicht einmal sauber war, denn dieser Wagen kam als einziger des Zuges von weiter her, aus Triest oder aus noch ferneren Städten, ein Wagen, der sich in Farbe, Aussehen und Geruch von den übrigen unterschied.

Ein Mann, der auf Tuchfühlung neben ihm saß, musterte ihn von oben bis unten. Bestimmt war er schon in diesem Waggon, als er in Venedig an den Zug angekoppelt wurde?

In Wirklichkeit stellte Calmar sich keine präzisen Fragen. Er registrierte vielmehr, etwas ungeduldig und ohne es zu wissen, einzelne Eindrücke, während er auf den lichtüberfluteten Bahnsteig hinaussah – den Zeitungskiosk in der linken Ecke des Bildes, links und rechts Menschen, die ebenso wie seine Frau und seine Kinder warteten und unverwandt zu einem Verwandten oder einem Freund hinaufstarrten.

Alles war normal verlaufen. Der Zug sollte um 7.54 Uhr abfahren. [...]«[236]

Ich habe das so ausführlich zitiert, weil die merkwürdige zeitliche Ordnung erst am Ende vollends deutlich wird. Welchen Status hat der erste Satz: »Warum wurde das ganze Bild von seiner Tochter beherrscht?« Man kann ihn kaum anders denn als erlebte Rede einer noch nicht eingeführten Figur auffassen, die nur in dem Possessivpronomen »seiner« indiziert ist. Auf welchen Zeitpunkt bezieht sich diese erlebte Rede? Davon geben die folgenden Sätze Auskunft: Nachdem »der Zug abgefahren« ist, entsteht das irritierende Bild »flüchtig« durch die »rhythmische[ ] Bewegung« und wird von den visuellen Reizen der »draußen vorbeiziehenden Landschaft« wieder »überdeckt«. Dieser Beginn ist der *späteste* Zeitpunkt, von dem in der gesamten Passage die Rede ist. Denn am Ende des Zitats steht der Zug sozusagen wieder im Bahnhof. Insofern sind wir am Ende des Zitats noch immer mittendrin in einer Analepse.

Kim: Das stimmt. Doch es fällt nicht auf. Aber wie lange geht es denn noch innerhalb dieser Analepse weiter?

Toni: Das ist schwer zu sagen. Eine ganze Weile verharrt die Erzählung noch auf dem Bahnhof von Venedig, weil sich die Abfahrt des Zuges ein wenig verzögert – das wird sehr genau dargestellt. Schließlich fährt der Zug ab und der sich aus dem Fenster lehnende Justin Calmar – der Protagonist – sieht, wie »die Gestalt seiner Tochter immer kleiner« wird usw. Insgesamt ist die zeitliche Struktur sehr verwickelt, obwohl die Abfolge ja ganz einfach ist. Es gibt vier hauptsächliche Zeitebenen. Die vierte, also späteste, ist die des fahrenden Zuges. Dann springt die Erzählung zurück auf die Situation im Bahnhof, mit dem aus dem Abteil auf seine Familie schauenden Protagonisten; letztlich ist diese zweitspäteste, also dritte Zeitebene die zentrale Schicht, die man auch als den Ausgangspunkt der Basiserzählung auffassen kann – dann würde der Roman mit einer Prolepse beginnen.

Anschließend springt die Erzählung abermals zurück, auf die früheste, also die erste Zeitebene des Textausschnitts: die Diskussion beim Verlassen der Pension über die Frage, ob man im Badeanzug zum Bahnhof fahren darf oder nicht. Hier wird der Sprung auch durch das Plusquamperfekt indiziert. Natürlich wird – wenn man Genettes chronologische Notation aller Ereignisse zur Grundlage machen würde – eine ganze Reihe früherer Ereignisse erwähnt (z.B. der Kauf eines Büstenhalters durch Dominique oder die Art und Weise, wie Bib zu seinem Spitznamen gekommen ist), die aber eben als bloße Ereignisse nicht in die Haupterzählung integriert sind. Deshalb können wir sie weglassen (und ich würde so etwas auch nicht als Analepse bezeichnen). Von dieser ersten Zeitebene geht es wieder kurz zurück auf die dritte, denn die Frage, ob es die sich rundenden Brüste der Tochter sind, die den Protagonisten irritieren, bezieht sich wohl auf den Anblick der Familie auf dem Bahnhof, der diesen ganzen Textausschnitt wie ein Orgelpunkt durchzieht. Es folgt ein Zurück auf die zweite Zeitebene – das ist die Fahrt mit dem Schiff zum Bahnhof; Ausgangspunkt ist wiederum ein Körpergefühl, das »Vibrieren des Schiffes«, und das Ganze mündet in den Dialog um ein mögliches Eis um acht Uhr in der Frühe. Es folgt am Ende der zitierten Passage wieder ein Schnitt auf die dritte Ebene, den Blick aus dem Abteilfenster, das Warten auf die Abfahrt des Zuges.

Kim: Gut, du hast das jetzt sehr schön nachvollzogen, aber was ziehst du daraus für Schlussfolgerungen? Wie verhält sich deine Beschreibung zur Frage nach der Unterscheidung zwischen figuraler und narratorialer Analepse (das war ja dein Ausgangspunkt)? Und übrigens, sind es kompletive oder partielle Analepsen?

Toni: Ich fange mal mit deinem letzten Punkt an. Das ist interessant. Man könnte ja sagen, insgesamt werde nun auf diese Weise der gesamte Zeitraum vom Aufbruch aus der Pension bis zur Abreise des Zuges abgedeckt; also müsste man von kompletiven Analepsen sprechen. Kompletiv sind die Analepsen ja nicht, wenn alles erzählt wird, sondern wenn nichts Relevantes ausgelassen wird. Aber das erweist sich hier als ein unklares Kriterium. Wenn man genauer hinschaut, weiß man zum Beispiel nicht, ob Josée jetzt eigentlich erlaubt worden ist, im Badeanzug zum Bahnhof zu fahren, und man weiß auch nicht, ob die beiden Kinder nun ein Eis bekommen haben oder nicht. In beiden Fällen werden durch die Erzählung Fragen aufgeworfen, die ohne Antwort bleiben. Insofern handelt es sich doch um partielle Analepsen. Und das ist ein Hinweis darauf, worum es eigentlich in diesem Romananfang geht. Es spielt nämlich überhaupt keine Rolle, ob die Kinder nun ihren Willen bekommen haben usw., sondern es geht allein um das Nachwirken von Bildern und Eindrücken im Bewusstsein des abreisenden Protagonisten und um die – ja mehrfach genannte – Irritation, die von diesen Bildern ausgeht. Und alle Bilder sind wiederum, wenn man so will, um das Bild der Familie am Bahnhof herum angeordnet. Die Abfolge der Ereignisse ist sekundär.

Kim: Das ist einleuchtend, und ich ahne auch, dass damit meine andere Frage – figurale oder narratoriale Analepse – beantwortet sein müsste. Aber so ganz sehe ich das noch nicht.

Toni: Ich würde sagen: Während in *Unterleuten* ein strategischer Gebrauch von der figuralen Analepse gemacht wird, um sie unter der Hand und auf eine zweideutig bleibende Art und Weise in eine narratoriale Analepse zu überführen, findet in der zitierten Passage aus *Der Zug aus Venedig* (und es ließen sich viele weitere Beispiele aus anderen Romanen Simenons anführen) tatsächlich eine Auflösung oder Aufhebung dieser Unterscheidung statt. Sie setzt sich aus Bildern zusammen, die sich gewissermaßen sowohl von der Figur wie von der Erzählinstanz losgelöst haben und die aufeinander antworten und einander überlagern. Im Grunde ist das schon im ersten Satz enthalten – »Warum wurde das ganze Bild von seiner Tochter beherrscht?«–, der als Erzählanfang sozusagen ein Maximum an Artifizialität darstellt: Zu einem Zeitpunkt X hat die Figur das Bild von einem früheren Zeitpunkt Y vor Augen. Von diesem Bild – die Familie, gerahmt vom Abteilfensterausschnitt – geht alles aus. Aber die von diesem Bild ausgehende Frage ergibt sich erst später, wenn es sich als bloßes Erinnerungsbild aus seinem Kontext gelöst hat. Und vor diesem Hintergrund muss man auch noch einmal auf den Fragecharakter zurückkommen. Ich habe den ersten Satz ja vorhin als unzweifelhafte erlebte Rede etikettiert.

Kim: Ja, gegen diese Einordnung wollte ich eigentlich gleich meine Bedenken anmelden. Denn anschließend heißt es ja, dass ihm das »eigentlich« erst richtig auffällt, »nachdem der Zug abgefahren« ist. Das ist erstens Psycho-Narration, also Analyse der Bewusstseinsprozesse durch die Erzählinstanz, und zweitens löst es den Anfangssatz irgendwie aus einem konkreten Zeitpunkt, in dem er als erlebte Rede ›gedacht‹ worden wäre. Überhaupt ist bei näherem Hinsehen einiges narratorial. Ich denke da insbesondere an die folgende Stelle gegen Ende des von dir zitierten Ausschnitts: »In Wirklichkeit stellte Calmar sich keine präzisen Fragen. Er registrierte vielmehr, etwas ungeduldig und ohne es zu wissen, einzelne Eindrücke [...].« Das ist zweifellos auch Analyse von Bewusstseinsvorgängen. Es geht eben auch hier eines beständig in das andere über.

Toni: Ganz richtig, es *muss* beständig ineinander übergehen (und übergehen können), damit dieses Resultat erzielt werden kann.

Kim: Die narratoriale Erklärung, dass Calmar sich »keine präzisen Fragen« stellt, bezieht sich konkret zwar auf einen Fragesatz zuvor, lässt sich aber verallgemeinern und auf die verschiedenen Fragesätze beziehen, die sich vor allem zu Beginn des Textausschnitts finden. Man kann sie alle als erlebte Rede klassifizieren, aber eben mit dem Zusatz, dass sie ›im Inneren des Subjekts‹ eben *nicht* als die ›präzisen Fragen‹, als die sie im Text artikuliert sind, artikuliert sind.

Toni: Insofern geht es nicht darum, im Text abzubilden, was im Subjekt vor sich geht – weder ›von innen‹ noch ›von außen‹. Es wird vielmehr ein Drittes erzeugt – ein Raum, der sich gewissermaßen selbst expliziert und in dem die Analepse ständig mitschwingt. Möglich ist das allerdings wohl nur, bevor die eigentliche Handlung losgeht.

14. Iteratives Erzählen

Kim: Zum Abschluss unserer Gespräche würde ich gerne über das iterative Erzählen sprechen, das wir mehrfach gestreift haben. Ich hatte mir die Bedeutung des iterativen Erzählens bislang gar nicht so klargemacht. Es gibt wohl auch recht wenig darüber zu lesen. Eigentlich stammt das bei weitem Genaueste von Genette selbst. Ich würde daher gerne einmal mehr zunächst von Genette ausgehen.

Toni: Bei Genette gestaltet sich das Thema außerordentlich kompliziert, weil sein Gegenstand ja die *Recherche* von Proust ist; und Genette arbeitet heraus, welchen Raum verschiedene Formen des iterativen Erzählens bei Proust einnehmen. In den Ausführungen von Genette dazu kann man sich regelrecht verirren.

Kim: Ich werde mich mit im Vergleich zu Proust recht schlichten Fällen begnügen. Es kommt ja auch noch hinzu, dass das Iterative im Französischen von den Tempusformen her anders behandelt wird. Wo wir im Deutschen nur zwei Vergangenheitsformen haben (*Imperfekt* und *Perfekt*), hat man im Französischen drei: *imparfait*, *passé simple* und *passé composé*.[237] Das macht es einerseits einfacher, das Iterative zu markieren, aber andererseits komplizierter, was seine verschlungene Handhabung bei Proust betrifft. Rekapitulieren wir also erst einmal die einfachen Grundlagen. Iteratives Erzählen liegt vor, wenn man *einmal* erzählt, was *n-mal* passiert ist.[238] Es ist schon nicht ganz trivial, was unter »passiert« zu verstehen ist – im Französischen heißt es: »On raconte une fois ce qui s'est passé plusieurs fois.« Die Form »passiert ist« bedeutet nicht dasselbe wie »sich ereignet hat«. Das Iterative spielt weniger auf der Höhe der Ereignisse als der *Abläufe*. Das, was ›passiert ist‹, passiert wiederholt, ist also nichts Irreversibles. Es bringt die Erzählung sozusagen nicht vorwärts.

Toni: Das ist ja auch der Grund dafür, dass das Iterative dem Singulativen in der klassischen Erzählung (wie es bei Genette häufig heißt) untergeordnet ist: »Wie die Beschreibung steht die iterative Erzählung im traditionellen Roman *im Dienst* der ›eigentlichen‹, d.h. der singulativen Erzählung.«[239]

Kim: Und im Anschluss daran wird ausgeführt, dass Gustave Flaubert in *Madame Bovary* der Erste gewesen sei, der versucht habe, das iterative Erzählen »aus dieser funktionellen Abhängigkeit zu befreien«; und mit Proust habe das iterative Erzählen dann eine völlig neue »Autonomie« bekommen. Genette zufolge hat ja mehr als die Hälfte der *Recherche* eine iterative Logik. Diese faszinierende Umwertung oder Umverteilung ist natürlich kein *erzähltechnischer* Aspekt.

Toni: Aber er ist sehr interessant. Erzähltechniken entstehen oder entwickeln sich natürlich in Abhängigkeit von veränderten Bedürfnissen und Bedarfen. Iteratives Erzählen hängt eben zunächst einmal sehr eng mit dem Beschreiben zusammen, also mit dem deskriptiven Modus der Textentfaltung, den die Linguisten von dem narrativen Modus der Textentfaltung kategorial unterscheiden – vielleicht zu Unrecht.

Kim: Man muss diese Unterscheidung machen, um beschreiben zu können, dass es Übergänge gibt. Sich wiederholende Vorgänge stellen eben eine Art stabiles System dar, dem die Zeit scheinbar nichts anhaben kann (oder anders gewendet: durch die Form der Beschreibung wird ein System als stabil, als zyklisch dargestellt). Verlagerung auf iteratives Erzählen ist ein Indikator dafür, dass etwas anderes im Mittelpunkt steht als das Erzählen einer *Geschichte*. Weil die Narratologen auf Geschichten fixiert sind, beschäftigen sie sich offenbar nicht gerne mit diesem Thema. Irgendwie gibt es ja auch keine Disziplin, die sich – in derselben Weise wie die Narratologen mit dem Erzählen – mit dem Beschreiben beschäftigt.

Toni: Ich glaube, man muss das iterative Erzählen als zentralen Bestandteil eines umfassenderen Begriffs vom Erzählen auffassen.

Kim: Ich stimme dir vollkommen zu. Übrigens ist damit natürlich sehr eng die Frage nach dem Genre verbunden. Handlungszentrierte Genres – der Abenteuerroman, der Liebesroman, der Kriminalroman, aber auch der Bildungsroman – werden schwerlich viel iteratives Erzählen enthalten, und wenn, dann nur in ›dienender Funktion‹. Beim Fantasy-Roman bin ich mir da nicht ganz sicher. Denn der muss ja auch eine Welt beschreiben und darstellen, wie man darin lebt. Mit dem iterativen Erzählen wird der Schwerpunkt der Betrachtung auf das *Leben* verlagert. Vielleicht auch auf die Lebensweise, die *Lebensform* – einer Form jenseits der *biografischen* Form, wie Georg Lukács sie für den Roman geltend gemacht hat. Das hört sich vielleicht verstiegen an, meint aber zunächst einmal vor allem, dass das iterative Erzählen dazu verwendet werden kann, so etwas wie *Alltag* zu beschreiben. Das Leben besteht ja aus Alltag (und nicht aus Ereignissen). Die Literatur ist in der Lage, das Erzählen in den Dienst des Alltags zu stellen – ich würde sagen: besser als der Film, der ja *per se* immer nur singulative Bilder zeigen kann. Während im handlungsorientierten Roman das iterative Erzählen in den Dienst des singulativen Erzählens tritt, kann es dort, wo das iterative Erzählen zur Hauptsache wird, umgekehrt sein: Das singulative Erzählen *dient* dann dazu, das Walten der Wiederholung zu modulieren oder zu exemplifizieren.

Toni: Das ist mir jetzt erst mal zu hoch gegriffen – auch wenn es sehr zum Denken anregt, was du sagst. Dass die Literatur besser als der Film in der Lage ist, das Erzählen ›in den Dienst des Alltags zu stellen‹, würde ich auch bestreiten wollen. Oder besser: Man muss unterscheiden. Die beiden Medien funktionieren in dieser Hinsicht sehr verschieden, können aber auf ihre Weise beide Alltag erzählen. Wir sollten uns zunächst Beispiele anschauen und erzähltechnisch konkret werden.

Kim: Du hast recht. Hier also eine erste, recht einfache Stelle aus *Madame Bovary*:

> »An schönen Tagen stieg sie in den Garten hinab. Der Tau hatte die Kohlköpfe mit silbernen Spitzen geschmückt und lange, durchsichtige Fäden von einem Blatt zum andern gesponnen. Kein Vogel sang, alles schien zu schlafen; auch das mit Stroh gedeckte Spalier und der Weinstock, der sich wie eine große kranke Schlange unter der Mauerkappe hinwand. Wenn man näherkam, sah man die Kellerasseln mit ihren vielen Füßen herumkrabbeln. [...]
>
> Dann ging sie wieder hinauf, schloß die Zimmertür, schürte das Feuer und fühlte, in der Wärme des Zimmers erschlaffend, die Langeweile noch schwerer auf sich lasten. Sie wäre gerne hinuntergegangen, um mit dem Dienstmädchen zu plaudern, aber sie war zu stolz dazu.«[241]

Durch das »An schönen Tagen« wird markiert, dass die ganze Passage iterativ zu verstehen ist. Das »Wenn man näherkam« bestätigt das noch einmal (sonst müsste es ja heißen: ›Als sie näherkam›).

Toni: Mit diesem Beispiel hast du allerdings auch gleich ein abschreckendes Beispiel für den von dir etwas verklärten Alltag präsentiert. Das sich Wiederholende ist letztlich abstoßend. Es kulminiert in den herumkrabbelnden Kellerasseln. Und das Schlimme ist: Da geht nicht einfach jemand (eine Frau) einmal in den Garten und sieht Kellerasseln herumkrabbeln, nein, *jeder* schöne Tag endet diesem Erzählen zufolge mit einem ›Kellerassel-Anblick‹! Du hast eben vom Leben gesprochen – das hier ist ja Wiederholungszwang, Todestrieb.

Kim: Ich sehe, ich habe ein gutes Beispiel gewählt. Ich wollte den Alltag keineswegs verklären, sondern deutlich machen, dass das iterative Erzählen in der Lage ist, das Leben zur Darstellung zu bringen – ganz gleich, ob das Leben gut ist oder schlecht, die Wiederholung Zwang oder Lust. Auf diese Weise iterativ erzählt, ist die Wirkung doch viel stärker, als wenn man singulativ erzählt (oder im Film zeigt), dass Emmy Bovary einmal in den Garten gegangen ist und dann Kellerasseln krabbeln gesehen hat.

Toni: Ob die *Wirkung* stärker ist, möchte ich (jedenfalls was den Film angeht) bezweifeln. Aber es ist gewiss eine viel stärkere *Behauptung*. Und die müssen wir untersuchen. Das ist wirklich ein schönes Beispiel. Zunächst einmal glaube ich nicht, dass die Leser und Leserinnen diese Stelle so auffassen, dass Emma bei gutem Wetter immer wieder in den Garten geht, um am Ende wieder Kellerasseln zu sehen. Ich denke eher, dass sie das iterativ Erzählte eigentlich singulativ auffassen. Alles andere wäre ja eigentlich auch absurd.

Kim: Kommt es denn nicht eher auf den Text als auf die empirischen Leserinnen und Leser an?

Toni: Mir kommt es auch nicht auf die empirischen Leserinnen und Leser an. Ich möchte eine Aussage über den Text machen, wenn ich – jetzt verallgemeinernd – in den Raum stelle, dass der Text beim iterativen Erzählen im Grunde einen Leser impliziert, an den die empirischen Leserinnen und Leser mutmaßlich nicht heranreichen.

Kim: Wie meinst du das?

Toni: Nun, Emma Bovary geht bei gutem Wetter in den Garten und kehrt dann wieder ins Haus zurück. Sie ist desillusioniert. Das geschieht natürlich nicht jedes Mal auf die gleiche Art und Weise. Nicht immer hat der Tau die Kohlköpfe geschmückt, nicht immer gibt es durchsichtige Fäden von Blatt zu Blatt, nicht immer singt kein Vogel usw. Vielmehr gibt die Erzählung eine *Durchschnittsversion* oder eine *prototypische Version* – das dürfte man nicht miteinander verwechseln, wenn man sich genauer damit beschäftigte. Die Kellerasseln sind eindeutig ein Zeichen für eine prototypische Version.

Kim: Meinst du das, was Genette als *Pseudo-Iterativ* bezeichnet? Genette argumentiert, es gebe »Szenen«, die von der Erzählung »als iterative präsentiert werden, obwohl wegen des Reichtums an äußerst genauen Details kein Leser ernsthaft meinen wird, dass sie sich mehrmals ohne jede Variation so und nicht anders ereignet haben«[242].

Toni: Genau. Ich würde behaupten, dass auch das Beispiel aus *Madame Bovary* zum Pseudo-Iterativ in diesem Sinne tendiert, weil insbesondere die Kellerasseln ein Detail sind, das sich so nicht wiederholt. Weiterhin heißt es bei Genette, der Pseudo-Iterativ stelle in der

> »klassischen Erzählung für gewöhnlich eine *Figur* der narrativen Rhetorik dar, die nicht buchstäblich genommen werden will, im Gegenteil: Die Erzählung behauptet dem Buchstaben nach ›dies geschah alle Tage‹, um figürlich zu verstehen zu geben: ›dergleichen geschah alle Tage, wofür dies hier ein Fall unter andern ist.‹«[243]

Aber was heißt das nun: »ein Fall unter anderen«? Ein Durchschnittsfall mit unausgeprägten Merkmalen oder ein prototypischer Fall mit besonders ausgeprägten Merkmalen? Ich würde sagen: Die Kellerasseln sind ein besonders ausgeprägtes Merkmal. Relevant ist das, weil wir durch die prototypische Version möglicherweise auf andere Weise zu einer Interpretation veranlasst werden. Die Kellerasseln haben ja gewissermaßen eine allegorische Qualität, welche eine statistische Durchschnittsversion niemals zu bieten hätte.

Kim: Ich verstehe. Die Unterscheidung ist, glaube ich, an sich sehr sinnvoll und wichtig, aber sie ist nicht leicht zu handhaben. Sie verweist darauf, dass dem Leser bzw. der Leserin mit dem iterativen Erzählen schon einiges abverlangt wird: nämlich die Interpretation eines Abstraktionsvorganges. Es steht ja nirgendwo geschrieben, was unter »dergleichen« genau zu verstehen ist.

Toni: Beim iterativen Erzählen werden verschiedene Vorgänge unter dem Aspekt ihrer Ähnlichkeit oder Vergleichbarkeit so zusammengefasst, dass der Anschein entsteht, es handelte sich um identische Vorgänge. Das bedeutet natürlich, dass das iterative Erzählen von seiner Logik her stets narratorial und nicht figural ist. Die Figur durchläuft *als Figur* stets Zustände, die sie als Abfolge einzelner Zustände – also singulativ – wahrnimmt und erlebt. Insofern ist ja die von dir hervorgehobene Fähigkeit der Literatur, Alltag darzustellen, noch einmal mit einem Fragezeichen zu versehen. ›In Wirklichkeit‹ ist alles singulär; es gibt keine exakten Wiederholungen. Nach Maßgabe des mit ihm verbundenen Abstraktionsvorganges *reduziert* das iterative Erzählen die Singularität doch gerade. Es zeigt den Alltag nicht, wie er ist, sondern setzt eine Synthese an dessen Stelle.

Kim: Du willst also nur die pure Reproduktion des Alltags als dessen angemessene Darstellung anerkennen?

Toni: Nein, keineswegs. Ich wollte nur deutlich machen, dass das iterative Erzählen nicht einfach die Lösung für das Problem der Repräsentation von ›so etwas wie Alltag‹ ist. Zunächst einmal muss man doch feststellen, dass die Darstellung der Regelhaftigkeit alltäglicher Vorgänge – etwa eines Tagesablaufs oder eines Arbeitsprozesses – einer Betrachtung aus großer Distanz bedarf. Darin besteht das in ausgezeichneter Weise Narratoriale des iterativen Erzählens. Wenn der Alltag zum Beispiel langweilig ist, weil sich wiederholende Handlungen langweilig sein können, dann soll die Erzählung des Alltags nicht auch langweilig sein. Überhaupt scheint mir der Begriff *Alltag* in diesem Zusammenhang auch etwas gefährlich. Zwar liegt er nahe, er verleitet aber auch zu Missverständnissen. Das Phänomen sich wiederholender Vorgänge als solches ist ja etwas viel Allgemeineres als das Phänomen Alltag. Und das gilt auch für iteratives Erzählen. Ich kann zum Beispiel erzählen: »Bei Stoffels Eltern wurde der Baum an Weihnachten stets vom Vater zusammen mit den beiden Kindern am Vormittag des Heiligen Abends geschmückt. Die Tage zuvor stand der Baum auf dem Balkon. Der Vater ging dann in den Keller und holte den Christbaumständer. Meistens fluchte er über kurz oder lang, weil der Baum irgendwie schief im Ständer hing.« Usw. Das ist ja keine Beschreibung von Alltag, sondern eines außeralltäglichen (und darum so gut erinnerten), aber sich gleichwohl regelmäßig wiederholenden (und darum so gut erinnerten) Vorganges. Und zwar haben wir hier eindeutig die Durchschnittsvariante und nicht die prototypische Variante vor uns. Entscheidend scheint mir das *Regelmäßige* in der Wiederkehr der Vorgänge zu sein.[244]

Kim: Du hast recht, das ist sicher der entscheidende Punkt. Aber was heißt in diesem Zusammenhang *regelmäßig*? Dein Beispiel zeigt es sehr schön, denn du hast ja ein »meistens« in deine iterative Darstellung eingebaut. Das scheint ja dem Postulat der Regelmäßigkeit zunächst zu widersprechen. Es werden innerhalb des sich regelmäßig wiederholenden Vorgangs *zwei Fälle* unterschieden: Meistens flucht der Vater, weil der Baum schief im Ständer hängt, manchmal aber (wie man folgern muss) flucht er nicht, weil alles klappt. Dieses Verfahren des Fälle-Unterscheidens ist ganz typisch für iteratives Erzählen. Genette lässt sich ausführlich darüber aus, weil es bei Proust eine überragende Rolle spielt. Er tut dies in einem eigenen Abschnitt, der »Determination, Spezifikation, Extension« betitelt ist. Die Determination betrifft die äußeren Grenzen eines sich wiederholenden Vorganges. Bei deinem Stoffel-Weihnachtsbeispiel sind sie nicht explizit, aber es könnte ja sein, dass sich das Schmücken des Weihnachtsbaums nur in der Zeit so abgespielt hat, in der die Familie an einem bestimmten Ort wohnte oder etwas Ähnliches. Um auch etwas zu improvisieren: »In den Sommerferien traf sich Trude jeden Nachmittag mit Chantal und sie gingen gemeinsam spazieren; immer war Stoffel das Hauptgesprächsthema.« Die Determination ist durch die Angabe des Zeitraums »Sommerferien« gegeben. Wenn ich nun so fortsetze: »Wenn die Sonne schien, setzten sie sich auf eine Bank am Waldrand«, dann habe ich eine Spezifikation vorgenommen, nämlich zwei Fälle unterschieden wie du bei deinem Beispiel.

Toni: Das leuchtet ein. Aber du wolltest doch etwas über den Begriff der *Regelmäßigkeit* sagen.

Kim: Warte. Genette schreibt über die Spezifikation:

»*Spezifikation.* Auch sie kann unbestimmt sein, also nur durch ein Adverb angedeutet werden wie: *manchmal*, *an gewissen Tagen*, *oft* usw. Sie kann hingegen auch exakter bestimmt sein, sei es auf absolute Weise (das ist die *Frequenz* im eigentlichen Sinne); *jeden Tag*, *jeden Sonntag* usw., sei es auf eine mehr relative und unregelmäßige Weise, die gleichwohl ein sehr strenges Gesetz temporaler Koexistenz ausdrückt, wie das, das über die Wahl der Spaziergänge in Combray waltet: in Richtung Méséglise bei *unsicherem Wetter*, in Richtung Guermantes bei *schönem Wetter*.«[245]

Genette weist also darauf hin, dass es regelmäßige Wiederholungen im strengen Sinn gibt und andere Wiederholungen, die von einer äußeren Bedingung abhängen, die nicht regelmäßig ist und insofern auch für unregelmäßige Wiederholungen sorgt. Gleichwohl stehen auch diese Wiederholungen ihm zufolge unter einem »strenge[n] Gesetz«. Das ist zwar keine *Regelmäßigkeit* im zeitlichen Sinne, aber es ist gleichwohl eine *Regelgemäßheit.* Die Regelgemäßheit von Abläufen ist es letztlich, die das iterative Erzählen möglich macht. Wie die Regelgemäßheit genauer beschaffen ist, kann durch interne und externe Determination und durch Spezifikation erzählt werden. Und so könnte man doch auch den Begriff *Alltag* verstehen: als Summe aller Abläufe, von denen es sinnvoll ist, eine iterative Erzählung anzufertigen. Zwar ist die einzelne iterative Erzählung eines Ablaufs eine *Synthese* aus zwar gleichgearteten, aber nicht identischen Abläufen, aber das iterative Erzählen vermag – vor allem durch die interne Spezifikation, die interne und externe Determination und Extension – zugleich eine *Analyse* davon zu werden, *wie man lebt* – es zeigt das Leben als *strukturiertes*, als etwas, das eine (erzählbare) *Form* hat. Ob dieses Leben nun schrecklich ist oder schön, steht auf einem ganz anderen Blatt. Auch das Leben im Konzentrationslager hat einen Alltag, den man mittels iterativen Erzählens durchdringen kann – ja, vielleicht ist das iterative Erzählen sogar die einzig adäquate Darstellungsform für das Leben im Konzentrationslager. Aber das nur nebenbei.

Toni: Ich glaube, ich verstehe jetzt besser, worauf du vorhin schon hinauswolltest. Du verbindest – aus deiner theoretischen Perspektive – mit dem iterativen Erzählen eine letztlich anthropologische Fragestellung.

Kim: Ja, in gewisser Weise stimmt das. Ich stelle damit dem Begriff des ›nackten Lebens‹, der besonders durch Giorgio Agamben populär geworden ist, den Begriff des ›instituierten Lebens‹ an die Seite, in dem Sinne, wie ihn der Rechtstheoretiker Pierre Legendre ausgehend von der Römischen Formel *vitam instituere* entwickelt hat.[246] Aber ich gebe zu, das gehört nicht hierher.

Toni: Um wieder auf den festen Boden konkreter Beispiele zurückzukehren: Dort, wo iteratives Erzählen wirklich in Erzähltexten vorkommt, hat es mit ihm doch meist eher eine marginale Bewandtnis. Aber wahrscheinlich hast du gerade keine typischen Beispiele ausgesucht ...

Kim: Zunächst möchte ich einfach auf den Anfang von *Auf der Suche nach der verlorenen Zeit* von Marcel Proust verweisen, sozusagen als Verbeugung vor dem ›Großmeister‹ iterativen Erzählens und als Verbeugung vor dem ›Großmeister‹ der Narratologie, der an dessen Werk seine Analysekategorien für das iterative Erzählen entwickelt hat:

»Lange Zeit bin ich früh schlafen gegangen.

Manchmal fielen mir die Augen, wenn kaum die Kerze ausgelöscht war, so schnell zu, daß ich keine Zeit mehr hatte zu denken: Jetzt schlafe ich ein. Und eine halbe Stunde später wachte ich über dem Gedanken auf, daß es nun Zeit sei, den Schlaf zu suchen; ich wollte das Buch fortlegen, das ich noch in den Händen zu haben glaubte, und mein Licht ausblasen; im Schlafe hatte ich unaufhörlich über das Gelesene weiter nachgedacht, aber meine Überlegungen waren seltsame Wege gegangen; es kam mir so vor, als sei ich selbst, wovon das Buch handelte: eine Kirche, ein Quartett, die Rivalität zwischen Franz dem Ersten und Karl dem Fünften. Diese Vorstellung hielt zuweilen noch ein paar Sekunden nach meinem Erwachen an; meine Vernunft nahm kaum Anstoß an ihr, aber sie lag wie Schuppen auf meinen Augen und hinderte mich daran, Klarheit darüber zu gewinnen, daß das Licht nicht brannte.

Dann wurde sie immer weniger greifbar, wie nach der Seelenwanderung die Gedanken einer früheren Existenz; der Gegenstand meiner Lektüre löste sich von mir ab, ich konnte mich damit beschäftigen oder nicht; gleichzeitig kehrte mein Sehvermögen zurück, und ich war erstaunt, rings um mich her eine Finsternis wahrzunehmen, die für meine Augen sanft und ausruhend war, mehr aber vielleicht sogar noch für meinen Geist, dem sie grundlos, unbegreiflich, wahrhaft dunkel erschien. Ich fragte mich, wie spät es wohl sei; ich hörte das Pfeifen der Eisenbahnzüge, das mehr oder weniger weit fort wie ein Vogellied im Wald die Entfernungen markierte und mich die Weite der öden Landschaft erraten ließ, durch die sich der Reisende zur nächsten Station begibt; der kurze Weg, dem er folgt, wird in sein Gedächtnis eingegraben bleiben durch die erregende Neuheit der Stätten, die ungewohnten Dinge, die er tut, ein Gespräch, das er eben geführt hat, oder den Abschied unter einer fremden Lampe, der ihm noch nachgeht in der Stille der Nacht, die nahe Süße der Heimkehr.«[247]

Toni: Ja, das ist schon beeindruckend. Der erste Satz klassifiziert alles Weitere als iterativ, aber es gibt dann nur noch wenige Hinweise auf den iterativen *Status* des Ganzen. Der Beginn des zweiten Satzes (»Manchmal«) stellt eine interne Spezifikation dar (man kann sich vorstellen, dass ebenso beschrieben werden wird, wie es war, wenn dem Ich-Erzähler nicht gleich die Augen zugefallen sind), welche die Iterativität noch einmal unterstreicht, aber dann sind die Markierungen eher sporadisch und schwach (»zuweilen«) und auch indirekt (»konnte mich damit beschäftigen oder nicht«). Aber etwas anderes: Du hast die *Determination* und die *Spezifikation* erklärt, den dritten Begriff, die *Extension*, hingegen nicht. Vielleicht kannst du auch sie kurz erläutern.

Kim: Ich zitiere sogleich Genette, weil es so gut passt:

»*Extension*. Eine iterative Einheit kann von so geringer Dauer sein, dass sie sich narrativ nicht weiter entwickeln lässt. Nehmen wir eine Aussage wie ›Jeden Abend gehe ich früh schlafen‹ oder ›Jeden Morgen um sieben klingelt mein Wecker‹. Hier handelt es sich gewissermaßen um *punktuelle* Iterationen. Hingegen besitzen iterative Einheiten wie *schlaflose Nacht* oder *Sonntag in Combray* einen Umfang, der ausreicht, um sie zu Gegenständen einer ausführlichen Erzählung zu machen (die im Text der *Recherche* sechs bzw. sechzig Seiten beansprucht).«[248]

Das, was wir vorhin als eine Analyse der Wiederholungsstrukturen beschrieben haben, ist natürlich ganz wesentlich durch die Extension mit bedingt.

Toni: Ich frage mich allerdings, ob man einen einzelnen Satz ohne jede Extension, wie z.B. »Jeden Morgen um sieben Uhr klingelt mein Wecker« schon als eine »iterative Einheit« bezeichnen kann. Eine solche *»punktuelle* Iteration« ist für mich noch keine Erzählung. Für mich wäre die Minimalbedingung für – iteratives – Erzählen das Hinzutreten eines zweiten Satzes wie etwa »ich aber lasse ihn klingeln und schlafe einfach weiter«.

Kim: Ich wollte noch einmal auf die Beobachtung zurückkommen, dass man den iterativen Charakter dieser Anfangspassage schnell vergisst. Das hat für mich irgendwie den Charakter eines Sich-Verirrens. Unversehens ist man bei Eisenbahnzügen und dann sogar bei den mutmaßlichen Gedanken der Fahrgäste. Es scheint da keinen geordneten Weg zurück zu geben, sondern nur einen harten Schnitt (wie ich ihn schon für das Ende einer Analepse postuliert habe). Eigentlich kann es ja vom Iterativen zum Singulativen keinen fließenden Übergang geben, aber andererseits drängt das Iterative durch interne Spezifikation und Extension zum Singulativen. Genette bescheinigt Proust eine Art »*Trunkenheit der Iteration*«.[249] In gewisser Weise hat diese Trunkenheit sozusagen strukturelle Gründe.

Toni: Ja, zumal dem Iterativen im Deutschen tendenziell etwas Zweideutiges anhaftet, weil es auf Satzebene – wie bei der erlebten Rede – kein Kriterium gibt, woran man es identifizieren kann. Das Iterative ist in erster Linie, wie wir schon festgestellt haben, ein *Status*. Das heißt aber nicht, dass wir ein ›gewöhnliches‹ singulatives Erzählen annehmen, wenn wir diesen Status vergessen. Der Begriff *Pseudo-Iterativ* ist insofern nicht ganz glücklich; man könnte ebenso von einem *Pseudo-Singulativ* sprechen: Wenn man diese Anfangspassage hört, ist einem doch die ganze Zeit klar, dass jetzt nicht gleich eine singulativ erzählte Handlung losgeht; vielmehr haben wir das Gefühl, dass uns stellvertretend für viele Fälle – also *paradigmatisch* – ein Fall des Einschlafens und Wiederaufwachens im Dunklen usw. erzählt wird.

Kim: Das passt genau auf mein nächstes Beispiel. Es ist einmal mehr von Kafka, bei dem Iterativität eine große Rolle spielt, was zunächst eigentlich überraschen muss.[250] Denn wir haben ja festgestellt, dass die Erzählverfahren Kafkas – vor allem in den Romanen, aus denen wir unsere Beispiele genommen haben – in hohem Maße figural erzählt sind. Das iterative Erzählen hingegen ist narratorial organisiert. Tatsächlich findet das iterative Erzählen auch in anderen Erzähltexten statt, und zwar vor allem in solchen, in denen eigentlich keine *Geschichte* erzählt, sondern ein Zustand narrativ entfaltet wird.

Toni: Ein extremes Beispiel scheint mir der späte Text *Der Bau* zu sein, in dem ein Tier (eine Mischung aus Maulwurf und Dachs) von seinem Leben und seinem Beziehung zu dem von ihm eingerichteten Bau erzählt. Bis zum Auftreten des Zischens ist da eigentlich alles iterativ. Die beschreibende Gattung *Porträt* hat eine Affinität zum Iterativen, und *Eine kleine Frau* ist ja ein solcher Porträt-Text . Auch *Josefine, die Sängerin oder das Volk der Mäuse* hat in dieser Hinsicht eine ähnliche Struktur.

Kim: Das ist alles richtig. Gerade deshalb möchte ich eine heterodiegetische Erzählung nehmen, an der man zeigen kann, dass das Iterative auch dort eine große Rolle spielt, wo sehr wohl ein einmaliges und unwiderrufliches Schicksal erzählt wird: *Ein Hungerkünstler*. Die Erzählung lässt sich leicht in drei Teile gliedern: Der erste, längste Teil erzählt von den früheren Zeiten, in denen der Hungerkünstler eine gefeierte Berühmtheit war; der zweite

Teil handelt von der Zeit, in der das Interesse an ihm erlahmt ist und in der er, zum Hindernis auf dem Weg zu den Stallungen eines großen Zirkus geworden, allmählich vergessen wird; der dritte, kürzeste Teil präsentiert die Szene seines Endes. Der ganze erste Teil ist eine *Deskription* der früheren Zustände, vom Aussehen des Hungerkünstlers angefangen über die Umstände seiner Überwachung bis zu den feierlichen Zeremonien bei der Beendigung der Hungerzeit. Alles, was in diesem Teil erzählt wird, muss iterativ aufgefasst werden. Es gibt keine Vorkommnisse, die nicht wiederkehren. Hier ein Beleg:

»Als Höchstzeit für das Hungern hatte der Impresario vierzig Tage festgesetzt, darüber hinaus ließ er niemals hungern, auch in den Weltstädten nicht, und zwar aus gutem Grund. Vierzig Tage etwa konnte man erfahrungsgemäß durch allmählich sich steigernde Reklame das Interesse einer Stadt immer mehr aufstacheln, dann aber versagte das Publikum, eine wesentliche Abnahme des Zuspruchs war festzustellen; es bestanden natürlich in dieser Hinsicht kleine Unterschiede zwischen den Städten und Ländern, als Regel aber galt, daß vierzig Tage die Höchstzeit war. Dann also am vierzigsten Tage wurde die Tür des mit Blumen umkränzten Käfigs geöffnet, eine begeisterte Zuschauerschaft erfüllte das Amphitheater, eine Militärkapelle spielte, zwei Ärzte betraten den Käfig, um die nötigen Messungen am Hungerkünstler vorzunehmen, durch ein Megaphon wurden die Resultate dem Saale verkündet, und schließlich kamen zwei junge Damen, glücklich darüber, daß gerade sie ausgelost worden waren, und wollten den Hungerkünstler aus dem Käfig ein paar Stufen hinabführen, wo auf einem kleinen Tischchen eine sorgfältig ausgewählte Krankenmahlzeit serviert war. Und in diesem Augenblick wehrte sich der Hungerkünstler immer.«[251]

Toni: Ich sehe, du hast bis hierher zitiert, weil mit dem letzten Satz noch einmal deutlich wird, dass das alles Vorgänge sind, die sich wiederholen. Die Wiederholung hat hier übrigens einen anderen Status, den wir bei unseren bisherigen Überlegungen noch nicht im Blick hatten. Das sind ja nicht Wiederholungen, die sich von selber einstellen, also Gewohnheiten, sondern Teile einer geregelten Zeremonie, in welche die Wiederholbarkeit gewissermaßen eingeschrieben ist.

Kim: Aber dann schleichen sich unvermerkt pseudo-iterative Passagen ein, wenn der Impresario den Hungerkünstler bei den Feierlichkeiten den beiden ihn stützenden Damen übergibt, »nicht ohne ihn im geheimen ein wenig zu schütteln, so daß der Hungerkünstler mit den Beinen und dem Oberkörper unbeherrscht hin und her schwankte« und die Damen »inzwischen totenbleich« geworden sind.[252] Werden die Damen in dieser Zeremonie jedes Mal totenbleich? Handelt es sich also um ein zeremonielles Erbleichen? Es gibt aber noch eine deutliche Steigerung:

»Und die ganze, allerdings sehr kleine Last des Körpers lag auf einer der Damen, welche hilfesuchend, mit fliegendem Atem – so hatte sie sich dieses Ehrenamt nicht vorgestellt – zuerst den Hals möglichst streckte, um wenigstens das Gesicht vor der Berührung mit dem Hungerkünstler zu bewahren, dann aber, da ihr dies nicht gelang und ihre glücklichere Gefährtin ihr nicht zu Hilfe kam, sondern sich damit begnügte, zitternd die Hand des Hungerkünstlers, dieses kleine Knochenbündel, vor sich herzutragen, unter dem entzückten Gelächter des Saales in Weinen ausbrach und von einem längst bereitgestellten Diener abgelöst werden mußte.«[253]

Das scheint mir die Kafka'sche Version der ›Trunkenheit der Iteration‹ zu sein. Auch hier müssen wir die Vorgänge als singulativ und iterativ zugleich auffassen. Einmalige und unwillkürliche Vorkommnisse, wie etwa, dass die Dame in Weinen ausbricht, sind zugleich als Bestandteil einer Inszenierung zu verstehen, in die das Singuläre immer schon eingebettet ist (hier repräsentiert durch den »längst bereitgestellten Diener«). Insofern dem Singulären, Einmaligen durch die Inszenierung vorab ein Ort zugewiesen ist und es damit seine Wiederholbarkeit gewissermaßen in sich trägt, ist es nur scheinbar singulär und darf deshalb – so würde ich behaupten – auch nicht singulativ erzählt werden.

Toni: Das hört sich sehr überzeugend an. Freilich hast du damit kein Beispiel dafür geliefert, wie das iterative Erzählen als Erzähltechnik *normalerweise* funktioniert.

Kim: Das ist natürlich richtig. Ich denke aber auch, dass es sich mit dem iterativen Erzählen anders verhält als etwa mit der erlebten Rede, die im ›modernen‹ Erzählen auf der strukturellen Ebene einen Siegeszug angetreten hat. Überall dort, wo vor allem eine Geschichte erzählt wird – was ja singulativ geschieht –, hat das iterative Erzählen nur eine untergeordnete Bedeutung. Wenn man es ernst nimmt, stellt es hingegen eine sehr grundsätzliche Frage an die Erzählliteratur. Vielleicht kann ich das an einem letzten Beispiel noch einmal verdeutlichen. Es handelt sich um einen recht kurzen Roman von Andreas Maier mit dem Titel *Das Zimmer*, dem ersten Teil eines autobiografischen Romanprojekts. Eigentlich ist es ein Buch über seinen »Onkel J.«. Dieser Onkel J. ist gestorben, als der Autor bzw. Ich-Erzähler noch ein Kind war. Der Roman geht nun aber nicht – wie man erwarten würde – den Weg der Rekonstruktion der Erinnerungen, die der Ich-Erzähler an den Onkel hat. Zwar werden diese Erinnerungen durchaus eingearbeitet, aber der Ich-Erzähler verfolgt ein anderes Rekonstruktionsziel: Ihm geht es darum, das Leben nachzuvollziehen, das Onkel J. damals geführt hat. Onkel J. war geistig leicht behindert. Er konnte nur einfache Tätigkeiten verrichten, er war nicht eloquent, ließ sich ausnutzen. Er hatte zwar einen Beruf, Hobbys, eine Arbeitsstelle (er trug Pakete im Postamt in Frankfurt am Main herum, wohin er jeden Tag mit der Bahn fuhr), aber er führte kein selbstbestimmtes Leben. Wir haben ja vorhin kurz über das Leben als Form gesprochen, und ich habe auf die Formel des *vitam instituere* verwiesen. Onkel J. wird uns als ein Mensch vorgestellt, für den das Leben durch Gewohnheiten eingerichtet ist. Ihm ist es immer in erster Linie darum zu tun, dass alles seine Ordnung hat, dass insbesondere sein eigener Tagesablauf den ›gewohnten Gang‹ geht. Deswegen ist er das ideale ›Objekt‹ für einen Nachvollzug iterativen Erzählens. Das zweite Kapitel des Romans beginnt folgendermaßen:

»So stelle ich mir einen Tag im Leben meines Onkels J. vor: Gegen morgens um halb fünf läuft er mit seinem jägerfarbenen Parka, im Winter mit Mütze, im Sommer ohne, die acht Minuten zum nahegelegenen Bad Nauheimer Bahnhof, der damals zwei Schalterbeamten hatte und in dem die Züge noch stets genau nach Fahrplan fuhren. Kaffee trinkt man aus einer Porzellantasse und der Kiosk ist noch nicht begehbar, das heißt, ein Pornoheft kann man sich nur anschauen, wenn man es sich vom Kioskbediensteten vorlegen läßt.«[254]

Ich könnte immer weiter vorlesen, aber ich breche ab, weil ich denke, es ist ungefähr deutlich, wie die Sache funktioniert.

Toni: Das Gerüst ist die Rekonstruktion eines typischen Tagesablaufs. Insofern handelt es sich um ein iteratives Erzählen, das aber zugleich den Status einer Mutmaßung oder einer Hypothese hat. Das iterative Erzählen entsteht hier nicht daraus, dass die Erzählinstanz zu einer *Version* synthetisiert, was n-mal passiert ist, der ›typische Tagesablauf‹ ist vielmehr eine Art Postulat: So müsste es normalerweise gewesen sein. Und diese Rekonstruktion benötigt die Einarbeitung von einer Menge Kontextwissen, wie diese Passage ja schon sehr gut zeigt: Wie der geordnete Tagesablauf von Onkel J. ausgesehen hat, ergibt sich zum großen Teil aus den ganz konkreten ›Lebensbedingungen‹ der damaligen Zeit (von der Pünktlichkeit der Züge bis zu den Zugangsmodalitäten von Pornoheften). Diese Form des Erzählens, bei dem lediglich ein *vermuteter* Ablauf erzählt wird, scheint mir noch einmal ein ganz eigener Fall zu sein. Das ist ja auch im singulativen Erzählen möglich, etwa wenn der mutmaßliche Ablauf einer Tat geschildert wird.

Kim: Bislang gibt es wohl weder eine Theorie noch Untersuchungen zur Technik eines solchen hypothetischen Erzählens. Vielleicht ist das eine unserer Aufgaben für die Zukunft.

Toni: Ja, unsere Gespräche haben ja ergeben, dass es für die Erzähltheorie und die Betrachtung der Erähltechniken immer weniger reicht, sich an starren Kategorien auszurichten, und dass es noch viel zu tun gibt. Wenn wir uns so ausführlich über Alterationen und erlebte Rede, über unzuverlässiges und iteratives Erzählen unterhalten haben, dann haben wir damit ja die Diversität des verbalen Erzählens deutlicher in den Vordergrund gerückt, als es sonst der Fall ist. Und zugleich haben wir das Eigentümliche des verbalsprachlichen Erzählens betont. Das Erzählen mittels anderer Medien lässt sich nur würdigen, wenn man die Eigentümlichkeiten des Erzählens allein mit Worten berücksichtigt.

Anmerkungen

1 Werner Siefer: Der Erzählinstinkt. Warum das Gehirn in Geschichten denkt. München 2015.

2 Vgl. etwa John D. Niles: Homo Narrans. The Poetics and Anthropology of oral Literature. Philadelphia 1999.

3 Vgl. zum Überblick: Jan Christoph Meister: Erzählen: eine anthropologische Universalie? In: Martin Huber, Wolf Schmid (Hg.): Grundthemen der Literaturwissenschaft: Erzählen. Berlin, New York 2018, S. 88-112.

4 Vgl. Meister: Erzählen, S. 97 ff.

5 Meister formuliert, dass dies »den Menschen als Lebewesen von der fixen zeitlichen Ordnung der Natur und der totalen Immersion im gegenwärtigen Augenblick emanzipiert« (Meister: Erzählen, S. 105); er bezieht sich hierbei auf Arbeiten von H. Porter Abbott.

6 Paul Ricoeur: Zeit und Erzählung. 3 Bde. München 1988–1991 [frz. Temps et Récit, 1983–1985].

7 John Christman: Narrativity as a Condition of Personhood. In: Metaphilosophy 35.5 (2004), S. 695–713, hier: S. 709.

8 Galen Strawson: Against Narrativity. In: Ratio 17 (2004), S. 428–452.

9 E.M. Forster: Ansichten des Romans [1927]. Frankfurt a.M. 1962, S. 35.

10 Vgl. Matias Martinez, Michael Scheffel: Einführung in die Erzähltheorie. 6. Aufl. München 2005, S. 26.

11 Vgl. etwa den Artikel von H. Porter Abbott über Narrativity (insbesondere den Abschnitt 3.3.1. »Sequentality«, in: Peter Hühn u.a. (Hg.): the living handbook of narratology. Hamburg: Hamburg University. URL = http://www.lhn.uni-hamburg.de/article/narrativity [view date:10 Feb 2021]

12 Beispiel: Laut Tabelle ist, wie bereits aufgeführt, das, was für Forster *plot* ist, in einem Artikel von Tzvetan Todorov *histoire*; in einem anderen Artikel aber zitiert Todorov explizit das Beispiel von Forster

und übersetzt dort das Wort *plot* mit »Intrige« (vgl. Tzvetan Todorov: Poetik. In: François Wahl: Einführung in den Strukturalismus. Frankfurt a.M. 1981 [1973], S. 105–180, hier: S. 135).

13 Gérard Genette: Die Erzählung. 3. Aufl. Paderborn 2010, S. 14.

14 Ebd., S. 183.

15 Gerald Prince: A Dictionary of Narratology. Lincoln 1987, S. 90.

16 Vgl. insbesondere Wolf Schmid: Elemente der Narratologie. Berlin, New York 2005, S. 11–31.

17 Wolf Schmid: Ereignis. In: Martin Huber, Wolf Schmid (Hg.): Grundthemen der Literaturwissenschaft: Erzählen. Berlin, Boston 2018, S. 312–332, hier: S. 312.

18 Silke Lahn, Jan Christoph Meister: Einführung in die Erzähltextanalyse. Stuttgart 2008, S. 4 (als Beispiel für eine Erzählung).

19 Vgl. Sigmund Freud: Jenseits des Lustprinzips. In: Studienausgabe. Bd. III. Frankfurt a.M. 2000, S. 211–272, hier: S. 224–226. Die Psychoanalyse Jacques Lacans hat im Anschluss an das Fort/Da weitgehende Schlüsse auf die Konstitution der symbolischen Ordnung überhaupt gezogen, deren narrative Unterfütterung von hier aus befragt werden könnte.

20 »Ein ›innerer Vorgang‹ bedarf äußerer Kriterien.« (Ludwig Wittgenstein: Philosophische Untersuchungen. In: Werkausgabe, Bd. 1. Frankfurt a.M. 2006, S. 455; § 580). Man bemerke und bedenke die einfachen Anführungszeichen, welche den Begriff ›innerer Vorgang‹ umgeben.

21 David Herman: Basic Elements of Narrative. Oxford 2009, S. 1.

22 Monika Fludernik: Towards a ›Natural‹ Narratology. London 1996.

23 Ebd., S. 20.

24 Ebd.

25 Ebd., S. 12.

26 Augusto Monterroso: Der Dinosaurier. In: Der Frosch, der ein richtiger Frosch sein wollte. Leipzig 1977, S. 18.

27 »What will be called natural narrative in this book includes, mainly, spontaneous conversational storytelling, a term which would be more appropriate but is rather unwieldy.« (Fludernik: Towards a ›Natural‹ Narratology, S. 13)

28 Ebd.

29 William Labov: Language in the Inner City. Studies in the Black English Vernacular. Philadelphia 1972.

30 Ebd., S. 363; vgl. Albrecht Koschorke: Wahrheit und Erfindung. Grundzüge einer Allgemeinen Erzähltheorie. Frankfurt a.M. 2012, S. 66 f.

31 Labov: Language in the Inner City, S. 366; vgl. Koschorke: Wahrheit und Erfindung, S. 67.

32 Koschorke: Wahrheit und Erfindung, S. 67.

33 Ebd., S. 44.

34 Ebd., S. 48.

35 Ebd. In seiner großen Abhandlung *Die fünf Ströme des Erzählens. Eine Anthropologie der Narration* (Berlin, Boston 2013) geht Michael Neumann dem anthropologischen Faktum des Erzählens aus dieser Perspektive nach, indem er, wie dem Titel zu entnehmen, fünf immer wieder variierte Grundschemata unterscheidet.

36 Koschorke: Wahrheit und Erfindung, S. 53.

37 Ebd., S. 55 f.

38 Hermann Bausinger: Formen der »Volkspoesie«. Berlin 1968.

39 Koschorke: Wahrheit und Erfindung, S. 75.

40 Ebd., S. 85.

41 Gérard Genette: Die Erzählung, S. 119.

42 Ebd., S. 121.

43 Koschorke: Wahrheit und Erfindung, S. 85.

44 Es ist – hier vorweggeschickt – in der (ausufernden) Forschung zum unzuverlässigen Erzählen strittig, ob ausschließlich homodiegetische Erzähler unzuverlässig sein können; vgl. den Artikel *Unreliability* von Dan Shen, in: Peter Hühn u.a. (Hg.): the living handbook of narratology. Hamburg: Hamburg University. URL = http://www.lhn.uni-hamburg.de/article/unreliability [view date:9 Feb 2021], bes. Abschn. 5 und 9).

45 Koschorke: Wahrheit und Erfindung, S. 90.

46 Ebd., S. 95.

47 Ebd., S. 101.

48 Dietrich Weber: Erzählliteratur. Schriftwerk – Kunstwerk – Erzählwerk. Göttingen 1998, S. 7.

49 Ebd., S.8.

50 Ebd., S. 11.

51 Wolf Wondratschek. Kurzgeschichte. In: Die Gedichte. Zürich 1992, S. 54, vgl. Weber: Erzählliteratur, S. 15.
52 Weber: Erzählliteratur, S. 17.
53 Ebd.
54 Walter Kempowski: Tadellöser & Wolff. München 1971, S. 136.
55 Vgl. Genette: Die Erzählung, S. 74 f.
56 Ebd., S. 75–99.
57 Weber: Erzählliteratur, S. 20.
58 Ebd., S. 23.
59 Todorov: Poetik, S. 138.
60 Weber: Erzählliteratur, S. 43.
61 Ebd., S. 58.
62 Ebd.
63 Ebd., S. 64.
64 Klaus Brinker, Hermann Cölfen, Steffen Pappert: Linguistische Textanalyse. Eine Einführung in Grundbegriffe und Methoden. 8., neu bearbeitete und erweiterte Auflage. Berlin 2016, S. 60.
65 Weber: Erzählliteratur, S. 90.
66 Ebd., S. 91.
67 Ebd., S. 92.
68 Ebd., S. 93 f.
69 Gérard Genette: Fiktion und Diktion. München 1992, S. 88.
70 Vgl. ebd., S. 83 und 87.
71 Weber: Erzählliteratur, S. 94.
72 Hier das durch Genette wiedergegebene Zitat Sartres im Wortlaut: »In einem Roman ist der Autor vom Erzähler verschieden ... Warum ist der Autor nicht der Erzähler? Weil der Autor erfindet und der Erzähler erzählt, was geschehen ist ... Der Autor erfindet den Erzähler und den Stil der Erzählung, welcher der des Erzählers ist.« (Genette: Fiktion und Diktion, S. 83; das Zitat findet sich in Jean-Paul Sartre, L'Idiot de la famille. Paris 1988, Bd. III, S. 773–774.)
73 Käte Hamburger: Die Logik der Dichtung [1957]. München 1987, S. 122.
74 Ebd., S. 126.
75 Uri Margolin: Narrator. In: Peter Hühn u.a. (Hg.): the living handbook of narratology. Hamburg: Hamburg University. URL = http://www.lhn.uni-hamburg.de/article/narrator [view date:9 Feb 2021].

76 Ebd., Abschn. 26–28.
77 Ebd., Abschn. 26.
78 Vgl. Tilmann Köppe, Jan Stuehring: Against Pan-Narrator Theories. In: Journal of Literary Semantics 40 (2011), S. 59–80; vgl. auch Tilmann Köppe, Jan Kindt: Erzähltheorie. Eine Einführung. Stuttgart 2014, S. 84–96 (»Die Rolle des Erzählers in fiktionalen Erzählungen«).
79 Margolin: Narrator, Abschn. 30.
80 Seymour Chatman: Story and Discourse. Narrative Structure in Fiction and Film. Ithaca 1978.
81 Schmid: Elemente der Narratologie, S. 73.
82 Ebd., S. 74.
83 Labov: Language in the Inner City.
84 Uta Quasthoff: Gemeinsames Erzählen als Form und Mittel im sozialen Konflikt oder: Ein Ehepaar erzählt eine Geschichte. In: Konrad Ehlich (Hg.): Erzählen im Alltag. Frankfurt a.M. 1980, S. 109–142.
85 Walter Benjamin: Der Erzähler. In: Gesammelte Schriften. Bd. II.2. Frankfurt a.M. 1980, S. 438–465, hier: S. 439.
86 Ebd., S. 440.
87 Ebd., S. 443.
88 Ebd., S. 446 f.
89 Toni verwendet hier, ohne es direkt auszuweisen, eine Begrifflichkeit, die sich in der Linguistik weitgehend durchgesetzt hat; etwas kann der Konzeption nach schriftlich sein, jedoch mündlich realisiert, aber auch umgekehrt: der Konzeption nach mündlich, aber schriftlich realisiert; vgl. wegweisend Peter Koch, Wulf Oesterreicher: Sprache der Nähe – Sprache der Distanz. Mündlichkeit und Schriftlichkeit im Spannungsfeld von Sprachtheorie und Sprachgeschichte. In: Romanisches Jahrbuch 36 (1985), S. 15–43.
90 Es handelt sich um den Beginn der neunten Novelle des siebten Tages; vgl. Giovanni Boccaccio: Das Dekameron. Übertragung von Albert Wesselski. Frankfurt a.M. 1979, Bd. 2, S. 635.
91 In der Textlinguistik werden diese ›Verstrebungen‹ innerhalb von Texten, die nicht nur die narrative Textentfaltung betreffen, unter den Begriff der Kohäsion gefasst.

92 Ernest Hemingway: Schnee auf dem Kilimandscharo [1939]. In: Ernest Hemingway: Schnee auf dem Kilimandscharo. Stories. Reinbek bei Hamburg 2015, S. 7–55, hier: S. 7.
93 Ludwig Tieck: Das Zauberschloß [1830]. In: Ludwig Tieck: Werke in vier Bänden. Bd. III: Novellen. Darmstadt 1975, S. 551–624, hier: S. 551.
94 Tieck: Das Zauberschloß, S. 580.
95 Genette: Die Erzählung, S. 120.
96 Ernst Bloch: Nachwort. In: Johann Peter Hebel: Kalendergeschichten. Frankfurt a.M. 1965, S. 139.
97 Genette: Die Erzählung, S. 121.
98 Ebd.
99 Ebd., S. 123.
100 Roland Barthes: Einführung in die strukturale Analyse von Erzählungen [1966]. In: Das semiologische Abenteuer. Frankfurt a.M. 1988, S. 102–143, hier: S. 127.
101 Franz Kafka: Das Schloß. Kritische Ausgabe. Hg. von Malcolm Pasley. Frankfurt a.M. 2002, S. 7.
102 Franz Kafka: Das Schloß. Apparatband. Frankfurt a.M. 2002, S. 115 f.
103 Vgl. Maurice Blanchot: Die Erzählstimme. Das ›Er/Es‹, das Neutrum [1964]. In: Von Kafka zu Kafka. Frankfurt a.M. 1993, S. 141–152.
104 Genette: Die Erzählung, S. 217. Vgl. Mieke Bal: Narratologie. Paris 1977, S. 19–58.
105 Genette: Die Erzählung, S. 215.
106 Ebd., 122 f.
107 Genette: Die Erzählung, S. 123. Vgl. Stendhal: La Chartreuse de Parme. Paris 1939.
108 Ebd. vgl. Jean Pouillon: Temps et Roman. Paris 1946, S. 79.
109 Genette: Die Erzählung, S. 123.
110 Vgl. Genette: Die Erzählung, S. 123.
111 Schmid: Elemente der Narratologie, S. 119.
112 Boris Uspenskij: Poetik der Komposition. Struktur des künstlerischen Textes und Typologie der Kompositionsform [1970]. Frankfurt a.M. 1975.
113 Schmid: Elemente der Narratologie, S. 125.
114 Ebd.
115 Ebd., S. 126.

116 Vgl. etwa den Auftakt von Robert Musils *Der Mann ohne Eigenschaften.*
117 Schmid: Elemente der Narratologie, S. 127.
118 Ebd., S. 128.
119 Ebd., S. 129.
120 Ebd.
121 Ebd., S. 130.
122 Gerhard Henschel: Kindheitsroman. Hamburg 2004.
123 Schmid: Elemente der Narratologie, S. 131.
124 Ebd., S. 134.
125 Schmid: Elemente der Narratologie, S. 131.
126 Thomas Klupp: Paradiso. Berlin 2009.
127 Vgl. Armen Avenassian, Anke Hennig: Präsens. Poetik eines Tempus. Berlin 2012.
128 Schmid: Elemente der Narratologie, S. 148.
129 Ebd., S. 149.
130 Ebd.
131 Leona Stahlmann: Der Defekt. Zürich, Berlin 2020, S. 49.
132 Schmid: Elemente der Narratologie, S. 154.
133 Ebd., S. 177.
134 Ebd.
135 Vgl. Genette: Die Erzählung, S. 124–127.
136 Schmid: Elemente der Narratologie, S. 165.
137 Ebd., S. 166.
138 Vgl. ebd., S. 170–172.
139 Ebd., S. 171.
140 Vgl. Andreas Ohme: Skaz und Unreliable Narration. Entwurf einer neuen Typologie des Erzählers. München, Berlin, Boston 2015, S. 7–116.
141 Nikolai W. Gogol: Der Mantel. In: Der Mantel und andere Erzählungen. Frankfurt a.M. 1977, S. 254–296, hier: S. 254.
142 Vgl. etwa Ohme: Skaz und Unreliable Narration, S. 57–62, S. 83–89.
143 Fjodor Dostojewski: Erzählungen. Vollständige Ausgabe sämtlicher Erzählungen. München 1962, S. 866.
144 Ohme: Skaz und Unreliable Narration, S. 97.
145 Ebd., S. 103 f.
146 Ebd., S. 104.
147 Ebd., S. 105.

148 Vgl. etwa Martinez/Scheffel: Einführung in die Erzähltheorie, S. 82. Im Übrigen zitiert Ohme selbst an anderer Stelle Genettes einschlägiges Diktum in dieser Sache: »Die Abwesenheit ist absolut, die Anwesenheit hat ihre Grade.« (Ohme: Skaz und Unreliable Narration, S. 110).

149 Christian Kracht: Faserland [1995]. München 2002, S. 13.

150 Vgl. etwa Kracht: Faserland, S. 39: »Wie gesagt, ich kann diesem Gespräch nicht mehr folgen [...].«

151 Koschorke: Wahrheit und Erfindung, S. 90.

152 »Die Zweistimmigkeit bedeutet auch eine Bifunktionalität der Erzählerrede, die zugleich als darstellendes Medium und dargestellte Rede fungiert.« (Schmid: Elemente der Narratologie, S. 171).

153 Ebd.

154 Wayne C. Booth: The Rhetoric of Fiction. Chicago 1961, S. 158 f.

155 Franz K. Stanzel: Theorie des Erzählens [1979]. 2. Aufl. Göttingen 1982, S. 200 f.

156 Vgl. etwa Brian Richardson: Reale und Implizite Autoren. In: Martin Huber, Wolf Schmid (Hg.): Grundthemen der Literaturwissenschaft: Erzählen. Berlin, New York 2018, S. 119–122.

157 Dan Shen: Unreliability, Par 1. In: Peter Hühn (Hg.): the living handbook of narratology. Hamburg. URL=http://www.lhn.uni-hamburg.de/article/unreliability [view date: 17 Nov 2018].

158 Ansgar Nünning: Unreliable Narration zur Einführung: Grundzüge einer kognitiv-narratologischen Theorie und Analyse unglaubwürdigen Erzählens. In: Ders. (Hg.): Unreliable Narration. Studien zur Theorie und Praxis unglaubwürdigen Erzählens in der englischsprachigen Literatur. Trier 1998, S. 3–40, hier: S. 24; vgl. William Riggan: Picaros, Madmen, Naifs, and Clowns. The Unreliable First Person Narrator. Oklahoma 1982.

159 Ohme: Skaz und Unreliable Narration, S. 219.

160 Ebd.

161 Ebd., S. 233.

162 William Fryer Harvey: Das Werkzeug [1937]. In: Die Bestie mit den fünf Fingern. Zürich 1977, S. 23–39.

163 Vgl. ausführlich zu dieser Erzählung Michael Niehaus: Die unerzählbare Geschichte, die Wiederholung. In: Weimarer Beiträge. Zeitschrift

für Literaturwissenschaft, Ästhetik und Kulturwissenschaften 44 (1998), Heft 3, S. 434-450.

164 Thomas Glavinic: Der Kameramörder. Frankfurt a.M. 2001, S. 5.

165 »So it is sufficient for a narrative to be unreliable that it does not give a specific piece of information at that point where it would have to be given to the reader in order to keep her from entertaining wrong beliefs about what is the case in the fiction.« (Jan Stühring: Unreliability, Deception, and fictional Facts. In: Journal of Literary Theory. Bd. 5/1 (2011), S. 95–108, hier: S. 96).

166 Vgl. Willem Strank: Twist Endings. Umdeutende Film-Enden. Marburg 2014. Das Buch enthält eine umfangreiche Filmographie (vgl. S. 241–294). Der einfachste Fall des *twist endings* (es gibt ihn bereits in der Frühzeit des Films um 1900) ist der *wake up twist*: Am Ende war alles nur ein Traum.

167 Vgl. zum Überblick Bernd Leiendecker: »They Only See What They Want to See«. Geschichte des unzuverlässigen Erzählens im Spielfilm. Marburg 2015.

168 Ebd., S. 102.

169 Hier die ersten Zeilen des Romans: »Die Greißlerin in der Wiesengasse, Frau Johanna Püchl, trat an diesem Morgen gegen halb acht aus dem Laden auf die Straße. Es war kein schöner Tag. Die Luft war feucht und kühl, der Himmel bewölkt. Das richtige Wetter, um sich einen kleinen Schnaps zu vergönnen. Aber Frau Püchls Slibowitzflasche, die im Kasten stand, war beinahe geleert, und die Greißlerin beschloß, den kleinen Rest, der kaum ein Stamperln zu füllen vermochte, für die ›Zehnerjausen‹ aufzusparen.« (Leo Perutz: Zwischen neun und neun. München 1993, S. 5) Dieser Romananfang, dessen Handhabung der Perspektive es verdiente, mit den von Schmid bereitgestellten Kategorien genauer analysiert zu werden (beispielsweise lässt sich auf der Ebene der Lexik eine figurale Perspektive ausmachen), beginnt ostentativ mit einer fokalen Figur, die nichts mit dem Protagonisten zu tun hat und keinesfalls als dessen Bewusstseinsinhalt recodierbar ist. Ebd., S. 103.

170 Gogol: Der Mantel, S. 277.

171 Ohme: Skaz und Unreliable Narration, S. 231.

172 Gogol: Der Mantel, S. 262.

173 Ohme: Skaz und Unreliable Narration, S. 238.

174 Ebd., S. 239.
175 Ohme: Skaz und Unreliable Narration, S. 240.
176 Genette: Die Erzählung, S. 214.
177 Ebd.
178 Ebd., S. 125.
179 Ohme: Skaz und Unreliable Narration, S. 231.
180 Adalbert Stifter: Abdias. In: Studien. München 1975. Bd. 2, S. 581–673, hier: S. 673.
181 Ebd.
182 Genette: Die Erzählung, S. 125.
183 Ebd.
184 Vgl. ebd.
185 Ebd.
186 Raymond Chandler: Der lange Abschied. Zürich 1975, S. 373f.
187 Ebd., S. 375.
188 Genette: Die Erzählung, S. 126.
189 Ebd.
190 Dashiell Hammett: Der Malteser Falke [1930]. Zürich 1974, S. 90.
191 Genette: Die Erzählung, S. 127.
192 Ebd.
193 Genette: Die Erzählung, S. 130.
194 Ebd., S. 132f.
195 Ebd., S. 134.
196 Aus unerfindlichen Gründen weisen weder Toni noch Kim in der Folge auf das Standardwerk zum Thema hin, das – obwohl schon in die Jahre gekommen – noch immer instruktiv ist: Dorrit Cohn: Transparent Minds. Narrative Modes for Presenting Consciousness in Fiction. Princeton 1978. Cohn unterscheidet zunächst zwischen erzählenden Darstellungen in der dritten Person und der ersten Person und dann für ersteres zwischen »Psycho-Narration«, »Quoted Monologue« und »Narrated Monologue« (wobei letzteres der ›erlebten Rede‹ entspricht).
197 Karl Philipp Moritz: Anton Reiser. Ein psychologischer Roman. Stuttgart 1972, S 208.
198 Der Begriff »Erfahrungsseelenkunde« wurde von Karl Philipp Moritz geprägt, der zwischen 1783 und 1793 das *Magazin zur Erfahrungs-*

seelenkunde herausgab, die bedeutendste Zeitschrift der beginnenden psychologischen Wissenschaft.

199 »Wenn Raphael die Donadieu verführt, so ist das für sie sehr wichtig, aber was hat in dem Studentenzimmer der Schriftsteller zu tun und gar noch der Vierte, der Leser, bis aus dem Zimmerchen der Hörsaal der medicinischen oder psychologischen Fakultät wird.« (Franz Kafka: Briefe an Milena, Januar/Februar 1923. (https://vdocuments.site/franz-kafka-briefe-an-milena.html), S. 128). Der Roman *Marie Donadieu* stammt aus der Feder von Charles-Louis Philippe (Paris 1904).

200 Die dem Roman in der ersten Auflage vorangeschickte Vorbemerkung hebt mit den Worten an: »Dieser psychologische Roman könnte auch allenfalls eine Biographie genannt werden, weil die Beobachtungen größtenteils aus dem wirklichen Leben genommen sind.« (Moritz: Anton Reiser, S. 6)

201 Ebd., S. 255.

202 Schmid: Elemente der Narratologie, S. 131.

203 Genette: Die Erzählung, S. 109.

204 Johann Wolfgang von Goethe: Wilhelm Meisters Lehrjahre. In: Werke Bd. 7. [Hamburger Ausgabe] München 1981, S. 503 f.

205 Vgl. Jochen Vogt: Aspekte erzählender Prosa. Eine Einführung in Erzähltechnik und Romantheorie. 11. Aufl. Paderborn 2014, S. 181 ff.

206 Fjodor Dostojewski: Verbrechen und Strafe. Roman. In der Neuübersetzung von Swetlana Geier. Frankfurt a.M. 1996, S. 342–344.

207 Vogt: Aspekte erzählender Prosa, S. 183.

208 Jane Austen: Emma [1815]. Frankfurt a.M. 1994, S. 208.

209 Zunächst standen auch alternative Begriffsbildungen im Raum wie »stellvertretende Darstellung« oder »verkleidete Rede«.

210 Vgl. Roy Pascal: The Dual Voice. Free indirect speech and its functioning in the nineteenth-century European novel. Manchester 1977.

211 Vogt: Aspekte erzählender Prosa, S. 167.

212 Ebd., S. 167 f.

213 Gustave Flaubert: Madame Bovary [1957]. Zürich 1980, S. 75 f.

214 Otto Ludwig: Zwischen Himmel und Erde [1856]. Stuttgart 2009, S. 68.

215 Stanzel: Theorie des Erzählens, S. 255.

216 Franz Kafka: Der Proceß. Herausgegeben von Malcolm Pasley. In: Kritische Ausgabe. Frankfurt a.M. 2002, S. 11 f.

217 Knut Hamsun: Hunger [1890]. München 1982, S. 88.

218 Franz Kafka: Das Schloß. Kritische Ausgabe. Herausgegeben von Malcolm Pasley. Frankfurt a.M. 2002, S. 50 f.

219 Vgl. Franz Kafka: Das Schloß. Apparatband. Kritische Ausgabe. Herausgegeben von Malcolm Pasley. Frankfurt a.M. 2002, S. 165.

220 Es ist allerdings verwunderlich, dass die in den Gesprächen zwischen Kim und Toni nicht erwähnte Dorrit Cohn in *Transparent Minds* dasselbe Beispiel anführt und sogar ebenfalls mit dem Motiv des *rewriting* nach Roland Barthes in Verbindung bringt. Cohn zitiert zunächst die in die erste Person zurück-umgeschriebene Stelle aus dem *Schloß*-Roman und kommentiert dann: »The characteristics of the self-narrated monologue are all in evidence here, including the interrogatives directed to an unknown future. [...] The self-narrated monologue [...] makes the experiencing self, with all its vagaries, rule supreme the text. [...] The presence of this and many other passages of narrated monologue in the first-person version of *The Castle* suggests the reason that Kafka was able to recast his manuscript into third-person form with relative ease [...]. In this respect Kafkas *Castle* is the perfect illustration for the ›personal‹ narrative mode defined by Roland Barthes, and the category of ›focalized‹ narration defined by Gérard Genette: third-person texts that one can ›rewrite‹ in first-person form, without the change of person entailing any further alterations. Kafka's manuscript revision is actually a kind of demonstration *at oculos* of the ›rewriter‹ text (performed in reverse), with the narrated monologue passages it contains acting as the optimal pivots for the grammatical switch.« (Cohn: Transparent Minds, S. 170 f.) Cohn konnte diese Einsichten übrigens nur durch Einsicht in das Manuskript des *Schloß*-Romans gewinnen, da 1978 noch keine kritische Ausgabe erschienen war.

221 Wolf Schmid: Elemente der Narratologie. Berlin, New York 2005, S. 260. Im Stichwortregister dieses Buches findet sich übrigens kein Lemma »Analepse«.

222 Lahn/Meister: Einführung in die Erzähltextanalyse, S. 138.

223 Ebd., S. 139.

224 Genette: Die Erzählung, S. 18.

225 Marcel Proust: Jean Santeuil. Hg. von Mariolina Bongiovanni Bertini. 2. Bde. Frankfurt a.M. 1982, S. 755.
226 Genette: Die Erzählung, S. 20 f.
227 Ebd.
228 Ebd., S. 20.
229 Ebd., S. 21.
230 Juli Zeh: Unterleuten. München 2016, S. 9.
231 Vgl. Eberhard Lämmert: Bauformen des Erzählens. Stuttgart 1955, S. 104–108.
232 Kafka: Das Schloß, S. 246 f.
233 Ebd., S. 125.
234 Ebd., S. 139.
235 Zeh: Unterleuten, S. 10.
236 Georges Simenon: Der Zug aus Venedig. Zürich 1988, S. 5–7.
237 In der Linguistik spielt die Frage nach dem Iterativen nicht nur bei der Analyse der Tempusformen, sondern auch bei der Analyse der Verben eine Rolle. In der Sprachwissenschaft wird die iterative Dimension mit dem Begriff *Aspekt* bezeichnet (für einen Überblick vgl. Manfred Knifka: Nominalreferenz und Zeitkonstitution. Zur Semantik von Massentermen, Pluraltermen und Aspektklassen. München 1989, S. 95 ff.). Abgesehen von der *Aktionsart* des Verbs, die mit *Frequentativ* oder *Iterativ* (z.B. im Deutschen *schaukeln*) bezeichnet wird, gibt es den Aspekt des *Imperfektivs*, dem sich wiederum mindestens die Unterarten des *Progressivs* und des *Habituativs* zuordnen lassen (im Präsens beispielsweise haben die entsprechenden Verben eine progressive und eine habituelle Lesart: *Anne geht gerade/seit drei Jahren zur Schule*; *Max raucht seit drei Minuten/seit zehn Jahren*) (vgl. Johannes Dölling: Aspektuelle Anpassungen. In: Linguistische Arbeitsberichte. Bd. 76 [2001], S. 321–353). Solche Verhältnisse werden insbesondere im Rahmen der auf Donald Davidson zurückgehenden *Ereignissemantik* rekonstruiert. Auch wenn die Formalisierungsbemühungen der Ereignissemantik nur einzelne Aussagesätze, nicht aber (Erzähl-)Texte betreffen, kann die Diskussion der hierbei auftretenden Probleme für die Untersuchung iterativer Erzählstrukturen wertvoll sein – etwa wenn es um die Frage nach der unterstellbaren Homogenität iterativer Vorgänge oder Prozesse über einen bestimmten Zeitraum geht (vgl. Fred Landman, Susan Rothstein: Incremen-

tal Homogeneity in the Semantics of Aspectual for-Phrases. In: Malka Rappaport Hovav, Edit Doron, Ivy Sichel (Hg.): Lexical Semantics, Syntax, and Event Structure. Oxford 2010, S. 229–251), wie etwa auch im paradigmatischen Anfangssatz der *Recherche* (»Lange Zeit bin ich früh schlafen gegangen«).

238 Genette: Die Erzählung, S. 74.

239 Ebd., S. 75.

240 Ebd.

241 Gustave Flaubert: Madame Bovary. Zürich 1979, S. 80.

242 Genette: Die Erzählung, S. 78.

243 Ebd.

244 Vgl. Genette: »Aber die bloße Tatsache der Wiederkehr definiert nicht die Iteration in ihrer strengsten Form. Und vor allem nicht in der Form, die den Geist bzw. die Proustsche Sensibilität am meisten befriedigt: Die Wiederholung muss auch noch regelmäßig sein, sie muss einem Frequenzgesetz gehorchen, und dieses Gesetz muss erkennbar und formulierbar sein, d.h. in seinen Auswirkungen vorhersehbar sein.« (Die Erzählung, S. 80)

245 Ebd., S. 83.

246 Vgl. Pierre Legendre: Vom Imperativ der Interpretation. Berlin 2010, S. 51f.

247 Marcel Proust: Auf der Suche nach der verlorenen Zeit. Bd. 1: In Swanns Welt. Deutsch von Eva Rechel-Mertens. Frankfurt a.M. 1981, S. 9f.

248 Genette: Die Erzählung, S. 83.

249 Ebd., S. 79.

250 Vgl. ausführlich Michael Niehaus: Iterativität bei Kafka. Vorläufige Bemerkungen. In: Forschungen der Deutschen Kafka-Gesllschaft. Hg. von Harald Neumeyer, Wilko Steffens, Bd. 3, Würzburg 2015, S. 111–128.

251 Franz Kafka: Der Hungerkünstler. In: Schriften Tagebücher. Kritische Ausgabe: Drucke zu Lebzeiten. Frankfurt a.M., S. 333–349, hier: S. 338f.

252 Ebd., S. 340.

253 Ebd.

254 Andreas Maier: Das Zimmer [2010]. Berlin 2012, S. 31.

Literaturverzeichnis

Aufgenommen sind nur Werke der Sekundärliteratur, die eine Beziehung zur Narratologie aufweisen.

Abbott, H. Porter: Narrativity. In: Peter Hühn u.a. (Hg.): the living handbook of narratology. Hamburg: Hamburg University. URL = http://www.lhn.uni-hamburg.de/article/narrativity [view date:10 Feb 2021].

Avenassian, Armen; Hennig, Anke: Präsens. Poetik eines Tempus. Berlin 2012.

Bal, Mieke: Narratologie. Paris 1977.

Barthes, Roland: Einführung in die strukturale Analyse von Erzählungen [1966]. In: Das semiologische Abenteuer. Frankfurt a.M. 1988, S. 102–143.

Bausinger, Hermann: Formen der »Volkspoesie«. Berlin 1968.

Benjamin, Walter: Der Erzähler. In: Gesammelte Schriften. Bd. II.2. Frankfurt a.M. 1980, S. 438–465.

Blanchot, Maurice: Die Erzählstimme. Das ›Er/Es‹, das Neutrum [1964]. In: Von Kafka zu Kafka. Frankfurt 1993.

Booth, Wayne C.: The Rhetoric of Fiction. Chicago 1961.

Brinker, Klaus; Cölfen, Hermann; Pappert, Steffen: Linguistische Textanalyse. Eine Einführung in Grundbegriffe und Methoden. 8., neu bearbeitete und erweiterte Auflage. Berlin 2016.

Chatman, Seymour: Story and Discourse. Narrative Structure in Fiction and Film. Ithaca 1978.

Christman, John: Narrativity as a Condition of Personhood. In: Metaphilosophy 35.5 (2004), S. 695–713.

Cohn, Dorrit: Transparent Minds. Narrative Modes for Presenting Consciousness in Fiction. Princeton 1978.

Fludernik, Monika: Towards a ›Natural‹ Narratology. London 1996.

Forster, E.M.: Ansichten des Romans [1927]. Frankfurt a.M. 1962, S. 35.

Genette, Gérard: Die Erzählung. 3. Aufl. Paderborn 2010.

Genette, Gérard: Fiktion und Diktion. München 1992.
Hamburger, Käte: Die Logik der Dichtung [1957]. München 1987.
Herman, David: Basic Elements of Narrative. Oxford 2009.
Köppe, Tilmann; Kindt, Jan: Erzähltheorie. Eine Einführung. Stuttgart 2014.
Köppe, Tilmann; Stühring, Jan: Against Pan-Narrator Theories. In: Journal of Literary Semantics 40 (2011), S. 59–80.
Koschorke, Albrecht: Wahrheit und Erfindung. Grundzüge einer Allgemeinen Erzähltheorie. Frankfurt a.M. 2012.
Labov, William: Language in the Inner City. Studies in the Black English Vernacular. Philadelphia 1972.
Lahn, Silke; Meister, Jan Christoph: Einführung in die Erzähltextanalyse. Stuttgart 2008.
Lämmert, Eberhard: Bauformen des Erzählens. Stuttgart 1955.
Leiendecker, Bernd: »They Only See What They Want to See«. Geschichte des unzuverlässigen Erzählens im Spielfilm. Marburg 2015.
Margolin, Uri: Narrator. In: Hühn, Peter u.a. (Hg.): the living handbook of narratology. Hamburg: Hamburg University. URL = http://www.lhn.uni-hamburg.de/article/narrator [view date:9 Feb 2021].
Martinez, Matías; Scheffel, Michael: Einführung in die Erzähltheorie. 6. Aufl. München 2005.
Meister, Jan Christoph: Erzählen: eine anthropologische Universalie? In: Martin Huber, Wolf Schmid (Hg.): Grundthemen der Literaturwissenschaft: Erzählen. Berlin, New York 2018, S. 88–112.
Neumann, Michael: Die fünf Ströme des Erzählens. Eine Anthropologie der Narration. Berlin, Boston 2013.
Niehaus, Michael: Die unerzählbare Geschichte, die Wiederholung. In: Weimarer Beiträge. Zeitschrift für Literaturwissenschaft, Ästhetik und Kulturwissenschaften 44 (1998), Heft 3, S. 434–450.
Niehaus, Michael: Iterativität bei Kafka. Vorläufige Bemerkungen. In: Forschungen der Deutschen Kafka-Gesllschaft. Hg. von Harald Neumeyer, Wilko Steffens, Bd. 3, Würzburg 2015, S. 111–128.
Niles, John D.: Homo Narrans. The Poetics and Anthroplogy of Oral Literature. Philadelphia 1999.
Nünning, Ansgar: Unreliable Narration zur Einführung: Grundzüge einer kognitiv-narratologischen Theorie und Analyse unglaubwürdigen Erzählens. In: Ansgar Nünning (Hg.): Unreliable Narration. Studien zur

Theorie und Praxis unglaubwürdigen Erzählens in der englischsprachigen Literatur. Trier 1998, S. 3–40.

Ohme, Andreas: Skaz und Unreliable Narration. Entwurf einer neuen Typologie des Erzählers. München. Berlin, Boston 2015.

Pascal, Roy: The Dual Voice. Free indirect speech and its functioning in the nineteenth-century European novel. Manchester 1977.

Pouillon, Jean: Temps et Roman. Paris 1946.

Prince, Gerald: A Dictionary of Narratology. Lincoln 1987.

Quasthoff, Uta: Gemeinsames Erzählen als Form und Mittel im sozialen Konflikt oder: Ein Ehepaar erzählt eine Geschichte. In: Konrad Ehlich (Hg.): Erzählen im Alltag. Frankfurt a.M. 1980, S. 109–142.

Richardson, Brian: Reale und Implizite Autoren. In: Martin Huber, Wolf Schmid (Hg.): Grundthemen der Literaturwissenschaft: Erzählen. Berlin, New York 2018, S. 119–122.

Ricoeur, Paul: Zeit und Erzählung. 3 Bde. München 1988–1991.

Riggan, William: Picaros, Madmen, Naifs, and Clowns. The Unreliable First Person Narrator. Oklahoma 1982.

Schmid, Wolf: Elemente der Narratologie. Berlin, New York 2005.

Schmid, Wolf: Ereignis. In: Martin Huber, Wolf Schmid (Hg.): Grundthemen der Literaturwissenschaft: Erzählen. Berlin, Boston 2018, S. 312–332.

Shen, Dan: Unreliability. In: Hühn, Peter u.a. (Hg.): the living handbook of narratology. Hamburg: Hamburg University. URL = http://www.lhn.uni-hamburg.de/article/unreliability [view date:9 Feb 2021].

Siefer, Werner: Der Erzählinstinkt. Warum das Gehirn in Geschichten denkt. München 2015.

Stanzel, Franz K.: Theorie des Erzählens [1979]. 2. Aufl. Göttingen 1982.

Strank, Willem: Twist Endings. Umdeutende Film-Enden. Marburg 2014.

Strawson, Galen: Against Narrativity. In: Ratio 17 (2004), S. 428–452.

Stühring, Jan: Unreliability, Deception, and fictional Facts. In: Journal of Literary Theory. Bd. 5/1 (2011), S. 95–108.

Todorov, Tzvetan: Poetik. In: François Wahl (Hg.): Einführung in den Strukturalismus. Frankfurt a.M. 1981 [1973], S. 105–180.

Vogt, Jochen: Aspekte erzählender Prosa. Eine Einführung in Erzähltechnik und Romantheorie. 11. Aufl. Paderborn 2014.

Weber, Dietrich: Erzählliteratur. Schriftwerk – Kunstwerk – Erzählwerk. Göttingen 1998.

Schlagwortregister

Michael Niehaus ist Professor für Neuere deutsche Literaturwissenschaft und Medienästhetik an der Fernuniversität in Hagen. Habilitation mit der Untersuchung *Das Verhör. Geschichte – Theorie – Fiktion* (Paderborn: Fink 2003). Forschungsschwerpunkte: Literatur und Institution, Erzählliteratur des 19. bis 21. Jahrhunderts, intermediale Narratologie, Genre- und Formattheorie, Filmanalyse. Weitere Buchveröffentlichungen u.a. *Das Buch der wandernden Dinge* (München: Hanser 2009), *Erschöpfendes Interpretieren. Eine exemplarische Auseinandersetzung mit Heinrich von Kleists Erzählung »Das Bettelweib von Locarno«* (Berlin: Kadmos 2013), *Was ist ein Format?* (Hannover: Wehrhahn 2018).